U0067372

學校為何存在？

美國文化中的全人教育思潮

Ron Miller ◆ 著

張淑美 ◆ 校閱

張淑美、蔡淑敏 ◆ 譯

What Are Schools For?
Holistic Education in American Culture

Ron Miller

◆

3rd Revised Edition © 1997 by Holistic Education Press

作者簡介

　　榮恩米勒博士（Ron Miller, Ph.D.）是創辦《全人教育評論》（*Holistic Education Review*）的編輯，對於教育改革的相關出版品有卓越的貢獻。他和妻子及三個兒子目前住在美國佛蒙特州。

校閱者簡介

張淑美

學歷：國立高雄師範大學教育學系哲學博士

美國加州州立大學 Fresno 校區博士後研究

現職：國立高雄師範大學教育學系教授

經歷：中學教師、大學助教、講師、副教授

一九八八年國家高等考試教育行政人員類科及格

美國死亡教育與諮商學會終身會員

中華生死學會第一、二屆理事

高雄市生死教育手冊指導委員

參與教育部高中暫行課程綱要生命教育類科——

「生死關懷」科研擬

教育部「推動生命教育諮詢委員會」第四、五屆委員

（課程教學組召集人、副召集人，92-96 年度）

台灣生命教育學會終身會員與第一、二屆理事

高雄市市政府「殯葬設施審議委員會」委員

佛教蓮花臨終關懷基金會「生死教育委員會」委員

（兼副召集人）

世界宗教博物館生命領航員聯誼會諮詢委員

著作：著有《死亡學與死亡教育》（高雄：復文）

　　　《生命教育研究、論述與實踐——生死教育取向》

　　　（高雄：復文）

　　　編著《中學生命教育手冊》（台北：心理）

　　　合譯《生死一線牽——超越失落的關係重建》

　　　（台北：心理）

　　　主譯《生命教育——推動學校的靈性課程》

　　　（台北：學富）

　　　發表生死學、生命教育等相關研究與論述著作數十篇

譯者簡介

張淑美（第1章），見校閱者簡介。

蔡淑敏（第1章至11章），國立高雄師範大學成人教育研究所碩士。曾任高雄市新興社區大學教師，現任國立高雄第一科技大學通識教育中心兼任教師。

原文三版序言

　　本版內容修改自我在一九八〇年代末期完成的博士論文《學校為何存在？》中所探討有關全人與後現代教育的論述。在過去十年間，已有大量關於靈性、生態學、認識論與文化層面的學術佳作陸續問世，那些是在我撰寫博士論文時尚未出現的。此外，我接觸到各種的學術研究，亦全心投入全人教育運動，且觀察美國教育政策在過去幾年當中的方向，這些使我的理念更臻純熟，觀點也有重要的發展。

　　《學校為何存在？》（譯註：本書中文譯名為《學校為何存在？美國文化中的全人教育思潮》）一書乃試圖呈現社會與教育的變遷中，其自現代到後現代的思維轉移。當我還是二十多歲的研究生時，我並不是很熟悉「後現代主義」，但是在個人不成熟的知識發展中，已體悟到這種轉變。我曾為新文化中崛起卻相互矛盾的觀點而深感挫折，我曾修習人文主義心理學研究，也接受專業訓練成為一個蒙特梭利教育家，而且強烈抵抗雷根政府時期的主流文化。本研究並非側重在某一特定主題或文獻的傳統研究方向，而是更寬廣地檢視美國教育的社會與知識發展的歷史，來為自己的挫折感尋找答案。我很滿足於能夠為教育中的文化與反文化的主題描繪出一巨幅的圖像。這是前所未有的突破，也是之

前論文中所沒有的，對全人教育的貢獻已受到肯定，而且也被作為教育基礎課程的教科書，我也時常聽到本書所激盪出的許多發人深省的問題與討論。

當我的理念越臻成熟時，我發現自己在一九八〇年代所整理的全人教育文獻（例如「典範轉移」的概念），已經不足以揭示這個時代中的文化、政治與經濟等危機之複雜性。由此，我理解到這個時代將不會被某些「全人教育的典範」（holistic paradigm）所涵蓋；而後現代時期似乎已臨近，其產生的問題遠比所謂「新典範」學者所承認的更為棘手。全人教育學者所倡導的生態與靈性的願景，有可能在新文化中存在，我將繼續分享這個願景，並且為此而努力奉獻。然而，個人認為光靠此願景無法解決所有存在這時代中的社會、政治、經濟，乃至教育上的問題。我們尚有很多事情要做，就是在文化的每個舞台上，逐漸去創造出更具悲憫的、民主的、肯定生命的，和維護生態的社會。假如我們想要達成夢想中的轉變，全人教育工作者就需和許多來自不同社區、具有不同觀點的社會改革運動學者專家們一起共事打拚。

在本修訂版中，我將原來的第 4 章〈全人教育的典範〉換成全新的論述〈後現代時期的教育〉。此外，我增加了第 9 章、第 10 章，以反思過去十年間全人教育與主流教育的發展動向（有些第 9 章中的文獻乃引用舊版第 4 章中的內容），我也在其他章節中做了不同程度的修改。

　　回顧當初我孤軍奮戰地從事本書的研究，並不知道有其他人會探索類似的問題，也鮮少碰到提出類似主張的學者。但是十年後的今天，我非常高興地感謝眾多來自於各大專院校的理念激盪、支持與鼓勵，特別是肯森（Kathleen Kesson）、肯尼（Jeffrey Kane）、傑克米勒（Jack Miller）、詹森（Aostre Johnson）、波普（David Purpel），及莫菲特（James Moffett）等人。此外，透過與奧利佛（Don Oliver）、史隆（Douglas Sloan）、夏濃（Patrick Shannon）、普利吉（Lois Bridges）、歐爾（David Orr）、普雷特（Tom Del Prete）、凱斯勒〔Rachael (Shelley) Kessler〕、帕爾摩（Parker Palmer）、康拉德（David Conrad）、戈伯（Alex Gerber）、馬夏克（David Marshak）、史達德（Lynn Stoddard）、撒姆哈（Sambhava）與陸摩爾（Josette Luvmour），和日本的貝梭（Dayle Bethel），與澳洲的杜夫提（David Dufty）等諸位學者專家的交談與書信往返，而備受其激勵。還有許多推動另類學校與在家教育（homeschooling）思潮的人們，如今都已成為我多年的好友與同事，包括敏咨（Jerry Mintz）、卡圖（John Taylor Gatto）、雷烏（Marry Leue）、費爾迦（Pat Farenga）和莫科里諾（Chris Mercogliano）。此外，還要感謝書中提到的兩位當代教育夢想家——剛昂（Phil Gang）與克拉克（Ed Clark），以及使我的書與《全人教育評論》得以持續出版的熱心出版家——迦凱拉（Charles Jakiela）。我也受惠於許多好人、好書的啟發，但是很抱歉無法在此一一列舉。

　　最後，我想要把此書獻給我的妻子珍妮佛（Jennifer Lloyd）
與我的三個兒子——賈斯丁（Justin）、羅賓（Robin）與丹尼爾
（Daniel）。

榮恩米勒

佛蒙特州柏林頓（杜威的出生地）

一九九七年四月

生命與教育所為為何？

　　教育是「教人成人」的工作，期使「自然人」涵養化育為「有教養的人」（educated-man）；教育的目的從中西教育的字源字義來看，一言以蔽之，就是「向上向善」。然而，如果不是從每個獨特個體生命潛能方向去開展，或者能夠為個人內在生命所追尋印證而接受的，而是以「國家社會、經濟發展」的目的來要求學校辦學的方向，以化約式的、過度科學量化的方式來評量學習的成果與評鑑教學的績效，以至於忽略了學生整體的、全人的和諧發展，甚至於引發身心靈無法整合，造成物質與靈性、自然與超自然、人性與神性隔離的苦悶與不安，則不免令人省思到底是為了「誰」的「生命」發展？教育的本質與宗旨為何？

　　我們舉到民主國家總不忘提到美國，談到教育制度也經常讚揚美國教育的進步，但是，透過本書作者榮恩米勒（Ron Miller）博士以歷史的、文化的、批判的角度重新檢視美國現代教育制度與實施，卻處處看見國家機器的霸權宰制，學校似乎是為了政治與經濟目的而存在，教育的目的也太過於強調呼應外在

的、科學量化的、工具性的目的，而不是學習的主體——學生之生命所需與所期的。本書從全人教育（holistic education）觀點重新解構美國文化與價值觀對教育的影響，呼籲教育工作者應從整體論的、有機的、生態的和靈性的世界觀來反省學校教育的目的與方向，重新省思「學校為何存在」？

全人教育理念約興起於一九八〇年代中葉，在現今處於全球化危機中的許多嚴重的挑戰，諸如：暴力、文化隔離與生態破壞等問題之下，更見其重要性。全人教育相信教育應該從聯繫家庭、社區、社會、人類與自然世界的脈絡中來滋養每個兒童的獨特潛能為起始，關心每個人智力的、情緒的、社會的、身體的、藝術的、創意的、德性的與靈性的潛能之成長。本質上就是一種民主式的教育，同時關心個人的自由與社會的責任，考量人與環境生態的和諧共存。米勒博士是國際著名的全人教育先驅，誠如他在本書三版自序中所述，他在一九八〇年末完成這本書的前身——他的博士論文時，是孤軍奮鬥的，不過本書的出版引發了教育界對全人教育理念的探討與研究，乃至相互激盪出許多將理念付諸實踐與推廣的行動。米勒博士在一九八八年創辦《全人教育評論》（*Holistic Education Review*，現更名為 *Encounter: Education for Meaning and Social Justice*）期刊，可說是促成這個領域的先驅者聚合、發表與討論之機會，並確立了全人教育思潮的地位，目前仍積極從事全人教育的著述與推廣。

這本書是我在尋找生命教育相關理論文獻過程中發現的，立即為書名所觸動。是啊！學校為何存在？為什麼教育「水準」越

提升，人的心靈卻越苦悶？原來學校教育已經偏離了教育的本質與宗旨，也隔離了我們的內在與外在生命。瀏覽之後乃有衝動著手翻譯，也嘗試翻譯了第 1 章的部分內容，但終究因許多教學研究與推廣工作的負擔而擱置。我的學生蔡淑敏老師是本校（國立高雄師範大學）成人教育研究所碩士班校友，本身中英文素養俱佳，對生命教育與全人教育理念也非常認同，因此商請她接下翻譯的工作。她不計酬勞、不辭辛苦地如期翻譯完稿，還慎重地請她具有中文研究所碩士學歷的先生加入校對工作，提升本書譯文的精確度與流暢性，令人感動他們的付出。

　　本書原文在美國是歷久彌新的全人教育思潮之經典教科書，本中譯本適合做為國內全人教育、教育制度、教育哲學、教育思潮、西洋教育史、教育文化學、教育行政與政策、美國教育與文化，乃至於教育政治哲學等相關課程的參考用書，當然更是生命教育、靈性教育理論與實務探討的重要參考著作。期盼藉由本書中文版的發行，能引發從我們自己的歷史文化脈絡去省思與批判教育政策、制度與實施的論述與探討，讓學校回歸到為教育的理想與宗旨而存在，引領學子去追尋與肯定自己的生命意義與價值。

張淑美　二○○七年秋

於國立高雄師範大學教育學系

譯　序

　　本書作者宣稱美國教育正處於一種騷動之中。反觀台灣教育，這幾年來在政治領導人、企業家及學者的推波助瀾之下，改革運動亦是如火如荼地展開，諸如九年一貫、一綱多本、開放師資培育、國中基本學力測驗……，各式各樣的改革方案推陳出新，甚至有些政策朝令夕改，徒增學生、家長、教師和學校的困擾。於是「上有政策，下有對策」，學校在這樣紛紛擾擾的教育改革風潮中，自然有其因應之道，誠如一位國中校長在「九年一貫教學研討會」上直言不諱地安慰忐忑不安的教師，說：「大家等著看，是他部長當得久，還是我校長當得久，更何況出版社會全力支援的。」此外，政黨輪替之後，政治凌駕一切之上，政府領導人亟欲破除昔日威權統治下的威權教育，甚至極力推展「去中國化」的教育政策，於是教育部在高中歷史課程的改革上，大量刪減中國歷史，而將它歸為國際歷史的一部分，台灣史則單獨成冊。但是，今年大學指考中國歷史出題的比例高於台灣史，我們的教育一向是考試引導教學，這下子老師們又得忙著補充中國歷史的資料。於是，昂貴的自修、評量、測驗紛紛出籠，教育改革原本想要造福的對象──學生和家長在經濟上、身心上的負擔變得更加沈重。至於入學考試，台北縣市及基隆考區已經決定從

九十七學年度開始，要實施一綱一本教學，擺明不理會教育部的一綱多本，並且從二〇一一年開始要共同辦理國中基本學力測驗，據報導其他縣市也已蠢蠢欲動。這種地方政府槓上中央教育主管單位，以及前述的種種亂象，讓我們不禁要問：是誰在掌控台灣的教育，以獲取政治和意識型態的利益？其對於學校教育的目的和意義的基本假設何在？

　　本書作者榮恩米勒倡導「全人教育」，強調它是人類整體經驗的積極互動，是建立在對生命極度尊重的態度上，並且避免形塑成文化或意識型態的樣式。任何會將教育導入歧途的因素，包括「國家和經濟系統的需求、職業或社會階級所強加的角色、人們將彼此區隔成不同的團體的偏見」，都將阻礙人類潛能和重要人性特質的發展。事實上，作者主張沒有一種教育「是永遠正確的：全人教育的藝術在於從這些不同的方法中，謹慎地選擇適合個別兒童、社區和歷史環境需求的教育方法」。而要做到這一點「就需要教師放開心胸全心地投入教育工作」。本書在分析美國教育問題的文化背景同時，讓我們對於二十一世紀的教育亦有所展望，即期望推展一種「全人的」教育。但是，面對當前的社會文化與教育環境，有時我們不免懷疑這些「全人教育」的原則真的可以在我們的學校教育中紮根嗎？這種改變或許是緩慢，甚或是窒礙難行的，但是只要我們身為教育工作者有所警覺，作者激勵我們：「轉變的過程是有可能發生的！」

　　我們希望藉由此書中文版的問世，能讓我們反思教育的真正目的何在？雖然本書是以美國文化的歷史脈絡加以分析美國學校

教育的目的，但是，作者鞭辟入裡，陳述精闢，讓台灣的教育工作者必能更加理解「全人教育」的觀點，並反思學校教育應該代表誰的價值觀和信念及其理由何在。而對於那些想要一窺美國教育的演進過程的讀者們，本書亦有廣泛的資料與分析。

　　本書得以順利出版，特別要感謝恩師張淑美教授的推薦，以及在繁忙的教學與研究工作中仍抽空指導及審閱，也感謝心理出版社的李晶小姐細心校正。此外，內心對外子的支持和協助校閱亦有無限的感激，其實，很多時候我們一起思考、討論以找出原書的真意，這段時光乃是我們共學的美好回憶。

蔡淑敏

目錄
Contents

（正文旁數碼係原文書頁碼，供索引檢索之用）

What Are Schools For ?
Holistic Education in American Culture

導言

　　美國教育正處於一種騷動中。在過去十五年來，政治領導人、企業執行長、新聞記者、學術專家和基金會等都大聲疾呼，堅決表示我們的學校缺乏訓練優秀的工人和公民的能力。批評者要求更「優秀」的、更有「責任感」的，和更高考試分數的學生。主管當局和立法機關已經插手干預，執行更嚴謹的課程內容，和更嚴格的學校政策與教育實務。聯邦政府也建立國家的教育標準，並且要求達到國家的教育指標。同時，公立學校教育也飽受不悅的納稅人、主張自由市場的保守派和宗教團體的抨擊；在家教育從不受重視（而且非法），逐漸變成一種群眾運動；教育者也不斷受到新的教育革新和理念的砲轟，諸如磁性學校（magnet schools）、特許學校（charter schools）、「全語言」、「多元智能」、多元文化與非洲中心式課程、檔案評量、情緒智能、生態素養、混齡教室，和其他前仆後繼的教育革新做法。

　　大部分致力於掌控美國教育來獲取政治和意識型態利益的人，都有一些關於現代化社會中學校教育的目的和意義的基本假設。他們假設學校存在的目的，在於傳遞固定的知識體系和一套固定的價值觀給年輕人。他們假設社會或政府有權利（事實上是義務）來管教兒童的心智和能力，讓他們將來能順利就業，對社

1

會有所貢獻。最重要的是，他們假設經濟是現代生活的核心制度，因此，協助年輕人就業成為教育的主要目的。不同的利益團體激烈地爭論要傳遞哪些知識體系和價值觀、何種活動最有用處，以及最需要什麼技術以促進經濟成功，但是，他們對於這些基本假設卻毫無異議。

本書的目的是在解構這些假設，重新檢視這些持續進行的衝突，從一種道德的、靈性的和哲學的觀點來分析，教育的真正目標應該為何：學校為何存在？我在本書的第一部分，探討何以美國文化支持有關教育目的的某些特定假設。在國內各種種族、宗教和意識型態的不同觀點之間，到底學校教育代表的是誰的價值觀和信念，及其理由何在？前三章將美國教育的社會和知識歷史做一簡潔且具批判性的摘要。過去幾十年來，教育歷史學家對很多政治和社會力量強制形塑我們的學校教育系統已經提出詳盡且廣泛的分析。現在不難理解到，美國教育實際上並不是完全的民主──雖然之前有擁護者的保證。我們現在知道緬恩（Horace Mann）和其他現代公立學校的創立者們，所共同擁有的這種意識型態，即結合一些民主要素和一群菁英、國家主義者、道德主義者和技術專家治國論者的觀點，是無法促進一個民主社會的發展。這種現象會繼續阻礙我們社會中的教育，我們必須嚴格地加以檢視，並且決定哪些部分可以轉換？哪些需要拋棄？

作為一個歷史學家，我是以美國研究中的各種學科領域的觀點來看待問題的。因此，我對於公立學校教育的政治、技術性和

制度面沒有興趣，卻對教育的文化背景有很高的興趣。我試圖從這個角度來理解，何以學校反映出美國社會所普遍流行的世界觀──廣泛隱含引導社會常規和制度的知識論和道德的基本假設。人類學家格爾茲（Clifford Geertz, 1973）和其他學者共同強調文化是一個重要的意義系統，它是社會成員定義事實層面、大自然和人類潛能的一種方式。現象學和後現代思想堅持人類無法感知一個客觀存在的世界，而是編造有關這個世界的不同文化故事；事實上，人類是透過文化的鏡片和不同實際經驗的真實性來感知這個世界的，是根據內在覺察的文化所制約的意義來感知的。心理學家塔特（Charles Tart, 1986）將這種社會所形塑的事實，稱之為「共同意識」（consensus consciousness）或「輿論催眠」（consensus trance）。所謂「解構」文化的假設，意味著重新謹慎地檢視這種文化所形塑的意義，澄清其所假設的內容，辨識是否有其他真實可信的事實存在。

我深信藉著檢視現代化美國社會定義「教育」意義的文化主題，便能夠理解何以學校教育會促進某些特定的意識型態。我在本書的第一部分，指出在美國學校教育的演進過程中，五個特別具有影響力的主題：(1)一種特定的宗教世界觀，可以稱之為「喀爾文教徒」（Calvinist）或「清教徒」（Puritan）神學觀；(2)一種對科學與科技力量的沈迷，其基礎是建立在笛卡兒（Rene Descartes）和培根（Francis Bacon）的機械論和簡化論思想上；(3)一種嚴謹的民主意識型態，表面上雖然頌揚自由與個人主義，

3

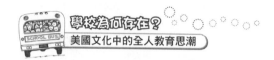

本質上卻有社會紀律的明確限制；(4)資本主義——一種強調競爭、菁英制度和保護利己主義的經濟系統；(5)國家主義——相信政府無論如何具有監督文化的神聖責任。現代文化的歷史學家〔如雷夫金（Rifkin, 1991）〕已經指出，這些主題是如何地糾纏在一起和互相強化影響力的；女性主義學者也指出父權思想的主題影響現代化世界觀的所有層面。它們結合在一起，形成一種一致的、整合的和非常穩固的「共同意識」，卻略過其他可能的意義，而選擇特定的教育方式。

在本書的第二部分，我將介紹一些反對上述主題的可能性。自從現代化學校教育開始之後，各種不同的教育學者和思想家就對共同意識的觀點提出異議，他們認為這種觀點象徵一種對人類學習與發展的悲劇性限制和單面向的概念。這些異議者的理念大部分受到忽視，或被摒棄為感情用事的浪漫主義，因為他們論及兒童的潛在力量，並將教育視為一種自由的紀律和自我表露的方式，而不是政府和經濟系統的代表。只有極少數的教育歷史學者嚴肅地看待這些異議者的主張，或是檢視他們持續兩個世紀的一致理念。最近幾年，眾所周知的新興後現代觀點中的整體論，賦予我們重新詮釋這些浪漫主義、先驗論、無政府主義、進步主義和其他激進教育學者的能力，並且不是把他們當作是孤立的怪人，而是把他們當作是敏銳的現代化批判者，走在他們所處時代的尖端。他們不只是主張「兒童中心」的教育者，更是文化的異議者，他們洞悉到現代化美國的世界觀如何透過教育來抑制人類發展最重要、最有靈性、最有創意的力量。從第 4 章開始，我會

解釋全人教育思想如何提供一種批判的觀點，來分析這種非主流 　　4
教育的成分。

　　本書的目標在於提供全人教育中重要的知識基礎。一方面，
它的基礎建立在美國教育的社會和知識歷史的廣泛研究上，以及
最近的教育理論、文化歷史、系統理論與生態、靈性和認識論的
論述。我想要說明的是，全人教育不僅是一種浪漫思想、新時代
的夢想，更是一種條理清楚且重要的理論觀點。另一方面，我並
不是以對教育異議保持中立的觀察者而是以熱衷的宣揚者的身分
來撰寫本書。我深信現代化世界正處於一種危機之中，我們時代
中的簡化論世界觀已經是過時和不適當的，應該被淘汰。我深信
現代化學校教育是一種社會操縱毀滅靈性的方式，與人類的價值
觀和民主理念敵對，尤其是現在，美國正在推動一種標準化教學
和學習運動。我認為我們從浪漫主義者及其反對者身上學到非常
多，雖然他們被文化監督者禁聲了有兩百年之久。他們是人類靈
性的聲音，呼喚我們回歸到一種在現代化時代中被遺忘的深奧智
慧。

PART · 1
美國教育的文化根源

美國文化的主題

全人教育是一項激進的反文化運動（譯註：有學者將 radical   7
譯為基進，主張全人教育是在根基中做深切地、本質地、全人成
長與進步的省思與作為）反文化運動，為的是追求美國社會深遠
的改革。全人教育的批判並非是馬克思模式下的階級衝突，也不
是根源於種族或宗教的緊張情勢。簡言之，整體論（holism）意
圖在受到限制、壓抑與否定的文化整體中尋求整全之道。

首先，這種主張有其獨到之處。但是美國人普遍不以整體論
來看待自己的文化，我們深以自己的文化為榮，標榜我們的國家
是世界上倡導自由、民主、機會與個人自我實現的標竿。自由女
神、獨立宣言和國內其他的地標都在傳遞這些信念，好像別的地
方都沒有一般，就是強調人們在此可自由地追求幸福、夢想，以
及自己成長的路。但是，對於那些不滿意「美國生活方式」的人
而言，普遍認為這是不切實際的浪漫，我們所享有的寶貴自由，
也不值得感激。

當然，我們頌讚此自由與政治願景的傳承，以及實現自由的
英勇氣概。但是，我們也應理解到美國文化的整體事實是遠比美

國神話所願承認的還要複雜與曖昧不明的。同時也要理解這樣的文化是需要革新的，否則將任其腐化，因為人類的心智也是持續地改革與擴展的。在十八、十九世紀為特殊目的興起的社會機構與意識型態，如果要運用在後現代的社會裡，都需要重新再被檢視。我們可以慶祝自由與機會的傳承，但切不可盲目地讚頌。

在某些特定的層面，美國文化已經無法實踐自己的理想，有些失敗是顯而易見的，有些則已普遍地被指出。譬如，奴隸制度在過去曾被接受，且為憲法所保障，如今種族歧視乃是美國精神中的痼疾；在過去大部分的歷史中，超過一半人口的女性也一直都被排除在政治與經濟的權利之外；此外，近代的歷史學家也從史料中發現，這個國家是如何不公平地對待許許多多的人類族群，諸如原住民、亞洲人與非新教徒的歐洲移民，以及非技術性的工人。顯然地，與世上其他地區比較起來，美國在當時（至今仍是）具備較充足的機會與希望。因此，數以百萬計的移民不斷地湧入。但是，我們不能再忽視這些人的痛苦，與貫穿我國歷史中習以為常且公然違背民主價值的文化結局。

一些持有不同看法的「全人」教育工作者已經關注到上述美國民主的挫敗；其次，他們也觀察到更多不可思議的文化瑕疵。這些教育工作者指出美國文化乃是依恃著人類的潛在圖像，這種不言而喻的圖像假設了人類與自然及宇宙的關係，來防止人類能力的擴展與演進。他們亦指出在學校教育與兒童養育的歷程中，兒童整個人格的發展——包括審美觀、表達能力與靈性等層面，若非活生生地遭到壓抑，就是長期地不被滋養。他們尚以不同的

方式指出，完整是人類幸福與成就中非常重要的價值，而且是亟需重視的需求。事實上，他們一再重複地強調美國民主社會最需要被關注的問題，大部分是認識論與靈性所導引出的問題。

上述這些教育家及少數知識分子雖然熱忱、明確地申論其主張，但通常只被視為浪漫的瘋狂分子，備受輕視與揶揄，因為他們極少能以系統方式呈現出其批判的論點；但是在今日，從社會與文明的發展角度，以及一種對文化歷程更明確的覺醒，我們已經能以全人教育學者所反對的觀點，來論述更寬廣的文化主題。我們亦可清楚地看到，為什麼美國教育不斷地使用這些異議教育家所無法接受的方式來對待兒童。下列五項文化主題的摘要，雖然無法涵蓋美國文化的複雜與多元社會的現實面貌，但卻明確地指出那些根源於某種文化假設上的教育理念。

◎ 「清教徒」的神學理論

9

美國這個殖民地係由人口眾多的清教徒所建立。事實上，很多來自歐洲的移民乃是為了能建立一個比他們家鄉更單純的基督教社會（根據喀爾文神學）而遷居。這些宗教的狂熱持續蔓延於美國文化之中，諸如十八世紀中期的文化「大覺醒」（Great Awakening）與十九世紀初期的「第二次大覺醒」（Second Great Awakening）都是持續影響美國社會改革的主要文化事件。歷史學家蘇士蒙（Warren Susman）曾指出：

> 任何有關美國文化的分析研究，如果無法呈現出此新
> 教徒國家所賴以建立和仍舊保存的大部分宗教思想體
> 系，及其在形成其他意識型態的重要性，即毫無意義。
> （Susman, 1984, 56）

　　此外，其他俗世文化的主題——諸如啟蒙（Enlightenment）哲學、商業擴張及政治的動盪，也形成了晚期的殖民統治與國家早期的社會。但是，如同蘇士蒙所強調的，每一個主題所呈現的都是新教徒世界觀的重要部分，特別是強調個人道德與經濟責任的主題。

　　由清教徒引入新英格蘭的喀爾文神學是新興的現代世界觀中的重要部分。中古世紀基督教義代表社會的一種組織型態，其中個人的生活方式由儀式、神話，以及參與社區的事業（如同業公會）等來加以規範。每一個人在社會上都有一個預立的地位，而人性在偉大的生命鏈中擁有一處安全穩固的位置。從這種穩定的規律中釋放出新興的資本主義和科學的世界觀，主張要去探索新的世界、剝削新的資源與市場，以及建立新的國家。喀爾文新教教義融合了這些主張，但是提供了一種嚴格的道德規範，以避免人類的惡名昭彰。這些新教徒的世界觀對於自然界與人的本性抱持一種特別窄化與悲觀的角度，這種世界觀允許個人事業上的野心，只要我們懷著罪惡感和悔改的心，並且能虔誠地承認這種世界性的追求相較於神性真實本質，乃是完全毫無價值的事物。

根據神學家福克斯（Matthew Fox, 1983）所述，基督宗教傳統理論產生了兩種相當極端的宇宙論。其中「創造論」在中世紀重要的宗教社會中興盛，並且呈現出神秘主義的觀點，諸如聖方濟（Francis of Assisi）、賓根的希德格修女（Hildegard of Bingen）、艾克哈神父（Meister Eckhart）、英國茱莉安修士（Julian of Norwich）與其他人的神學理論。這個觀點主張萬物皆為神所創造，且人類可以透過悲憫與藝術的修練，直接參與這宇宙繼起的創造過程。然而，正如福克斯所指，聖奧古斯汀（St. Augustine）的宇宙論所聲稱之「墮落／救贖」的神學，已被證實更適用於帝國主義的政教機構，因為它曉諭人民無法直接參與神聖的本質，且必須由這些機構的權力所控制與管理。喀爾文新教主義儘管釋放出現代資本主義企業的能量，但仍然堅持由強硬的神權來駕馭人類的衝動。

　　這種觀點強調物質與靈性層面的絕對分野——在自然與超自然之間、世俗與神聖之間、人性與神性之間、人與神之間的截然區隔。物質世界是墮落的，意指非神聖的，它是邪惡與犯罪的領域。因此，人性被視為一種在肉體本質的墮落狀態與不可思議的完美神性之間永無止盡的交戰。與絕對完美的神性相較，人性乃是一般正統牧師口中的一隻「可憐蟲」。對新教徒而言，人的自然本性是一種罪惡與墮落的溫床，並且為了否定人性與肉體本質，他們習於強烈且具罪惡感的自我反省（Bercovitch, 1975, 15-23; Karier, 1986; Roszak, 1973, chap.4; and Roszak, 1978, 89-90）。

10

　　根據歷史學家葛蘭（Charles Leslie Glenn）所述，神學所教導的原罪係「人類墮落的本性將自己與神隔絕，也與自己的幸福隔絕」（1988, 48）。這種極端的喀爾文悲觀主義，在十八世紀受到崛起的世俗理性主義與十九世紀的浪漫主義思潮所衝擊，葛蘭指出這些世俗與浪漫的思潮如同宗教信仰一般為美國公立學校教育所推崇（這就是美國基進主義運動所抗議的宗教世俗化瀰漫校園的主要部分）。然而，儘管有這些自由化的思潮，「墮落／救贖」對於人性與自然人本質的觀念卻已深植於美國文化中。尤其甚者，世俗化與公立教育並無法澆熄新教徒理念的影響力。葛蘭指出，在許多的文獻資料中顯示，在美國文化形塑的那幾年當中，保守派占有人口中的絕大多數。「事實上，福音派教義那時已快速地形成與擴展」；「復興信仰強而有力地形成美國的新教教義」，而宗教領袖亦自認為，其乃為國家而論述。喀爾文新教主義由當時持續發展至今，成為美國文化中一股活躍的力量（Glenn, 1988, 150, 162, 182, 195）。

　　再者，將人性從神性中區分出來，將世俗從神聖中抽離，已經成為美國文化中持續不變的主題，並且對所有其他主要的文化主題有很強的影響力。相信人性從神性中被隔離出來，乃是主張人類由人性本惡所驅動，美國文化也因此極度高道德化；它普遍相信一種宗教的道德標準，形成一種社會道德的監視系統和行為的準則，而國家的法律也是為了維護社會秩序、避免動盪與混亂而設立的。如同一些歷史學家所觀察到的，美國的政治與改革運動一向將社會問題界定為個人道德與修養的問題，因此經常無法

11

揭發社會上意識型態或經濟衝突的真正根源。這種道德取向的觀點過度著重在既定的宗教權威與教育上，而忽視考量基本制度面的改革，以挽救嚴重的社會問題。

這種道德主義更加反映出傳統新教徒對工作和成功的態度，工作被視為改進自然人怠惰本性的必要訓練。因此，那些接受此種勤勉工作鍛鍊的人顯示出一種極高的道德層次，結果會導致他們所喜愛的物質層面的繁榮與興盛。在這樣的思考模式下，私有財產被視為神聖的。反之，貧窮（缺乏財富）則被視為是個人道德失敗所不可避免的結果，而不會被歸因於任何社會因素（尤其是那些或許已開放給所有人的機會）。

另一種新教徒宗教的要素是強調智能上的論辯，及對經文、信條與教義的詮釋（通常是照字面上的解釋）。事實上，某些不同的宗教派別確實鼓勵情感上的歸信經驗，以及真誠的道德情操。但是，美國的宗教並非僅是神話而已，它在追求真理的道路上，依賴其宗教概念、語言與教義，更甚於那些更主觀內省的、審美的，及沈思的事物。在這樣權威模式與教條的強烈主張下，已經對文化中的教育實務造成深刻的影響。當宗教信仰能激勵更多個人或團體與神性本質密切交流時，教育的理念就會有截然不同的進展。

最後，美國的新教主義已經被一種使命感所支配，其深深以美國為新耶路撒冷自居，乃是在世上建立神國的「山上之城」。漢地（Robert Handy）觀察到「美國新教徒最初就懷抱著有朝一日這個國家能充滿著基督徒的希望」（Handy, 1984, ix-x）。在這

12

個國家的社會中，幫助他人歸信是一項迫切的工作，似乎他們沒有建立一座聖城，將會遭到神嚴厲的審判。當美國西部邊疆在十九世紀為廣大的移民所開拓時，新教各派皆派遣牧師及巡迴傳道者分送聖經及信仰的小冊子，在此蠻荒之地傳播福音，以確保基督徒的道德能永垂不朽。

因此，我們應該質疑這段歷史中的課題，那就是這些邊疆地區的移民乃是受到這些美國文化特質中自力更生的民主所啟發。這些拓荒者並非是以一種單純的感動來經歷其移民經驗，而是受到新教徒世界觀的影響。以此觀點來看，這些拓荒者必然比那些留在家鄉定居的親朋好友還要更虔誠。在此充滿自然本性、缺乏神性的蠻荒之地，印地安人是未開化的異教徒；土地需要被開發；社會也必須依靠嚴格的道德規範來治理，否則將在沒有法律的情況下任其敗壞。雖然當拓荒者在邊境建立社區時，可能破除原有的一些社經地位上的差異，但是並不會抹去他們祖先清教徒的道德主義。這個處在邊境或遠離邊境的美國文化，並不鼓勵在道德層面或靈性層面的真正自我依賴，因為這個文化鄙視人類本性，並且如此懷疑那些未歸信、不受管束，或未經訓練者的自然本性。

科學的簡化論（scientific reductionism）

在十八世紀的啟蒙時期，培根、笛卡兒、伽利略（Galileo）及牛頓（Newton）所倡導的「自然哲學」（natural philosophy），

已經深植於西方的哲學思想中。根據此一觀點，自然是一套規律的法則系統，因此最好以理性來理解，即是澈底運用邏輯歸納演繹法（最理想的是透過數學來傳達觀念），而不是藉由主觀經驗來理解。真理並非由個人的啟示來驗證，而是藉由實際經驗之有效現實來檢驗的。自然法則的知識賦予人類掌控自然界事件的能力——此乃科學的最高目標。將此觀點運用到解決人類事件的是霍布斯（Hobbes）、洛克（Locke）、孟德斯鳩（Montesquieu）、亞當史密斯（Adam Smith），以及其他學者。這種科學的世界觀是感動美國革命領導者與開國元勳推動共和國願景的根基。在經典著作《美國意識型態中的個人主義與國家主義》（*Individualism and Nationalism in American Ideology*）中，艾瑞里（Yehoshua Arieli）曾說啟蒙時代所教導的要旨在於： 13

> 人類可以聽從理性的支配來改造自己，以及重塑其社交生活，並且反思社會中存在於宇宙的和諧法則。（Arieli, 1964, 110-111）

依此觀點，科學世界觀指出了一種更先進的社會哲學，以及比喀爾文新教教義史為積極的人性形象。培根與笛卡兒哲學思潮在某種程度上是對分裂歐洲的宗教戰爭進行反思，也是世人希望能藉此獲致真理的有效途徑，以取代永無止盡的宗教教義衝突。那些最熱衷於科學世界觀的先賢——如傑弗遜（Jefferson）、富蘭克林（Franklin）與潘恩（Paine），都主張全人類皆有「不可

剝奪的」天賦人權,而此需要一個兼容並蓄的民主社會,而非
局限於某種政治、社會或宗教的權力。科學理性的觀點是促進
人道、民主社會最真實可靠的途徑,這種理念已經在杜威(John
Dewey)、世俗人文主義者與進步主義者的思想中,迴響超過了
一個世紀。

　　但是,一個非常重要的觀念是,科學革命運動也不盡然完全
否定新教徒主義,而成為墮落／救贖的反面。科學至上主義保留
了宗教在物質層面與靈性層面之間的分野,物質世界是由客觀
的、不屬於道德範疇的、非超自然的,以及非自我創造目的所管
轄的;靈性層面則完全是由超自然力量所支配,並非科學所關切
的領域。主張科學是強調超越主觀與神秘經驗的理性,乃是一種
言過其實的說法,其實科學並非完全排斥新教徒知識論的主流。
早期的科學家確實可以在理性探索自然的同時,也保持其個人與
社會信仰中的宗教性忠誠。並且,除了難以融合的聖經註解之
外,宗教性的美國文化不僅可以調和新興的科學主義,甚至與之
相得益彰。

　　早期美國文化形塑的年代,在社會與政治的思維中,世俗的
觀點仍然僅隸屬於新教徒主義,甚少建國先驅會將天賦人權哲學
觀視為極端的民主作為。一般而言,領導的聯邦政府保留了艾
瑞里所謂的「新教徒國家主義」,該主義曾謹慎地維護了公共的
道德與秩序。一些較激進的啟蒙主義擁護者——例如潘恩,皆曾
直接抨擊基督教教義,但在當時並不得人心;再者,法國大革命

14

與無神論者的暴力，也讓保守主義者再度高呼淨化激進主義的影響。有些歷史學家認為保守主義者對法國大革命令人驚奇的反應，直接導致信仰復興的浪潮，亦即所謂的「第二次大覺醒」。因此，即使本身也是啟蒙思想激進主義者的傑弗遜，在一八〇〇年當選為美國總統時，美國文化仍然再次擁護新教教義，促使更加世俗的世界觀完整地延續了超過半世紀。

　　但是，在十九世紀中葉之後，科學的世界觀變得更加激進並且迅速地蔓延。宗教開始與一種令人著迷的科學實證主義分享其核心文化的角色；人們開始前所未有地熱愛著科學的方法，並相信可藉以解開所有宇宙的未知與解決所有的社會問題，此乃反映出傑弗遜式共和主義思想的希望。但是，十九世紀的科學從所有宗教事物中掙脫出來，而轉向唯物論（materialism），相信所有實際存在的事物基本上都是物理現象（是可以測量與操弄的），而沒有任何靈性與超自然的力量，於是逐漸傾向機械論（mechanistic），而假定自然事件都是由因果關係法則所產生，而不是任何上蒼的意旨。此種論點越來越簡化，將自然現象拆開成片段來加以測量和解釋。直到二十世紀初期，人類科學仍然採用這些偏見，行為與量化的研究取向甚至仍是今日研究人類與社會問題所偏愛採用的方法。當科學主義與宗教並駕齊驅，成為主宰美國文化的影響力時，其結果對社會而言，將如本書第 3 章探討的「專業主義的文化」，乃是活生生地腐蝕了傑弗遜式的民主信仰。

◎ 嚴謹的民主意識型態

　　在菁英專業主義興起之前，美國文化存在著一種處於激進傑弗遜理念與保守派原則之間拉鋸的緊張關係。美國歷史學家不斷地論辯何者是形塑美國文化最基本的意識型態。哈慈（Louis Hartz, 1955）及達成共識的歷史學者們主張是一種以洛克理念為基礎的個人自由主義；其他的歷史學者——如戈登伍德（Gordon Wood, 1969）——則宣稱較保守的古典共和主義理念才具有重要的影響力。拜耳德（Charles Beard）和本世紀早期的進步主義歷史學者則強調那些開國元勳都是投機的生意人。顯然地，存在於保守派與自由派之間的衝突根深蒂固：其一是以聯邦主義者、十九世紀自由黨黨員與共和黨所代表的，著重在商業擴展、傳統道德，以及服從的公民權；其二是由傑弗遜和傑克遜（Jackson）及各個平民主義的思潮所啟發而產生的自由概念，其傾向於強調個人自由與機會平等。

　　雖然兩種潮流皆代表了美國人愛國的主流，但是，保守派與自由派理念之間的差異不應等閒視之。這些不同的理念包括了社會秩序和人類本質假設的基礎。在保守派／共和黨的思想中，極少數人擁有人類的優越性，這些人天生就具備促進經濟與社會發展的卓越特質，因此應該委以重任來帶領國家與社會的發展；而一般的平民百姓——特別是移民人口，在國內傳統上並未受到良好的教育，通常被視為是社會的邊緣人。過度保障個人自由被視

為是社會秩序的嚴重威脅。因此,自由必須與紀律並肩而行,並以社會的福祉和公眾的利益來取代個人的自由。

另一方面,就自由民主的意識型態而言,其主張大部分(如果不是全部)的人都擁有掌控自己生命的潛能,而不需要受到上述的控制。假如人們從經濟、社會和宗教上不公平的束縛中解脫,他們將會更樂意、自動自發地成為努力工作和有道德的公民。然而,這種意識型態備受美國文化的主流觀點(這當然是美國神話的核心)所質疑,此理念無庸置疑地受到傳統保守派的抑制,甚至在某些時期被迫讓步。綜觀美國歷史,許多人的天賦人權一直遭到否定,特別是婦女、非裔美國人、非盎格魯—撒克遜的移民者、印地安人和兒童等,此天賦人權乃自由意識型態所倡導的理念。清教徒的新教主義對於財產及其他社會問題的保守態度有深刻的影響,對於社會上那些無法獲得個人財產或權力者,常不抱持憐憫心,反而傾向於以道德來論斷他們。我們可以預見保守派與自由派對於民主詮釋的差異將持續緊張對立,並且在美國教育的發展過程中扮演主要的角色。

◎ 資本主義

16

資本主義的核心價值是美國文化的主流意識,美國文化從不接受極左派或極右派主義。事實上,資本主義確立了美國文化的特有風貌,其影響力或許超越其他任何議題。資本主義的意識型態幾乎是毫無異議地被勞工與資本家所接受,甚至也被傑弗遜與

傑克遜的跟隨者及漢彌爾頓（Alexander Hamilton）的支持者所接受，此乃美國與其他多數國家不同之處。大部分的美國人都積極地捍衛資本主義的效率（它為國家製造了前所未有的財富）及重視道德倫理（資本主義確實大大地促進人民的心智靈活、積極的進取心與勤奮努力，以及由民主政體的政治自由所帶動的自由經濟）。

但是，就某些重要的方面而言，資本主義也局限了人類的許多經驗。以世界觀（不僅只是就一個經濟體系）而言，資本主義深信自然萬物只是為了滿足人類的需要與慾求，結果導致開墾自然的發明與膽大妄為的貪婪行徑受到高度的評價，而生活品質的提升乃是以原始自然界多快速地被人征服為衡量標準，例如國民生產總值。再者，資本主義深信追求人類的進步與舒適是沒有任何限制的，因此那些野心勃勃的、製造財富的資本家被廣為推崇，而科技的革新也總是受到歡迎。另一核心信念則是相信在公開的社會中對機會的爭取乃是正當的，所以唯有個人的天分與積極主動進取的精神才是決定個人社會地位的主因〔富蘭克林的生活和阿爾傑（Horatio Alger）的小說成為美國資本主義的重要神話〕。

資本主義是建立在以菁英教育為基礎的世界觀上，亦即存在於個人爭取社會與經濟地位之毫無止境的競爭中。所有衡量成功的標準都是功利主義，而人類生活經驗的整體——尤其是審美觀的、情感的及靈性的層面，則絲毫不被視為就業市場的資格或成就的象徵。資本主義雖然促進了個人主義，以及在社會與經濟層

面上的固執己見,但卻忽略了自我瞭解、批判智慧或靈性探索的重要性。將實用性與生產力視為比反省沈思或探尋內在更重要,沈思的做法被譏諷為「冥想自己的肚臍」。知識分子長久以來一直批評美國文化是反智能的、反理性的,且由激烈競爭力所掌控。美國文化質疑冥想無法立即達到成效,資本主義僅為宗教喉舌,強調道德規範而漠視神秘冥思,重視具體成果而非探求精神內在或自我實現。

資本主義與美國世界觀的其他議題有密切的關聯,包括美國文化中嚴謹的民主意識型態。從某一方面而言,資本主義確實允諾且時常提供促進社會與經濟發展的機會。階級差異並不是依據法律或習俗而強制劃分的,而是由於菁英制度本身會激發任何有熱望、有抱負、有成就的人。富蘭克林與阿爾傑的神話確實存在著一些真理,但是不可否認地,有一些財富與身分地位的競爭是高度不民主社會所造成的結果。如果精明的企業家就是代表美國文化中的偉大理想,也莫怪社會上會充滿了無道義的工業鉅子、併吞企業的財團,以及有錢有勢的大男人(大都是新教徒白人)。今日在美國的有錢人占總人口的百分之一,卻掌控了全國百分之三十的財富。企業主管獲利高於雇員所得的好幾百倍,而這些利潤大都是雇員所創造的,這種不合理的現象卻被視為正常。這與富蘭克林或阿爾傑小說中的主人翁所頌揚的個人成功美夢相去甚遠。

在企業資本主義之下,僅有極少數人可以達到成功的巔峰,無論有多少天賦異稟或是渴求成功的人。資本主義宣揚全民化的

民主，但是實際上，少數人卻明顯地享有較多實際上的民主、獲得較多接受優質教育的機會、對於經濟與政治上的決策有較大的影響力、在追求幸福與個人的意義上有更多的自由，以及也有更多的機會可以獲得更多更多的財富。

我並非要煽動革命或要求立法保障人民的平等，但是，我們必須嚴正地重新思考這些文化的信念。這些信念竟然讓我們抬高企業家的聰明才智，將其價值視為崇高無比，因而忽視勤奮勞動的價值；也讓我們滿足於將焦點放在財富與悠閒的生活上，而罔顧我們國家中尚有百分之二十的孩童生長在貧窮的環境。重點在於資本主義的世界觀無法應付菁英制度所造成的極端影響。資本主義保守派的觀點則認為這些影響乃是一種完全自然的結果，其假設人性是懶散與不可信賴的，因此只有極少數精選的人能夠達到成功的巔峰。正因這些少數精選的人能夠自我要求，所以其成就理應受到豐富的酬賞，而大部分的人則應該尊重私有財產和法律的規則，且滿足於分享這種普遍的繁榮。在十九世紀末聯合工業擴充時期，達爾文社會進化論被用來評斷社會上的極端差異，自然法則強調適者生存，以及淘汰社會上的失敗者也被視為一種有益社會發展的事（Hofstadter, 1955b）。

資本主義自由派的觀點則較為寬宏大量，主張每一個人或每一個孩子都能有成功的機會。社會的主要責任在於提供足夠的教育，以保障社會與經濟發展機會的均等。值得玩味的是，資本主義自由派與保守派共同主張解決社會問題與文化缺失最佳的方法是激勵個人的雄心壯志，以及增加個人發展的機會，勝過對文化

18

提出一些批判性的問題。但是，也許這些才是問題的根源。結果導致教育被視為是解決社會與文化問題的萬靈丹，此乃是美國歷史中一貫的模式。

　　資本主義是導致現代社會問題的文化根源之一，因唯物論者鼓勵控制自然，且與科學的簡化論和官僚體系狼狽為奸。物質主義是個人靈性退化、家庭與社區生活瓦解的主要禍源。所有工業時期都主張科學的信念，社會問題也因而衍生。但是在美國文化裡，新教教義將物質主義視為一種宗教的狂熱，強調個人的道德與職業責任、工作與節儉的原則，以及私有財產的神聖性等，都非常清楚地將資本主義與社會主義區隔。歷史學家衛胥（Bernard Wishy）研究指出：「道德主義與物質主義所共同強調的正義與成功的願望」，深深地烙印在美國人的性格裡（Wishy, 1968, 20）。我堅信在誠心關注人類潛能和其成就的同時，也必須對這樣一種神聖宗教化的物質主義加以敏銳地審視。

◎ 國家主義（nationalism）

19

　　國家主義是最後一個要探討的文化議題，因其完全緊繫我們國家的認同感。歐洲人對於國家的忠誠感乃是一種根深蒂固的歷史、神話、宗教與唯美主義的傳統，在美國則不然。成為美國人意味著要克服其中的差異，以凸顯自己所認同的獨特信念——亦即美國的世界觀或美國的生活方式。這種信念一再重複出現在早期美國領袖的寫作和演講中：

我們處在歷史上前所未有的社會裡，人唯有在這個時
代、這個社會才能在實際生活中享有完整的權利。
（Arieli, 1964, 78-79）

這種自以為是的國家主義雖有積極正面的意義，但亦有消極
負面的意涵。當歐洲社會由於教會與國家的專橫，而導致貧窮、
無知、迷信和腐敗時，新教徒則興起一股美國國家主義的世俗潮
流，渴望藉此建立一個眾所矚目的完美民主國家和現代化社會。
早期的美國人——包括宗教人士與理性主義者，都以身處人類重
要的里程碑自豪，潘恩在其著作《常識》（*Common Sense*）中描
述這種感覺：

我們擁有每一個機會和每一項優勢，去建立世上最高
貴、最純潔的憲法。我們運用這個力量重新再造這個世
界。（Arieli, 1964, 72）

美國國家主義自始至今都以一種積極進取和傳道者的姿態存
在。依照美國的世界觀，沒有任何國家足以與之比美，美國是世
人仿效的最佳榜樣。

國家主義負面的意涵在於讓人有一種不得安寧的不安全感。
其他國家有其歷史悠久的傳統，身為公民乃是擁有一個終身的祖
國和一種穩固的國家認同感。但是，美國人是自其他歷史久遠的
國家遷移而來的居民，他們需要在此新世界證明自己對一套抽象

信念的忠誠。由此可見，武斷的國家主義是一種防衛措施，以保證美國人的所作所為都是確實地歸屬於這個國家的整體；再者，這些信念本身需要被證實——特別是在最初幾年裡，這些信念讓美國公民逐漸塑造出一個成功的民主國家。但是，美國經驗並不確保成功。這種不安全感的後果之一，就是美國文化大體上不信任外國文化，並且偶爾藉由一些抵禦外國文化的運動來反對移民者與政治立場歧異的人士。這些抵禦行動諸如聯邦法律、政黨活動，甚至明目張膽的暴力行為，以及惡名昭彰的國會所進行的「非美國人運動」之研究。當然，在這些抵禦運動中，教育已經被用作一種主要的武器了。

20

我已經討論了上述五個美國文化的議題：清教徒的神學理論、科學的簡化論、嚴謹的民主意識型態、資本主義和國家主義。這些議題闡釋了美國中產階級和一般人普遍抱持的世界觀，大部分的美國人就是用這種意識型態來看待這個世界的。如果有一項共通點可將這五個議題串連在一起的話，那就是社會紀律的必要性。儘管美國神話強調「民主」、「自由」、「獨立」和「個人主義」，但此強勢的世界觀並不信賴自發性與自我表現的個人創意。那些被奉為能促進社會與經濟成功的正當信念與行動方法，是指最崇高的道德、理性、企業家精神，以及專家的信念與行動。簡言之，他們硬把理性的紀律強加在人性更深沈、更有衝勁、更直覺、更神秘、更豐富的情感層面上。

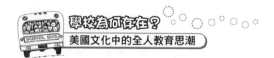
　　當然，所有的文化都會強加紀律與一定程度的順從。與其他文化相較之下，美國文化在很多層面都更重視個人主義，尤其是指在經濟、競爭和表面上的個人主義。這裡所要指出的是美國文化普遍存在著對人類經驗的不信任感——一種根深蒂固的主觀看法，特別是輕忽人類生活中真實的靈性層面。所謂靈性層面是指對生命內部具有一種更敏銳的感受力，探求生活深層意義的慾望勝過單單以知識或社會慣例來理解。美國的世界觀將道德主義、唯物主義和理性紀律強加在人類精神的感受性上。在這樣的文化裡，真正的靈性事物被摒棄為「神秘主義」或「浪漫主義」。但是，全人教育思想卻試圖挽回我們生命中的這個重要的本質。

美國早期教育

　　美國早期的教育理念與實務都直接展現在文化當中，在美國殖民時期工業化之前的農業社會環境裡，宗教教化是基本教育的主要目的。孩童學習認字是為了讀聖經，實際上，這是社會中大多數人在日常生活中所需學習的事情。僅有極小部分的人進入初級中學或學院接受牧師、律師和醫學等專業訓練；而且在十九世紀擔任大學校長的人大部分是牧師。一些歷史學家指出大部分的人不僅對教育漠不關心，而且根本就質疑教育的價值（顯示文化中「反知識」的傾向）。學校在美國早期的社會裡，除了傳揚新教徒的道德價值觀以外，其影響力乃微乎其微。

　　傳統教育的實務乃由神學的信念來主導，因為喀爾文教派教義曉諭世人出生即帶著原罪的污濁，這種與生俱來的邪惡傾向需要由嚴峻的紀律來約束，所以孩童的自發性必須被強制地壓抑，幾乎完全被摧毀殆盡。依照衛冑的說法（1968, 11）：「一個貪玩、愛嬉戲、活潑、有朝氣、快樂又可愛的孩子確定是走在通往地獄的路上。」因此，早期美國學校的教室特色就是以體罰來要求完全服從；教育常用的方法則是要求學生死記硬背聖經

和教科書的冗長篇幅——要能在老師面前背誦出來。卡洛（Carl Kaestle）指出人們相信這種教育方式可以「協助孩童發展出良好教養和勤勞的氣質」（Kaestle, 1983, 46）。

有些歷史學家認為美國早期的教育方式比較像是社會紀律的鍛鍊而非學習歷程。事實上，誠如卡洛引述某位教師的看法，其認為保持教室安靜就是「卓越教育方法的最高境界」（Kaestle, 1983, 18）。雖然現在有許多叛逆的孩子和不適任的教師，但是其教育信念仍舊是保持教室安靜與妥善控制。這種彷彿只有一間教室的校園，實際上都是毫無生氣的，沒有讓孩子有舒適的學習空間，將孩子發展的學習需求與興趣擺在命令與紀律之下。

所幸啟蒙思想逐漸將智能的生命灌注在美國人對教育的態度上。倡導將啟蒙思想之理性主義、世俗化和科學態度運用在教育上的先驅者是富蘭克林。他的教育理念是透過教育實務訓練，培養學生冒險進取的精神和自我改善的態度，反映出一種中產階級的意識型態。私人家教與學校開始出現在殖民地的商業中心，富蘭克林就是中產階級運用教育獲得個人晉升的一個象徵。柯帝（Merle Curti）指出這是一種「革命性的」文化發展。但是，它並未快速地取代傳統的教育理念，因為直到十八世紀中期，美國仍舊保留農業文化，並由宗教所主導。

早期的教育理念反映出開國元勳對於民主社會模稜兩可的態度。他們大都認同除非民眾能接受充分的教育，否則無法建立一個民主共和的社會；但是，他們各有各自的論據。自由派人士主張教育應賦予公民珍惜他們在自然法則下的寶貴自由，但是越來

22

越多的保守派人士卻考慮要抑制社會大眾的衝勁，他們主張學校教育應該教導如何做選擇，然後教導他們要服從那些最配稱的領導者。從很久以前，這些保守派的理念在美國國內就非常受歡迎。羅許（Benjamin Rush）在一七八六年出版的一篇文章中，清楚地宣揚共和主義的保守教育理念（Rudolph, 1965, 9-23），他指出：「人乃是天生未馴化的動物」，因此為了要維持社會秩序、降低犯罪率、促進農業與商業發展，以及維持宗教活動和良好的政府（註：這些都是保守派優先考量的事），必須要教導個人——「他並不屬於他自己，而是屬於公共財產」。

羅許的最終目標在於「促使社會大眾更加一致化，因此可以更容易地統御他們，建立一個和平的政府」。這個目標就是每一個人都必須尊崇自己對國家的忠誠，透過學校教育盡可能地運用權威來教育學生擁戴這樣的忠誠。他更強調：

> 我認為這樣的方式是最能夠說服人們忠於國家機器的，
> 如果我們期望他們在國家這個偉大的政府機器中，適當
> 地扮演他們的角色，我們一定要這麼做。

歷史學者葛蘭研究（美國早期的領導者所發表的言論）發現，這種共和主義的教育理念與法國大革命中激進黨派的意識型態很類似，都是把兒童視為國家的財產。美國聯邦黨與共和黨的共同目標在於建立統一的國家，因此他們皆贊成在教育上採取中央集權與菁英主義。

23

　　雖然早期的美國政治思想家皆論及「平等」，也開始打破社會上傳統的菁英階級制度，但是，這些開國元勳也沒有興趣建立一個完全平等的社會——例如他們保留投票權的資格。學校教育繼續實行階級區分，財富可保障獲得最好的教育機會，而勞工階級頂多只能當學徒而已。其次，有足夠的證據顯示，早期的美國人並不認為有必要教育婦女、非裔美國人和印地安人參與公共事務。再者，誠如柯帝觀察到教育實務本身的現象：

　　這種強調教條、威權、背誦和用恐嚇、體罰來維持良好秩序的教育，比較像是發生在階級社會裡，而較不像是發生在一個宣稱民主的共和社會裡。（Curti, 1968, 29）

　　當我們回顧西元一八○○年以後所建立的學校，我們可以發現更多的證據是支持柯帝的論點的。正如我前文所述，商業菁英和新興的中產階級都尋求私人家教或學校教育的管道，以便他們的兒子獲取經濟上的成功。雖然這些學校仍舊使用傳統教育學的方法，但是教育目標與那些專門教育窮人的慈善學校卻截然不同。這些慈善學校並不強調個人的晉升，卻只強調社會的安定。納索（Nasaw）描述這些慈善學校當時的情況：

　　學校一再強調的不是學生所學習的內容，而是要他們保持外表整潔、有秩序，學生不論是到校、離校或進入教

24

室都必須像軍人般嚴格整齊地踏步，如此協助他們準備好服從他們的老師，快速改進他們的道德修養，成為溫順、彬彬有禮的人。（Nasaw, 1979, 24）

卡洛指出這些慈善家提供「美其名為平等的教育機會」，主要是想降低這些貧窮孩子的家庭環境所帶來的負面影響，而不像是在較高級的學校中所做的，乃是為了滿足父母望子成龍的期望（Kaestle, 1983, 36, 55）。

顯示出這種存在於菁英與窮人之間教育機會差距日益擴大的一項證明，就是在慈善學校中積極採用蘭開斯特（Joseph Lancaster）的「教學助理制度」（monitorial system，或譯為「導生制度」）。這種教學方法讓一個老師運用一些學生當教學助理，可以同時教導四、五百個學生。他們實行一種呆板生硬的、既定的教學程序，不只是教學過程──包括學生的活動，也都是一個口令一個動作。這種教學方式之所以受到歡迎，是因為既經濟又有效率，也很適合培養一些到工廠工作的工人。波士頓學校委員會在一八二八年提出有關這種教學方法的報告：

對青少午在嗜好、性格與知識的影響上有很高的成效，使他們對工業產生興趣、守規矩，並成為一名好部屬。所以這種教育方式能在早年時就培養出愛好紀律和就業準備……。（Spring, 1972, 46）

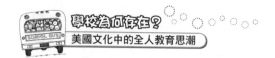

　　歷史學家批評這種教學助理制度好像是「動作劃一的機械操作」、「控制混亂模式」一樣，「比較適合在封建帝國中，而不是在一個民主共和的新世界」（Kaestle, 1983, 41-44; Greene, 1965, 92; Nasaw, 1979, 20）。然而它卻已在美國這個民主國家的各個城市中廣泛地被運用。此事對我而言，蘊含一種重要的意涵，顯示早期美國教育的領導者在其民主理念當中攙雜著一種強烈的資本主義保守思想。新興的中產階級運用教育來為其子女擴展機會，卻限制貧窮人家孩子的機會。我們還會在美國教育歷史中繼續探討這個主題。

　　巴茨（R. Freeman Butts）身為國家主義者，指出革命完成的過程需要「經歷一部分人的犧牲自我、忠誠、愛國心和道德的復興」。教育這些人要把全體的福祉擺在他們個人的利益之上（將他們變成羅許所舉出的「共和國機器」的工具），乃是國家主義者的目標（Butts, 1978, 11ff）。前面提到的這些美國早期的領導者，將大眾教育視為一種促進國家統一的工具。實際上，由於這個年輕的國家試圖努力地在聯邦和州政府權力拉鋸之間維持平衡，因此學校系統進展得十分緩慢，教育由各州自行管理，各州又將教育交由各地區自行做決策。大約花了半個世紀，直到一八三〇年代，各州才積極投入教育工作。雖然開始重視教育，但維持國家統一仍舊是一項重要的教育目標。

25

◎ 公立教育的興起：一八三〇至一八七〇年代

很多歷史學家認為，傑克遜時代（Age of Jackson）（1829-1837）代表美國社會一個重要的分水嶺，十八世紀的社會結構和人們固有的價值觀正面對工業時代來臨的衝擊。那些我們視為「現代化」的制度和信念都是建立在那些年代裡。公立教育正是這些制度之一，因此瞭解其中所出現的社會和文化脈絡的轉變是很重要的。

工業化

在美國的工業革命與其他地方一樣，各地出現越來越多的工廠。這是一種社會型態的轉變，導致人們從農業社會的自給自足，變成由市場和大量生產的商業交易所取代。運輸工具的發明——舉凡運河、鐵路和蒸汽火車，都讓長途商業活動更加便利。過去人們在村落裡市集上的互動——一種連繫社區情感的活動，已經被一種毫無人情味的、非地方性的商業關係所取代。卡洛提到這個「現金的世界」（world of cash）所重視的計算和書面溝通，是刺激教育需求的重要因素（Kaestle, 1983, 24, 65）。

原來在農業社會裡，每個人都為自己的需求負起全責，而現在勞動者開始專業化，在勞動市場上提供專業的技能。這種市場經濟的轉變帶給人類關係重大的影響，歷史學家邱吉（Church）和謝鐸克（Sedlak）指出一個重要觀點：在一個人情冷淡的社會

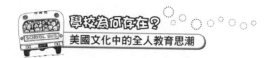
網絡裡，建立個人身分地位有很多不同的詮釋，物質方面的成就取代個人家世、性格和技藝在社區中的定位，也象徵一種在快速、易變與非地方性的社會裡嶄露頭角的顯赫身分。這兩位學者指出潛藏在公立學校運動中的一項主要激勵因素，是那些來自農業生活背景的人在面對都市生活競爭時，有一種身分的焦慮感（Church & Sedlak, 1976, 170-171）。工業資本主義的興起將教育視為經濟與社會地位成功的有效助力，使接受教育本身也變成一種更重要的身分象徵。

工業化改變了工作原先的自然本質，納索描述農夫與工匠原先的謀生方式：

工作的節奏是隨著季節變化、每個禮拜中每個不同的日子和能接受的工作量而定，以及依照工人藝匠的願望而調整的。在每個「煩悶星期一」（Blue Mondays）有較長的午餐休息時間，在舉行選舉、家庭節日、教會和社會慶祝活動時，也可以休息一下，這並不是一種不好的工作習慣，只是顯示出一種不同的工作型態而已。

但是，在工廠中有條有理的例行公事就截然不同了：

雇主和他的管理者獨自設定工作時間、工作的節拍，以及為了達到生產效率而設的工作規則。這種決策過程逐步地改變勞動者的工作習慣，這個工作的機器要完全

聽命於雇主依照條件來安排的工作模式。（Nasaw, 1979,
36）

　　納索的論點獲得一些重要社會歷史研究的支持，諸如高特曼
（Herbert Gutman, 1976）和費樂（Paul Faler, 1981）都在其著述
中討論到這段時期中工作習慣的轉變。顯而易見的，這些習慣由
機械和時鐘所控制，逐漸灌輸工人要脫離農夫和藝匠的文化，使
其成為準時、服從、有紀律等等，這就是公立學校運動最主要的
目標之一。

　　與新的工作模式密切相關的是雇主與工人之間日益擴大的分
歧。費樂描述這個「機械工人」的精神過去曾號召工人之間的團
結，甚至是工人與雇主之間的團結。但是，當工廠與市場系統逐
漸壯大時，工人變成企業與管理者的附屬品，這些管理者不但沒
有和工人一起工作，甚至連這些工人是誰都不知道，階級劃分變
得越來越明顯。舉例而言，從這個時期開始，在都市中富人和窮
人所居住的地區便截然不同。這種日益擴大的鴻溝演變成對傑克
遜之美國平等主義的挑戰，嚴重損害其國家自我形象。民主共和
政治是建立在社會上對社會秩序有影響力的富人身上，而非建立
在沒有財富的社會大眾身上。托克維爾（Alexis de Tocqueville）
清楚地指出其所造成的影響：

　　當勞動者被區隔的現象越來越廣泛時，工人也變得越來
越脆弱、越來越心胸狹隘、越來越依賴。但是，反過來

27

看這些有錢和受良好教育的人卻持續地向前擴大事業。因此，在製造業技術降低工人社會階級的同時，卻提升了企業主人的社會階級。所有民主社會的支持者們應該張大眼睛看清事實，修正這令人憂心的發展方向。否則，當這種長久以來的不平等狀況及菁英制度再次滲入這個世界時，我們甚至於可以預測這些情況將大搖大擺地走進來。〔Tocqueville（1840）1954, 2:169, 171〕

從這個時期開始，雖然美國的教育學者努力地維護沒有社會階級的理念（或者是幻想），但是，正如托克維爾所預料的，美國人在社會地位、經濟地位和政治權勢上，長久以來被顯著地區分成不同的等級。

工業化同時代表著都市化，就業機會集中在都市。所以從一八三○年代開始，美國的人口就出現一種從鄉村到都市的大量流動，令人擔心農業文化的消失。柯林頓（De Witt Clinton）解釋傑弗遜理念的一項關鍵：

都市一直是犯罪的溫床……有許多對年輕人非常不好的惡行壞榜樣……會導致社會大眾道德淪喪。（Spring, 1972, 64）

邱吉和謝鐸克指出，在小型的農業社區裡，人與人之間的互動頻繁，比較容易凝聚社會團結。但在都市社會裡，人與人之間

卻越來越呈現匿名性。此外，那些沒有特殊技能的工人、移民者在未來一定會造成都市社會的問題。

> 在都市裡的社會領袖看到這種由移民者和貧窮者所造成
> 的日益嚴重的社會問題……。最新成立的貧民收容所已
> 經客滿了……貧民窟的情況和骯髒的衛生環境都讓都市
> 領導者頭痛。(Kaestle, 1983, 32)

28

新教徒的世界觀強化社會領袖相信：貧窮確定是一種「道德淪喪」的徵兆。不僅如此，他們還推行一種道德改造的運動，並且透過新的都市機構來維繫社會秩序，這些機構包括警察機關與公立學校。

我認為美國社會對工業化的回應是一種文化上的選擇，或許工業技術的發展是不可避免的，也或許提供更便宜、多樣化的商品和固定的薪資都是不可抵擋的誘惑。但是，工業化的社會組織能夠採取其他的運作形式，歐文（Robert Owen）曾經在蘇格蘭建立一個工業化社區的典範──新蘭納克（New Lanark），他在一八二四年旅行到美國，向許多知識分子與政治領袖──包括國會議員和美國總統門羅（Monroe）和亞當斯（Adams）──介紹他的「社會新觀點」。但是，工業化捨棄了這種以社區為中心的模式，繼續促進現存新教徒的資本主義文化。

工業化和都市化皆為社會問題和個人壓力創造了一個潘朵拉的盒子，但是美國人卻願意為此付出代價。再者，強調新教徒價

值觀的美國主流文化是以一種道德意識來看待這些新興的社會問題。舉例來說，連托克維爾已預見工業化會造成的社會結果時，領導美國麻薩諸塞州的藍滔（Robert Rantoul）——他是傑克遜的擁護者——都還宣稱：「我們正邁向完美的境界，沒有任何事可以阻礙我們進步，唯有我們自己的軟弱和無知。」（Meyers, 1957, 167）由此可知，美國中產階級對公平競爭及菁英管理的社會秩序深具信心，對於新工業時代的種種批評可說是無動於衷。他們承認社會上確實有問題產生，但是，因為這些問題被當作是由「軟弱」和「無知」所導致的，所以都可以用道德和理性管理來加以解決。教育因而被用來應付社會上的重大變遷，被當作是醫治工業資本主義社會的萬靈丹。

家庭角色的制度化

當自給自足的家庭農場被工業所取代時，它的許多經濟功能也被大型企業所取代。正如卡洛所提出的，日益重要的學校教育強調學習一套技能，而非家庭日常生活所需的知識，以便準備學生進入「現金世界」。此外，家庭本身亦自動放棄許多原有的功能。羅斯門（David Rothman）在其著作《探索救濟院》（*The Discovery of the Asylum*, 1971）中探討何以工業前期的社區生活功能會逐漸衰退，而由社會機構所取代來處理社會上的犯罪和混亂的現象。家庭不再被視為足以擔此重任，因此必須成立社會公共機構以維持社區的秩序和安全。這種由州政府負起照顧責任的功能也逐漸擴大到學校身上。在工業社會的都市中，個人與家庭

29

的關係逐漸疏遠，社會改革者便想要以公共機構來維持迫切需要的社會安定。一件值得深思的事，就是緬恩在倡導公立教育之前，曾是協助麻薩諸塞州成立第一間州立療養院的有力人士。

為了彌補家庭功能的喪失，傑克遜的社會創造出一種對家庭生活的崇拜，在工業社會早期以此用來定義女性的角色。他們教育孩童這種信念：相信女人天生比男人更具有照顧他人和更高靈性的特質，所以比較適合留在家裡。卡特（Nancy Cott）在其著作《婦女的束縛》（*The Bonds of Womanhood, 1977*）中指出，女性在家庭與學校中都被視為一種化解男人在事業競爭中所展現的自私無情的角色。

這種對女性的態度讓我們注意到四種不同的觀點：

1. 有助於我們認清工業前期家庭功能的改變。女性的母職角色只有在父親開始每天花更多時間在外面時，才被認為是很重要的。

2. 更加證明支持傑克遜的美國人是用道德勸說的方式來積極對抗社會問題。

3. 這讓公立學校運動的領導者獲得很大的優勢，學校中男性擔負的傳統角色被女性取代，讓公立學校教育更符合經濟效益（女性雇員的薪資較低），被合理化為一種道德改革運動。

4. 這是中產階級的思想。很多勞動階級的婦女和小孩花更多時間在工廠裡，因為中產階級的改革者認為，要將學校的道德影響力引進勞動者的家庭生活中。

30 ⛰ 移民

　　在十九世紀中期以前，美國還不算是一個真正多元化的社會。當時美國境內存在著「飛地」（譯註：指在本國境內隸屬另一國的一塊土地）非英語文化，但他們只是一小群人，大部分是北歐新教徒的後代。富蘭克林和其他早期的領袖曾關心在賓夕法尼亞州講德語的居民。直到一八四○年代，當愛爾蘭人開始大批抵達時，大量的移民潮就挑戰了英裔新教徒的同質化。研究移民的社會歷史學家們，指出保護本土文化者通常以一種排斥的態度來對待這些移民（Archdeacon, 1983; Jones, 1960; Higham, 1970; Glenn, 1988, 64-73）。我從文獻分析中獲得結論，歸納出新移民對於美國文化和教育所產生的深遠影響，共有三項特質：

1. 他們是天主教徒，如果他們要融入美國社會，不是要放棄他們的信仰，就是要改變新教徒的國家主義。

2. 他們是外地的移民，擁有自己的文化，而且顯然並不想接受美國的工作態度、道德觀和共和政府。

3. 他們大部分是離鄉背井、未受教育的邊緣人，可說是一群難民、貧窮者，比任何本地人都願意在工業社會裡從事低賤、骯髒的工作。

　　這些特質都可以用來描述在之後八十年內陸續跟著愛爾蘭人移民到美國來的眾多移民團體。大批移民對美國社會造成兩大重要影響：其一，美國人更加煩惱社會階級的形成，因為勞動階級所遭遇的困境，被歸因於移民者低劣的道德觀；其二，美國文化

更加演變成一種自以為是的國家主義，因為儘管有排外主義和其他的問題，很多移民一旦發現美國社會所賴以建立的自由與機會時，他們就會加入這個歌頌愛國主義的行列中。

受歡迎的政黨政策

美國在一八二〇與一八三〇年代裡，目睹了「平凡人的崛起」。因為財產方面的規定放鬆了，在大部分的州裡，幾乎所有白種的成年男性都具有投票權。傑克遜政策宣稱政府機關將由任何一個（白種男性）公民來任職，因為在菁英控管之下，「大眾」的聲音絕不能被忽視。第一個真正的政黨大會在一八三一年舉行。勞工黨在主要的都市裡興起，宣稱必須進行各式各樣經濟與社會的改革運動，包括免費的公立教育。這項改革運動重新定義十八世紀的共和主義，比較不強調為大眾利益犧牲自我，反而更加強調個人的志願、抱負和機會；並且強調政府要發揮許多功能，抨擊「貴族統治」和「壟斷性」的機構。這些崇拜傑克遜式民主的信徒尋求開放社會和經濟的舞台給所有想要成為企業家的人，這種機會無限的意識表現在「昭昭天命」（Manifest Destiny）所傳達的概念中，整個大陸都能夠作為拓展民主野心的場域。雖然昭昭天命是來自於新教徒的教義，但是這樣的概念更能反映出美國人民天生的浪漫國家主義。

然而，反傑克遜主張的政黨——即美國自由黨，卻堅持保留很多傳統和保守的新教徒觀念。他們只接受某種程度的大眾政策，以及更多為了要贏得選票而推崇民主的花言巧語。雖然魏

31

得（Rush Welter, 1962）主張自由黨加入一種「自由的輿論」，但是，我相信更多重要的歷史學家在稍後所做出的結論，更令人信服：自由黨所代表的是新興的企業菁英，而且他們根本不信任任何不受管束的大眾意志。他們與傑克遜支持者的主張相反，比較支持中央集權而非地方分權，因為他們期望擁有更多的社會主控權來增強其優勢地位。如同他們的聯邦黨前輩，他們主張政府應該更積極地涉入經濟發展和維持社會秩序。雖然民主黨想要以免費的公立學校教育來達到社會平等的目的，但是因為他們懷疑州政府的權力，所以他們並沒有成功地組織學校系統。反之，如韋伯斯特（Daniel Webster）的自由黨員們，傾向於將公立學校視為一個「治安系統」（system of police），持續以我們目前所知的方式，在各州建立公立學校的系統。大部分的改革者和政治人物都在各州推動公立學校改革運動，諸如緬恩、巴納德（Henry Barnard）、威利（Calvin Wiley）、蘇華德（William Seward）、史蒂文思（Thaddeus Stevens）、路易斯（Samuel Lewis）和伊頓（Horace Eaton）等人，他們之中沒有一個人是支持傑克遜主張的民主黨員，全都是自由黨員。

在南北戰爭以前，大部分的南方各州在政治與社會發展上，都依循著某種不同的模式。在實行奴隸制度的各州裡，公立學校運動與北方諸州相較之下，落後許多，因為南方社會抗拒許多經濟與政治上的發展，而這些經濟與政治的發展已將北方轉變為都市化和工業化的社會。誠如愛德華思和瑞奇（Edwards & Richey, 1963）所評論的，美國南北內戰在某種程度上，可算是文化衝突

所引起的。南方尚未準備好要轉變成一個由中產階級企業家和依
賴薪資的勞動階級所組成的都市化和工業化社會，最後終於由工
業化資本主義的北方獲得勝利。

社會改革運動

在大型的社會改革運動橫掃北部諸州時，公立學校運動是無
法放在這些社會脈絡之外來加以理解的。普遍的禁酒運動、廢除
黑奴運動、實驗共有財產制和完美主義的教派、收容所和監獄的
改革、主日學校、爭取婦女權力的啟蒙運動、社會主義、反政府
的恐怖活動、和平主義、素食主義，以及顱相學（phrenology）
（主要是以頭骨的形狀為基礎的一種半科學的心理學）——所有這
些運動都在十九世紀中期號召了許多熱衷的跟隨者。有三項主要
來源引發這些社會運動：新教教義的傳道、菁英尋求社會控制，
以及對工業化結果的真誠批判。

第二次大覺醒再度燃起新教徒的夢想，他們想要成為美國基
督徒在地面上建立神國的先鋒。公理教會和長老教會在一八〇一
年組成一個「聯盟計畫」（Plan of Union），歷史學家將之稱為
「傳播福音聯合戰線」，其目的在促進傳道事工的發展，諸如分發
聖經和福音手冊、支持神職人員的訓練，以及在美國中西部對新
移民宣講福音。在此同時，以邊疆地區為主要傳道目標的美以美
教派和浸禮會，也在戶外佈道會和牧師的巡迴講道中獲得數千名
歸信者。一種更加自由的神學概念強調透過個人的虔誠，可以獲
得普世的救贖。事實上，很多新教徒的傳道乃是以彌賽亞的信念

來激勵人心，他們教導耶穌基督會第二次降世的信念，促使人們轉向完美主義，並促進社會改革，以準備迎接基督最終的勝利。一些較激進的社會運動，如廢除黑奴運動、宗教合一體制與極端主義教派，都反映出一種共同的信念：美國社會必須從日漸物質化的狀態中被滌淨。

　　大部分美國人的思想並不激進，因為大部分新教徒的虔誠信念都已經與美國世界觀的主要觀點連成一氣。傳播福音的復興所造成的整體影響力，似乎更像是在提高對財富和勤勞的推崇，這兩項美德乃是由於資本主義和企業精神，以及昭昭天命和自以為是的國家主義所形成的。新教主義的復甦非但沒有抑制，反而更加激起相信傑克遜理念的中產階級者的野心，代表保守派的自由黨也善加利用這點來促進自己的利益。柯利弗德（Clifford Griffin）指出，國家自封為道德管理者，運用宗教熱忱作為「塑造國家符合神以及管理者旨意的工具」。修金斯（Walter Hugins）也斷然指出宗教的善意被「保守派的菁英所利用，作為一種控制社會大眾的道德工具，以改變美國社會」（Griffin, 1960, xii; Hugins, 1972, 7）。

　　最明顯的證據在於禁酒運動。費樂說：「禁酒改革運動必須被視為一種大規模的社會紀律化過程中的一部分」，這是一種將農業社會的人們轉變成在工業社會裡可靠工人的必要過程（Faler, 1981, 130）。社區領導人不願意去質疑工業社會的秩序問題，反而將之歸咎於酗酒所帶來的貧窮、罪行和城市污穢。緬

恩是積極擁護禁酒改革運動者，一位緬恩傳記的主要作者梅瑟利
（Jonathan Messerli）指出，緬恩跟其他的禁酒運動者一樣，對於
自動自發禁酒失去信心，因而求助於法律——以明確的法律強制
禁止，認為單靠道德勸說是無法達到想要的效果。甚至當法律途
徑宣告失敗時，緬恩和其他人開始轉向另一種大有可為的方法，
那就是：「公立教育」（Messerli, 1972, 117ff）。

　　另一種改革熱忱的來源，是對工業主義所引起的社會改革，
產生更重要、更世俗化的覺醒。只有少數個人或團體曾質疑存
在於喀爾文資本主義中社會秩序的基礎，這些少數者包括布朗
森（Orestes Brownson）、梭羅（Henry David Thoreau）、賴特
（Frances Wright）、小溪農莊（Brook Farm）和其他實驗社區，
以及勞工黨派，還有其他探索新觀念者，諸如無政府主義、社會
主義和女性主義。但是，他們大都遭到忽視，工業化的資本主義
屹立在美國的文化中。世俗的批評與極端反對唯物主義的宗教都
是註定要失敗的。修金斯摘述南北戰爭前社會改革運動的成果：

> 從這時候起，少數民族運動開始興起反對多數主義的潮
> 流。在施行傑克遜政策的年代，大部分美國人對於美國
> 的未來大都抱持著積極樂觀的態度，很少去質疑其願景
> ……。那些追求經濟成就的人，一般而言都不太會去認
> 同那些似乎過度批評美國主流文化中唯物主義的知識分
> 子。（Hugins, 1972, 19）

34　　　　大眾公立教育興起於社會改革運動興盛時期,當其他運動逐漸衰退時,它卻依然屹立不搖。為什麼會這樣呢?我認為,主要是因為學校與美國主流文化更加和諧一致的結果。

「公眾」學校運動的目標

我從閱讀歷史文獻資料發現,南北戰爭前的教育改革有五項主要目標:道德規範訓練、有責任感的公民、文化統一、促進工業化,以及提高經濟機會等。

道德規範訓練

毫無疑問地,在十九世紀中期的教育領導者的思想中,教育最首要目標在於復興美國社會的道德規範。這些領導者是虔誠的新教徒,也是自由黨黨員,他們把都市工業化所造成的問題歸咎於個人的道德問題。因此,他們認為只有新教教義才能確保社會秩序,所以這些道德規範與新教徒的基督教義是密不可分的(例如,在一八三八年末,美國麻薩諸塞州因某個人散播無神論的言詞而被判有罪)。柯帝寫到:

> 在內戰之前,沒有任何偉大的教育家會否認智能教育附屬於宗教價值觀,也沒有人會容許在學校教導任何非基督教的信念。(Curti, 1968, 20)

甚至魏得也撇開其「自由的輿論」之論點,坦承:

大部分教育學的創意都不是在民主環境中興起的，反
而比較多是在自由黨的（Whiggish）環境中，他們將神
學而非世俗的概念運用在人和教育身上。（Welter, 1962,
90）

事實上，連緬恩本人也不諱言對教師訓練的評論：

不斷重複教導與訓練道德規範的能力，並且灌輸基督
徒的美德，我認為它們甚至比知識成就更受到重視。
（McCluskey, 1958, 38; Glenn, 1988, chap. 6）

　道德改革者嘗試逐漸改善這種惡性競爭與過度物質化的現
象，卻從未質疑社會秩序本身的問題。「社會系統的道德秩序是
完全沒有問題的，改善個人的道德品質才能提升社會的道德品
質」（Kaestle, 1983, 81）。假如學校教育能夠灌輸個人對法律和
社會秩序的尊重和服從，則能預防酗酒、懶惰和淫行，美國人就
能以一種清楚的道德良知來追求其事業發展的野心。

　當教育者發現美國文化中基督教的道德淪喪時，他們就開始
努力將宗教教派（而非宗教）的影響力從公立學校移開。緬恩是
一神論的信徒（Unitarian），他提出一種更自由的神學觀點，雖然
緬恩仍然堅持繼續在學校教導聖經與道德訓練，但是那些指控他
將無神論帶進學校的正統神職人員還是與之激烈地爭論，因為他主
張一種非世俗的，而且沒有宗教派別之分的公眾教育改革運動。

35

葛蘭指出，當緬恩確實主張削弱深植於他和他的文化裡頭的喀爾文神學觀時，他開始訴諸於一種道德議題。葛蘭如此評論緬恩和他的同事：

> 他們向大多數的新教徒呈現公眾學校在宗教和救贖意義上的重要使命，使其預備好認同美國社會制度在建立神國上的角色。（Glenn, 1988, 205）

以聖經作為課程內容的一部分，已經是行之有年了，教科書中充斥著道德教條，麥加菲讀物（McGuffey readers）就是最好的例子。當天主教禁止使用詹姆士欽訂版聖經和毀謗天主教與新移民的教科書時，引發了新教徒的憤怒，接踵而至的衝突延續了幾年，甚至在停止公立學校公開教導宗教課程之後，這種緊張的情勢依舊存在於新教徒、天主教和少數民族之間，這都展現在公共基金的激烈爭奪，以及為控制學校教育而起的嚴重衝突中。

有責任感的公民

很多社會歷史學家認為那些領導教育的虔誠新教徒自由黨員，對美國社會未來的民主願景是採取一種比較保守而非自由開放的態度。他們期望學校能夠馴化國民成為一個毫無異議的愛國者。

36

> 政治上的教育是由強調共同信念，以及推崇在共和國家運用智慧所構成的。同時，他們也極力主張尊重法律，

卻忽視公民可以善用其智慧的重要議題。（Kaestle, 1983, 80）

改革者徒增許多爭議性的議題，而增加教師的挫折感。依照納索的觀察，他指出教科書的問題，在於：

> 只提供單一的觀點，就是自由黨所鼓吹的理念，以及改革者所實施的共和主義，也就是強調大眾服從的必需性，遠勝過大眾參與……美國革命運動是一種保守性的改革運動，是藉由人們服從法律和秩序來引導的，而非藉由「反抗」……。已經存續半個世紀的國家形式和功能是神聖不可侵犯的。（Nasaw, 1979, 41, 42）

柯帝指出另一個教導公民服從的管道是：「在教室中嚴格執行紀律和權威……最好的方法就是不斷強調要尊重法律和秩序」。他表示大部分教師都同意這種做法（Curti, 1968, 60）。

良好公民的一項重要觀點就是重視財富。誠如我們已經瞭解的，那些保守的共和主義和喀爾文新教主義都非常強調追求財富。美國耶魯大學校長德威（Timothy Dwight）牧師解釋宗教與社會保守主義結合的情形，他指出：

> 喜愛財富似乎是道德中不可或缺的一部分……政府需要隨時隨地以法律來保障人民的財產安全，並馴服那些本

來不願遵守法律的人，或是監禁違法者。（Kaestle, 1983, 90）

公立學校教育運動將尊重財產視為非常優先的教育內容。例如，美國緬因州教育廳長在一八四七年寫到：

資本家能夠找到比建立社區道德意識與知識教育更有保障的投資嗎？（Curti, 1968, 80）

37　　自由黨員和其教育者都擔心現存的勞動階級會想要鏟平階級差異，以改進他們的社經地位，除非他們被教導要尊重社會秩序。

這不是「傑克遜的時代」和民主興起的時代嗎？我們應該期望自由黨的教育計畫能夠接受人們意見的挑戰。但是除了一小部分激進的民主黨員和知識分子的抗議外，美國文化已培養出這種對開國先驅所創立的「神聖」國家及私人財產不可侵犯的極端忠誠。魏得發現：

大部分的美國人對透過學校教育接受適當的訓練，和增強社會慣有的行為模式有興趣，但是卻對分析自然和社會趨勢缺乏興趣。（Welter, 1962, 121）

一旦中產階級體驗到經濟與社會地位的流動,他們就會開始支持自由黨的保守主張。因此,我們有理由可以稱呼美國人為「投機的保守分子」。

文化統一

都市中日漸增加的種族差異,引起盎格魯新教徒菁英的憂心,因此他們尋求以公立學校教育來解決這個問題。緬恩和他的同事在面對都市人口不斷增加且異質性頗高的情況時,試圖「維持一些共同的價值觀,期望在新都會區與工業基礎上建立起舊的社區意識」(Messerli, 1972, 249)。另外一位歷史學者指出,對緬恩而言:

> 學校的功能在於為下一代建立一些共同的信念與態度。這種功能是從緬恩對良好社會的概念而來的,他認為在良好社會中,所有的人都必須遵從一些相同的基本道德觀,以及經濟、政治和社會的價值觀。按照這樣的觀點,緬恩的良好社會其實就是一種清教徒世俗化的社會。(Karier, 1986, 64)

因此,文化同化過程的目標和道德與公民訓練的目標密切相關,尤其是因為擔心移民的勞動階級會嚴重威脅到社會秩序。波士頓學校委員會在一八五八年宣示其教育目標:

38　　　任意從一個大城市中挑選出一些不守規矩、沒有教養、
　　　魯莽、惡習、害羞、退縮，以及從歷代無知祖先身上所
　　　遺傳下來的愚昧無知。將他們從獸性提升到高智能的人
　　　類⋯⋯從高智能的人類提升到具有靈性的人類，讓他們
　　　可以覺察智慧、辨別真理，以及鑑賞愛與純潔。（Katz,
　　　1968, 120; Glenn, 1988, 64-73）

　　　這種狹隘的說詞影射移民的道德和智能都比盎格魯新教徒美
國人的文化層次低，因此必須藉由學校教育來提升其水準。這種
論點被廣泛地支持，並且經常被表達出來。

促進工業化

　　　教育領袖並非只有本身抱持自由黨的理念，而且他們還強調
他們的計畫要成功地被採用，必須獲得各州的新興資本家菁英在
政治與財務上的支持。因此，他們直接向製造業呼籲（例如緬恩
的第五年度報告書，1842），宣稱公立學校教育能夠造福工業發
展。在某種程度上，他們的主張是建立在教育能夠為整個社區貢
獻豐富的資源和生產力的論點上。自從一九八三年《國家在危機
中》（A Nation at Risk）的報告出爐之後，這種論點即開始復甦。
但是，他們的主要論點乃在於教育應該生產「溫順的」、可信的
和嚴謹持重的員工。透過學校教育來強調道德訓練，受過教育的
勞工就會變得更準時、更負責任、更尊重權威、更願意接受工廠

的規定，而且也會變得更加乾淨和更有秩序。誠如我們已經領悟到的，這種觀點是快速工業化的結果，因為需要以一種全新的工作態度來改掉農業時期的工作習慣。費樂針對一個工業化都市進行嚴謹的研究，該研究顯示學校委員會試圖慎重地將工業社會的工作態度，逐漸灌輸在教育歷程中，而且會與那些不習慣這種管教方式的人產生衝突（Faler, 1981, 117-120）。

提高經濟機會

在上一個世紀裡，中產階級就已經開始把教育當作準備從事謀取更多財富的職業生涯之手段。當工業化和都市化轉變了工作的本質，學校也因此變成個人追求成功不可或缺的管道。公立學校改革運動似乎更重視針對窮人、移民者和勞工階級的訓練與文化改造，因為這些族群會對社會秩序造成立即性的威脅。但是，改革者到底要灌輸什麼樣的文化給這些人呢？如果不是中產階級的資本主義價值觀，那是什麼呢？「公眾」學校意識型態的一個重要部分是：公立學校應該讓所有階級的兒童能夠一起接受教育，以確保社會凝聚力。改革者顯然相信，如果教導勞動階級的子女有關中產階級的價值觀，就會消除美國社會的階級差異；這些移民的子女可以從同學身上學到努力工作和節儉美德的好處，然後他們也可以加入這個追求財富和地位的行列。緬恩在他教育部長任內的最後一次正式聲明，亦即「第十二個報告書」（1849）中，傳達出這種信心：

39

依照歐洲人的見解，人類被分成許多不同的等級，有些人必須辛苦地謀生，有些人則坐享財富。但是，依照麻薩諸塞州的理論，所有的人都具有同等賺取財富的機會，以及享受自己辛苦所得的平等保障。（Hugins, 1972, 140-142）

緬恩將公立學校視為「促使人類條件平等的偉大機器」。這就是改革者指派給學校在下一個世紀的角色定位。誠如卡洛的觀察：「教育改革者以鏗鏘有力的機會旋律，用力敲響美國文化中的一個琴鍵。」（Kaestle, 1983, 91）這就是魏得「自由的輿論」之命題的實際運用：雖然公立學校改革者是保守的自由黨員，但是他們卻支持傑克遜式資本主義的願景，重視個人爭取經濟與社會地位的特色。教育在美國迅速成為「促使平等的偉大機器」，美國人對此充滿信心——完全不需要以激烈的政治或社會手段，來克服階級差異和貧窮，更不用說是物質主義的追求；因而只受到少數人的指責。

公立教育運動的評估

在一八七〇年代以前，大部分的州都已妥善地建立起由稅收支持的公立學校系統，克服了前工業時期對教育的冷漠態度。學校教育年限延長了，教育受到更多的重視，獲得更多的金援來蓋校舍、充實設備與教科書，和進行教師訓練。教育行政由中央集

權管理和組織起來，學校中分成不同的年級。教育者在他們自己 40
的期刊、組織和研討會中，發展出專業的身分。雖然入學人數並
未戲劇性地增加，但是教育已大量地從私立學校轉移到公立學
校，同時接受義務教育的法律也開始實施。並開始以一些自由開
放（教育改革者稱之為較溫和）的教育方法，來取代記憶背誦和
宗教教條的訓誡，以及經常性的體罰等方法。

　　雖然教育改革者成功地建立一個教育系統，可是我們仍然需
要嚴正地關心這是一個什麼樣的系統？以我個人的觀點，有幾個
主要的議題需要被確認。

　　或許最嚴肅的一個議題，就是教育領導者將階級差異帶進美
國社會的失敗經驗。不論它是否是一個為了保護菁英利益而精心
設計的策略，或者是一個單純、天真的信念，相信社會流動是按
照個人的道德來決定的，教育者似乎很快就忘記托克維爾所提出
的警告，亦即工業化會僵化社會階級結構。在緬恩的「第十二個
報告書」中指出對貧富極端懸殊的關注，他們將教育當作是主要
的解決策略，他們相信平等的教育機會能夠確保社會上沒有永久
的低下階級。但是，他們沒有洞察到不平等的財富分配，實際上
就確定了教育資源的不平等分配，而且他們也沒有妥善地處理童
工的問題。勞動階級者的子女很早就輟學，或是根本就是失學
了，因為他們是家庭收入的重要來源。所以提供「公眾」學校教
育機會給這些窮人家的孩子是毫無益處的，即使他們是一群最需
要接受教育的孩子，教育卻對他們一點用處也沒有。正如納索所
觀察到的，這些教育家不敢提出有關童工的法律，因為擔心會威

脅到製造業的需要。

實質上，公立學校被用來做為解決社會問題的萬能丹，以代替更重要、更基礎的社會改革。美國佛蒙特州學校教育廳長伊頓聲稱，「教育將比憲法或法律所能保證的權利和自由平等，更能確保一般的平等狀態」（Welter, 1962, 118）。不僅公立學校運動一再地迴響這樣的論點，勞工領袖也持續地呼籲，使它自此成為主導美國社會思想的一個議題。歷史學家之間則有更廣泛的共識，他們認為美國人慣常拒絕將社會問題當作是社會的問題。有些歷史學家把這種現象視為新教徒主義的一種反射，該理念主張個人比社會更應該負起道德上的責任（Susman, 1984; Elkins, 1968）。其他歷史學家則指出，「大部分的美國人太注重享樂或追求財富，而將過度的注意力放在強取豪奪上……任何對社會問題的激烈批評都會危害到國家的樂觀主義」（Duberman, 1965, 395）。邱吉、謝鐸克、卡資（Katz）和其他作者經過一段時間的觀察之後，發現教育並未能解決任何社會問題（例如在一八七〇年代、一九二〇年代和一九七〇年代）。改革者失望之餘，轉變成悲觀的決定論：如果教育無法拯救這些弱勢族群脫離貧窮，那麼真正的問題所在不是社會結構，而是要怪他們自己的遺傳基因，對於他們的處境，我們是無能為力了。

另一個公立學校運動的缺失，是學校維持美國社會在十九世紀的宗教、種族和性別偏見。反天主教運動在美國南北戰爭之前，煽起一股瘋狂的熱潮，甚至導致在主要的政黨中有一些不學無術的人存在。這些人不但沒有用更成熟的態度來理解「公眾」

的學校教育，還火上澆油地主張維護本土主義的教育目標和教科書，這種做法只是讓情況更加惡化而已。事實上，依照一位重要的移民歷史學者所述：「讓美國基督教化的所有計畫裡，沒有任何一個部分會比公立學校運動造成本國人民與移民之間的痛苦更深。」（Archdeacon, 1983, 77）

「公眾」學校也排斥黑人，社會歷史學家證明北方堅持一種幾乎完全的社會種族隔離措施，以避免種族「融合」的恐懼，這種種族隔離的情況甚至比南方更為嚴重。即使教育學者在一八三〇年代試圖取消私立學校的種族隔離，讓黑人與其他有色種族獲得平等的待遇，但是他們卻遭到排擠、監禁，以及暴力攻擊，甚至在美國東北部六州——主張廢除黑奴運動的發源地，情形也是如此。最後，則是學校特別透過教科書等工具強化女性應該「戀家」的迷思，賦予婦女在美國生活中一個定義狹隘的地位。

以某些觀點而言，公立學校運動隱含著反民主精神。雖然大部分的傑克遜主義支持者都很滿意公立學校所教導的愛國課程，但是有些人還是強烈地反對學校的政策結構。他們痛恨繳稅去教導其他家族的子女，誠如卡資已經說明的，早期公立高中只讓社區中的少數人受益。更重要的是，教育的權力從地方轉移到中央。過去教師人事、課程、種族和宗教議題等決策，都是由地方教育系統來決定，如此可以反映出社區的意願。依照邱吉和謝鐸克的研究，在傑克遜時期，社會大眾參與學校事務的情形非常活躍，教師是由大家投票來選擇的（雖然選舉教師的利弊受到質疑，但是這種做法卻反映出社區參與公立學校運作的一種高度民

42

主方式）。但是，在新的教育系統中，越來越多的決策是由遙遠
的行政主管當局所決定的。鄉村的居民擔心會被強迫接受都市的
價值觀；住在「飛地」的其他種族（例如在賓夕法尼亞州的德國
人和後來的愛爾蘭人）很快地感受到文化同化的壓力。

　　布朗森還指出更基本的重要議題，他指出，在美國：

> 人們不要向政府尋求指引和意見，反而是政府要尋求人
> 們的……。然後，我們就信任政府，託付給它做教育決
> 策的權力，這權力本是我們的孩子應該擁有的，現在卻
> 授與我們的僕人，這權力使它成為我們的主人。（Nasaw,
> 1979, 64）

　　反對緬恩改革運動的，包括州立法委員會和正統新教徒領袖
們，他們主張州應該具有平等的教育決策權，可以決定要教導哪
些宗教信念：「在自由的國家中教導一些陌生的教義。」（Glenn,
1988, 183, 122, 133）

　　改革者和早期的歷史學者完全不理會反對公立學校教育的聲
浪，這些反對的聲音被他們視為自私和缺乏愛國心，或者更糟糕
的是被當作是在開民主進步的倒車。但是這些反對的聲音看到未
來的情況：教育的官僚體制在美國社會中建立起來，它變成爭奪
政治利益的工具，且經常漠視個人或社區的真正意願。公立學
校嚴重地受到十九世紀後期興起的「文化專業主義」的影響，
一八五〇年代的教育學者經常強烈指責父母（特別是勞動階級

和移民者的父母）不適任，不夠資格扶養自己的孩子。美國麻薩諸塞州的一位教育家指出：「必須強制將兒童集中起來送進學校。」（Nasaw, 1979, 78）這種態度只是證實布朗森恐懼的一小步而已，威斯康辛州的教師協會在一八六五年已經宣稱：「兒童是國家的財產。」（Kaestle, 1983, 158）在一個以個人主義自豪和宣稱是民主的社會裡，聽到這樣的主張，實在令人心寒。

43

我們必須承認改革者對革新舊有教育方法的努力，成效非常有限。整個十九世紀以來：

> 大家共同的教育信念是：學生最後必須精熟一套非常固定的知識體系和某些基本的技能……知識的精熟是透過教師的輔導和練習，且通過教科書內容的考試而來的。
> （Wishy, 1968, 73）

巴茨提到教師的角色是：

> 在民主社會中被賦予傳輸知識、態度和道德觀的最高權威……教師幾乎無所不在地強制學生學習服從法律和規範的價值觀，迫使學生順服和屈從於權威。（Butts, 1978, 106）

邱吉和謝鐸克（Church & Sedlak, 1976, 103）指出，十九世紀大部分（中等階級）的父母都支持這種教育方法，他們相信

「服從權威的觀念，必須從小就強制灌輸給兒童」。體罰並不是經常發生，但是仍然可以被接受。

　　每一項公立學校改革運動的缺失，都是因為改革者的理念僅限於在美國文化可以接受的範圍內。在他們的計畫中嚴重忽略了最重要的民主意識和人文主義的要素，以及在教學實務上的改革。但是，他們的計畫卻重視道德訓練、文化同化、促進工業和中央集權等目標，這些目標是很不民主的，試圖將社會大眾以一種大規模的規格，加以制度化。邱吉和謝鐸克指出公立學校過去是由新教徒──也就是本土中產階級──所「掌控」，他們利用教育來提升他們的社會和經濟利益，卻犧牲了勞動階級的移民們（Church & Sedlak, 1976, 156）。葛蘭則有另一種說法：

> 在公立學校的日常事務中，其過去的重心──現在某些程度上還繼續是──就是將壓抑強烈熱情和豐富多情的深刻信念視為首要之務。學校的「真理」必須是與社會化的過程有關，其重要性更甚於做為一個活躍宗教的劇碼。（Glenn, 1988, 61-62）

44

　　雖然葛蘭對於活躍宗教的看法與全人觀點的靈性層面迥異，但是他的論點卻完全跟我在美國文化上的主要命題不謀而合，亦即透過學校教育將社會紀律注入人性的非理性熱情中。這是完全推翻公立學校改革運動的使命的。

　　大部分的教育工作者和最近的歷史學家都過度簡化緬恩和其同僚的主張,將他們視為民主的人文主義者,現在我們已經知道這是一種錯誤的見解。因為他們都是新教徒、自由黨員和中產階級者,他們只想要維持一個穩定的、具有道德的,和資本主義的社會秩序,用以解決因工業化而引起的嚴重社會問題,以及促進文化統一,來解決移民文化和宗教的差異。我仍然無法完全同意一些激進的歷史學者的主張,他們認為公立學校的領導者只是壓制階級的代理人。我認為這些人顯然有時候會因為人類的痛苦而真心地感到困擾,不過或許是因為他們體會到自己對於解決社會問題的無力感(畢竟工業化和大量移民都是一種全新的社會現象),或者他們是為了政治上的理由而控制自己的憂慮,以避免危及社會菁英對公立教育的支持。緬恩在卸任教育部長之後當選為國會議員,有意思的是,在他擔任國會議員任內,強烈地主張廢除黑奴,並且批評資本主義的物質主義。緬恩一直等到他離開教育主管的位置,才表達出內心真正的信念,或許告訴了我們,美國學校在當時所面對的文化和政治上的壓力吧!

近代教育

◎ 專業主義與進步主義：
一八七〇至一九一〇年代

　　在一八七〇年代之前，由社區中獨立工作的農夫和藝匠所組成的美國農業形象被淘汰了。工業資本主義穩固地建立起來，並且因日益增加的專業分工而逐漸形成一種新的社會階級結構。魏得說，在一九〇〇年以前，教育顯然沒有改造美國社會。相反地，這時期的教育發展實際上擴大了積極向上的中產階級與大批勞動階級移民之間的分裂。

　　中產階級將自己安身在布雷史坦（Burton Bledstein）所稱的「文化的專業主義」裡。專家代表具有專業的高等教育知識：一種運用特殊技術的能力，或是運用科學的方法來控制物質或社會環境的知識；從十九世紀後半期開始，專家們因為科學而享有極崇高的社會聲望。新的專家們尋求運用「科學」（例如量化研究、邏輯分析、簡化的）技術進行研究的合法性，社會科學家也試圖應用重要的科學專業技術，來解釋人性和控制社會的問題。

積極向上的中產階級人士藉著界定社會成就，來提高其專家
的身分地位，以創造出所謂的「文化」專業主義。社會變得越來
越技術化，強調客觀而缺乏人情味。專業證照變成個人成就的證
明，也是做為區分菁英與一般人的一種理性與標準化的方法。布
雷史坦指出，在一八七○年代以前，醫藥、法律、工程學和教育
專業就有自己的組織、專業術語、專業倫理，以及促進標準化的
訓練，這些專業化的過程將他們與那些非專業領域的人區隔開
來，並且讓他們顯得高高在上。

> 當市民成為案主時，就有義務去信任專家。這些專家
> 在一些特定的範圍內，可以運用合法的權威，例如在
> 法庭、教室和醫院，而且他們只使用專業的術語。
> （Bledstein, 1976, 78-79）

因為中產階級專業精神乃是在新興都市化、世俗化社會中的
一項重要要素，所以我們也必須將它視為「現代化」。但是，新
教派道德主義在美國文化中依舊占有主要地位，與新興的科學
主義和專業主義並列，例如在十九世紀後期的社會福音（Social
Gospel）和禁酒運動，以及在二十世紀早期傳統宗教價值觀所顯
示的持續影響力。專業文化本身即反映出其影響力：獲取專業知
識之所以令人嚮往，不僅是因為其科學專業的保證，而且也是一
種道德名聲和自律的象徵。專家正如在工業前期的有錢人一樣，
被認為比其他人更有道德、更聰明。

專業主義與教育密切相關，因為個人被允許進入專業領域前，需要接受廣泛的教育。教育被視為是通往專業與社會成功的主要道路，因此變得越來越受到重視。中產階級運用教育來提升經濟地位，擴大進入高中、大學和研究所求學的需求，藉此確保其專業地位。反過來說，那些非專業人士越來越受到輕視，被認為不夠資格掌管社會事務，包括教育事務。結果，教育工作者本身變得越來越專業，一副具備所有專業化訓練及「科學」技術的樣子，頂著高高在上的專家光環。

專業主義精神促成眾所周知的進步主義運動。在一八七〇年代，一群貴族知識分子——包括高德金（E. L. Godkin）、亞當斯（Charles Francis Adams）和舒茨（Carl Schurz）開始厭惡鍍金時代（Gilded Age）的政治腐化，因而推展文官制度的革新運動，旨在呼籲政府的專業精神。在一八九〇年代以前，一群大學校長——包括哈佛大學校長艾略特（Charles W. Eliot）、哥倫比亞大學校長巴特勒（Nicholas Murray Butler）、霍普金斯大學校長吉而曼（Daniel Coit Gilman）、密西根大學校長安格（James Angell），以及其他校長共同倡導專業的理念，主張應該信任那些接受過大學訓練的菁英來管理社會事務，這些人是大學發展專業教育的成果；他們也尋求公立中等學校的密切配合，協助學生符合申請大學的資格。另外，他們也是新興進步主義運動活躍的領導者。

進步主義是一種多面向的政治與社會運動，歷史學家對此運動有各種不同的闡釋，甚至有許多是完全對立的（Ostrander,

47

1970; Link & McCormick, 1983; Hofstadter, 1955a）。但是，仍舊
有少數共同的結論得到合理的支持。我相信我們可以瞭解進步主
義是重申美國文化在面對新挑戰時的策略，這些新挑戰諸如多元
種族問題、都市社會問題、企業工業主義，以及來自歐洲所散布
的新意識型態的威脅。美國文化中固有的主題全都展現在進步主
義的路徑裡。舉例言之，雖然在進步主義中，宗教向科學低頭，
但是卻試圖維護傳統的新教徒道德價值觀，甚至他們的社會科學
和政治理論都保留個人道德和罪、善與惡等概念；這是與進步主
義的精神不一致的。這種事發生在這個進步革新的年代，就好像
是禁酒運動出現在二十世紀一般。

　　但是，進步主義仍樂觀地抱持著科學可以解決社會問題的信
心，在知識領域中採用科學方法來代替道德教條主義，有些歷史
學家稱之為「反形式主義」。在許多情況裡，這種對科學的信心
只是在促進反民主的專業主義而已。很多主導進步主義的知識分
子爭論，在結合工業化與技術化的世界裡，傑弗遜與傑克遜的
平等理念是過時的。在克羅利（Herbert Croly）的《美國生活的
前途》（*The Promise of American Life*, 1909）與李普曼（Walter
Lippmann）的《政治的序言》（*A Preface to Politics*, 1913）裡，
都主張在現代社會中需要由經過良好專業訓練的專家來提出科學
的、有效率的社會計畫。一些社會科學家——如羅斯（Edward A.
Ross）、顧里（Charles H. Cooley）、桑代克（E. L. Thorndike）
和特門（Lewis Terman）等人，都支持「一個有理性、有系統
的公司國」（a rationally organized, corporate state），意指「建立

一個菁英制度，讓每個人適才適用，人盡其才」（Karier, Violas, & Spring, 1973, 41, 42; Karier, 1986, 174-175）。新的科學化技術（例如智商測驗）將有助於專家們更有效率地管理社會。一些歷史學家把這種對科學的信心，視為一種高瞻遠矚的進步主義觀點。但是，對我而言，其實這就是一種建立社會紀律的管理文化模式，混合新教徒道德主義和科學實證主義之強而有力的影響力，用以控制人類自然本性中的非理性衝動。

48

進步主義擁護傳統的共和民主信念，相信「人類」擁有普遍的良善，但是需要透過自律，以及需要合格的領導者來維護其良善，並克服其自私自利的傾向。在這個思考公式中，並未承認階級利益或衝突，甚至在這個爆發史無前例的勞工衝突與暴力的時代——諸如在美國社會發生了反政府的恐怖主義、社會主義、布爾什維克主義和其他針對都市工業問題的激進反映方式，進步主義仍繼續展現其對「人類」和「普遍良善」的信心（Goldman, 1966, 83）。再者，他們高舉美國國家主義的自由平等。最後，威爾遜總統（Woodrow Wilson）竟然煽動百姓必須參加第一次世界大戰，以「確保世界民主的安全」，而其他進步主義的領導者竟然為他喝采。

事實上，第一次世界大戰激起一種對「百分之百美國主義」史無前例的狂熱。這是種族偏見與維護本土文化潮流之聲勢所形成的最高峰。在南方因歧視黑人（Jim Crow）的法律而引起緊張的情勢。美國國會通過針對南方和東部歐洲移民的限制政策，因為這些移民似乎威脅到盎格魯撒克遜人（譯註：指新教徒）對美

國文化的認同。他們以聚集「科學的」證據（例如智商測驗）來展示盎格魯撒克遜種族的優越性，這種優生學運動確實引起眾多注目。在許多情況下，這些倡導者本身在進步主義運動中皆占有重要的地位。

最後，大部分的歷史學者都認為進步主義是在為資本主義、企業家精神和中產階級競爭的野心背書。雖然過度的工業資本主義確實受到新聞輿論、司法界及各行政部門的譴責，但是事實上，卻是受到政治行動主義的全面的認同。這顯示進步主義無意抨擊這個系統的基礎。因此，進步主義只是「一條調整人民適應新的生產秩序的社會改革路線，而不是澈底推翻的改革運動」（Nasaw, 1979, 100）。資本主義並不是因為造成空前的企業財富和權力集中而受到質疑，而是因為這種特定的結構會促使不公平的競爭日益惡化。總之，這種「保守的投機模式」繼續在這種社會秩序中阻礙任何重要的改革運動。

美國的教育深受這種保守的、科學的進步主義的影響。但是，我們需要非常謹慎地看待這件事，因為「進步主義教育」（progressive education）經常被視為與教育方法之爭論有關。進步主義運動有一派更強調自由的主張，杜威和亞當斯（Jane Addams）就是這一派的代表人物，該派的推展受到民主價值腐化和勞工階級與移民的生活條件所阻擾。這一派後來的跟隨者在一九二〇年代積極推展以兒童為中心的教育運動，並於一九三〇年代與杜威共同發展出一種激進的社會批判。我們將在第 6 章中探討這些更加關注全人和民主的進步主義運動。重要的關鍵在於

49

他們對於少數民族有非常清楚的立場，完全與主流進步主義不一樣，這個主流進步主義硬把注重社會效率的保守模式強加在美國的教育上，而這種影響力一直持續到今日。

在主流進步主義的影響下，教育領域澈底被專業主義所控制。專業訓練和證書比以前更受到重視，開始在教育界中形成一股官僚體系的趨勢，一直延續到整個二十世紀。「正規學校」日漸增加，然後研究所也因應而生，創造出一種可以建立個人專業地位、維護專業利益的教育管道。這些年來，教師開始接受不同年級和科系的專業化訓練，以及表面「特殊的」教育，表現出一種專業的學術訓練。更嚴重的是，專業主義導致教育行政更加集權，且更加謹慎地仿效企業效率模式以及泰勒（Frederick W. Taylor）的科學管理模式。從一八七〇到一九一〇年代之間，在美國每一個主要城市的學校系統中，都讓那些主張教育委員會和主管機關要更加「專業的」（換言之，就是企業導向的）中產或上層階級的改革者（包括兩位大學校長巴特勒和艾略特）從地方上奪取教育控制權（Cronin, 1973; Tyack, 1974）。學校系統運作的事務變成一種更加專業的工作，而且日漸從教育議題中獨立出來。卡拉韓（Raymond Callahan）的《崇拜效率的教育》（*Education and the Cult of Efficiency*）是有關美國在這段期間之教育歷史的經典之作。卡拉韓指出在這個年代裡，充斥著教育集權、中產階級專家主義、篤信科學、完全以效率來考量教育事務——就像工廠的效率一樣，以及重視公共關係等現象，教育者很容易因為提出公開的批判而受到責難。因為企業的心態侵蝕教育

學界真正應該關注的重點，所以他的結論是「美國教育和美國社會的結局乃是悲慘的」（Callahan, 1962, 244）。

50 　　專業主義的興起不僅深深地影響到教育機構，還危及公立學校教育的基本目標。十九世紀教育學者所重視的教育目標是知識與道德訓練，乃是由宗教信念和官能心理學（faculty psychology）所支持的教育理念。官能心理學認為人類的心是由許多官能所組成的，而這些官能需要接受訓練。這種教育方法是結合心理學與教育學的科學方法，為史賓賽（Herbert Spencer）、詹姆士（William James）、赫爾（G. Stanley Hall）及其他的學者所推廣。這種課程設計在內容與目的上都更著重在訓練，而傳統課程（例如古代語文和宗教教化的課程）則逐漸被刪除。這可算是踏出自由的一步，更重視個人在學習上的認知差異，以及個人生活目標的不同。但是，保守的文化卻著重在另外的任務上：在科學、工業化的社會裡，教育所扮演的主要角色是透過教育歷程篩選出適合專業生涯的年輕人，並且將其餘的人安置在勞工的位置上。教育心理學變成一種鞏固專業權利的專利品，是一種科學的工具，以確保個人在妥善管理的工業秩序中的位置。新的智能測驗與大學入學考試都被積極地運用，而且通常也被用來支持階級差異、本土主義和種族偏見。

　　專業主義和進步主義都是中產階級晉升社會地位的工具，針對移民者與黑人勞工的教育重點卻只限於促使其安分守己，甘於卑下的地位。甚至連所謂「公眾」教育的論調也被摒棄了，用艾略特的話來說，那些領導教育的學者就是要這些兒童準備去面對

他們在社會秩序中「可能的命運」（Nasaw, 1979, 130-132）。雖然美國人沒有完全採納歐洲人將職業教育與學術教育截然分開的教育體制，但是自從一八八○年代起，他們卻努力將勞工階級的青少年引導向「工業的」教育，而自以為是的本土文化主義對這種努力經常自圓其說。一位波士頓學校委員會的委員在一八八九年辯稱：

> 很多移民的子女來自犯罪與低劣的家庭環境，他們體內流著世代罪惡的血液……他們討厭被約束或任何法律上的限制，他們難以體會那些在這裡土生土長的人們的任何感受。（Lazerson, 1971, 33）

既然這些被假設是低等的人們，很難被期望能夠進入令人嚮往的中產階級，所以任何會引發他們產生這種希望的教育都是很冒險的。一位激進的企業家宣稱：「任何老師、白人或黑人都知道，教育黑人臻於那些不允許他們進入的地位，乃是一種罪惡。」（Church & Sedlak, 1976, 211）

哈里斯（William Torrey Harris）曾擔任聖路易市教育局長，後來擔任美國教育部長，他是十九世紀後期最有影響力的美國教育家，他強而有力地宣揚教育的目的就是在支持已經建立起來的工業社會的秩序。做為一個保守的黑格爾學派的忠實信徒，他堅持主張人類是「完全的墮落，也就是說，人類其實就是一種動物，受到動物本能和驅力的指使」，必須藉由社會制度來管理

51

（McCluskey, 1958, 120）。對哈里斯而言，學校的使命就是灌輸兒童順服於權威和社會秩序。對於兒童，他認為：

> 首先必須接受教導，讓他的行為符合社會常規，這是教育最優先的事……他必須在指定的時間內完成課業，在打鐘時站起來，排好隊伍，然後回家；總之，透過嚴格訓練的歷程……這些壓力會促使他們：(1)守規矩；(2)有規律；(3)能專心；而且(4)保持安靜。這些都是個人身處現代工業化與商業化文化中，獲致成功所必須具備的生活習慣。（Tyack, 1974, 43, 50）

這種教育方法在二十世紀早期非常地盛行，因為受到科學方法論的粉飾，以及「社會效率」運動的影響。曾任波士頓師範學校校長的史考特（Colin Scott）在其《社會教育》（*Social Education*, 1908）一書中，毫無掩飾地宣稱社會效率的方法：

> 這種取消兒童的自由和剝奪其快樂童年的教育方法，主要並不是為了兒童個人的利益，而是為了社會可以改變他——不論是肉體或靈性層面，因此兒童要被送進學校。（Spring, 1972, 56-57）

這或許是我們聽到有關這種教育方法最清楚、最公開坦率的表白了。這種教育態度準確地將最傳統的教育方法與全人教育觀

點區隔開來。

在二十世紀早期，大部分的教育先進都傳達了類似的教育權威和非民主的理念。例如，貝格里（William Bagley）的暢銷著作《班級經營》（*Classroom Management*, 1907）即建議老師要運用「機械式的慣例」來教導兒童犧牲「他自己的享樂，以避免阻礙其他人努力的結果」。這種慣例就是命令兒童坐要有坐相，「抬頭挺胸、眼睛看著老師、雙手交叉……腳平放在地板上」（Spring, 1972, 46, 47）。貝格里稱之為：「毫無疑問的服從」，學校機構「完全像任何其他的組織或系統——陸軍、海軍、政府機構、大企業（或是小型企業）——一樣的管理模式」（Callahan, 1962, 7）。

歷史學家指出，這樣的管理方式其實主要是針對移民的低下階層。這些年來，移民和勞工的暴動都持續在增加中，受驚嚇的菁英開始掌控都市學校以維繫社會秩序。顯然地，教育者也越來越將自己的角色定位在這樣的意義上。美國奧勒崗州波特蘭的教育局長在一八八八年指出，公立學校的真正目標必須擺在「教導和引導學校裡的青少年，並且在必要時，可運用強制手段來迫使青少年成為尊重法律和守法的公民」（Welter, 1962, 158）。一九〇二年，一位紐約高中的校長補充這種看法：「無知是社會混亂、貧窮和犯罪之母。國家有權力要求每一個公民接受智能和美德教育，必要時可以強迫實施。」（Tyack, 1974, 232）在這裡所要強調的關鍵字是「強制」、「要求」和「強迫」，使用這些字眼確實給社會（和它的教育系統）貼上一個可怕的標籤，但是，這

52

個社會卻仍然假想自己是自由與民主的。

　　一些美國人在第一次世界大戰期間，確實表達出對這種美國文化趨勢的關心和抗議，但是他們的反對意見因受到騷擾和審查而沈寂了——如間諜與叛亂法、帕爾默搜捕行動（Palmer Raids）和驅逐出境等，接著是「為了維持世界的安全與民主而戰」。事實上，專業主義的精神與其在進步主義運動中大放異彩的事實，都象徵美國大步邁向由中央集權、官僚政治所控制的社會，這個社會由專業的上層階級以道德規範來控制社會的其他階級，足見美國在二十世紀早期背離自己的民主理念而倒退了一大步，且教育竟然在這一步中扮演著主要的角色。

教育擴展期：一九二○至一九八○年代

　　公立學校教育在十九世紀被指派做為守護美國文化的角色。當都市工業化興起時，對文化造成一種全新的嚴重威脅，學校就承擔起面對這項挑戰的責任。此外「公眾學校」的論調（之前曾廣泛地被使用）也遭到摒棄，因為現在公立學校已經扮演篩選人們進入「可能命運」的角色，公立學校在這方面戲劇性地擴大回應都市工業化的需求。因為義務教育和童工法律的規定，現在大部分的年輕人都到學校上學了，就學的時間也比以前更久。國中生在進入高中之前，會接受職業輔導。中學，甚至大學，皆成為獲致個人成功和達到國家目標的重要途徑。在一九六○年代以前，社會主張「知識工業」，現在則以「重點放在國家的

53

成長」來替代鐵路所支撐的十九世紀（Ravitch, 1983, 185）。或者，如同卡雷爾（Clarence Karier）所詮釋的，以「教育拓荒」（educational frontier）來取代西方拓荒，教育「成為主要的競技場，為了獲得較多的發展機會」，因此演變成「二十世紀最重要的社會衝突之戰場」（Karier, 1986, 78）。

事實上，近代公立學校教育的兩大主要真相之一就是擴大影響範圍，包括它整個組織的大小與政治上的重要性。公立學校教育在所有的層級上都有企業與機構的涉入，如主導教師訓練的機構、測驗編製機構、教科書出版業者、國內各種促進組織，和有權威的教師團體，最重要的是聯邦政府中的三大主要派系。這種在國家層級裡集合所有社會力量和利益團體的現象，雖然在十九世紀是不尋常的，但卻是公立學校教育在二十世紀所涵蓋的影響範圍。

第二個主要真相則是在本世紀快速促進社會、政治和科技的轉變。現代工業化的問題、核子時期緊張的國際情勢，以及對未來的不確定感都完全地籠罩整個校園。與這些艱難的挑戰相較之下，訓練農夫、工人遵從工業管理方式，以及將移民教化成為美國公民的工作，就相對簡單許多，雖然也會遇到一些阻力，但是具有社會廣泛認同的一些重要目標。然而，美國在二十世紀經歷了經濟大蕭條、法西斯主義的興起、第二次世界大戰、冷戰、內政與國土安全防衛、民權運動、女性運動、校園動亂與反文化現象，以及基本教義宗教的復甦等等，這些事件全都與科學、科技和通訊的驚人發展之背景大相逕庭，社會面對未來的方向，再也

54

沒有一個穩定可靠的共識了。公立學校教育之所以在國內獲得史無前例的重視和資源，並不是因為它是全國上下團結一致所追求的社會目標，而是因為教育成為我們這個年代面對文化嚴重衝突的焦點。

二十世紀後期的教育問題核心，在於美國文化的傳統議題是否能夠因應新興的後工業時代的需求。在當代教育的政治與教育方法衝突的背後，隱含一種存在傳統議題與全新的、陌生的世界之間的主要抗衡。在這一點上，美國文化是堅持不懈的，正如巴茨所見：

> 一再翻滾的盲目愛國心和國家主義浪潮、企業的雄心壯志
> 和宗教的權威，橫掃整個國家的立法機構和國會，貫穿整
> 個二十世紀上半葉的發展歷程。（Butts, 1978, 271）

巴茨指出，每一項美國文化的議題都原封不動地保留到我們這個時代。實際上，最近的社會歷史也展現出同樣的觀點。

即使是在現代化、科學的二十世紀裡，保守的新教道德主義還是持續在美國社會裡扮演著分量極重的角色。在一九二〇年代裡，宗教基本教義是一項主要的運動，到了一九七〇年代又再次興盛，這項運動以許多不同的方式復興傳統的清教徒教義。該教義完全不信任人類的自然本性及未經馴化的衝動本能，並且嘗試以嚴謹的道德權威來抑制這些衝動的本能。任何依賴人的見解而不以聖經權威來論斷人性的主張（例如科學的自然主義），以及

鼓勵人們自我覺察和自我表現的方式，統稱為「世俗人文主義」
（secular humanism），都遭到全面性的譴責，以抑制其對學校課
程和教科書的影響力。

　　大部分的州政府（尤其是在南部）都傾向於禁止教授進化
論，或者是命令學校教導「創造科學」（creation science）。在
整個衝突的過程中，最著名的莫過於一九二五年的斯科普斯案
（Scopes trial）〔譯註：斯科普斯案是指一九二五年美國田納西州
議會頒布命令，禁止公立學校教授進化論。當時一位高中生物教
師斯科普斯（John Scopes）不顧禁令，因而被送上法庭，最後
斯科普斯敗訴。田納西州的禁令直到一九六七年才被廢止〕。但
這並不意味衝突結束，生物教師斯科普斯敗訴之後，田納西州維
持了好幾年在教科書中禁止進化論的法律，今日這個議題仍舊在
許多州裡持續地爭論著。最近幾年來，各式各樣教育創新的做法
——從性教育到價值澄清，都遭到保守宗教團體的猛烈攻擊，因
此這些教育內容經常從課程中被刪除。書籍都需要經過嚴格的審
核，有時候在某些社區還會將這些書籍焚燬。

　　因為喀爾文神學觀在美國文化中占有重要地位，所以美國文
化仍舊廣泛地保留其嚴苛的新教徒道德觀。如同前文所述，這種
道德主義結合一種對科學專業主義的新信念。道德的菁英主義明
顯地浮現在二十世紀早期，這種冥頑不化的信念僅是部分美國人
——其實只是那些北方歐裔新教徒——所堅持的道德共和國的理
想而已。在一九二〇年代裡，經歷三K黨（Ku Klux Klan）的巔
峰期和通過「國家根源法案」（National Origins Act），這些都試

55

圖永久地根除移民浪潮，尤其是想要逐出南方歐裔天主教徒。在這些年裡，美國奧勒崗州的居民（受到三 K 黨的鼓動）通過公民投票，宣布私立（也就是教會辦理的）學校為違法，要求學生必須全部參加公立學校；其他州則限制學校使用和教導外國語文。最高法院雖然推翻上述兩項做法，但是這種維護主流文化、排斥異己的做法在美國仍舊餘波盪漾。在一九四〇年代晚期，當美國聯邦政府開始考慮要補助教育時，因為教會所創辦的私立學校也要求政府給予補助，政教分離於是成為一個熱門的議題。這個論調在一個世紀以前，當「一無所知」（Know-Nothing）的團體形成一股反對天主教的勢力時，並沒有那麼劇烈。但是，這些爭論確實掀起十分緊張的氣氛，最後導致在法院中對峙的情勢。

這種盲目的愛國心在二十世紀最激烈的表述或許就是反共產運動了。從一九二〇年代早期的紅色驚恐（Red Scare）可預見到往後三十年的社會發展。我們可以理解，因為經濟大蕭條而導致許多知識分子對共產主義和蘇維埃經驗產生極大的興趣。資本主義變得軟弱無力，一些深思熟慮的美國人開始對他們所理解到的蘇俄之目的意識和人民公社的做法印象深刻，其中有些人甚至加入了共產黨，另外有些人則贊同其目標。雖然他們大多數人很快就清醒了，並且厭惡史達林的恐怖統治，以及他與希特勒的協議。但是，他們與共產黨之間的往來，已經造成他們的困擾了。在一九三〇年代，特別是在第二次世界大戰之後，美國與蘇維埃政權籠罩著緊張的情勢，美國人開始積極投入一個嚴密搜捕「紅派」破壞分子的行動。

在這段期間，「麥卡錫聽證」（McCarthy hearings）只是冰山一角而已，甚至那些曾經主張美國社會應該更著重在社區價值，和降低對個人經濟競爭之重視的知識分子和教育學者，都可能被右派愛國分子貼上紅派的標籤。教師必須立下忠誠的誓約，否則如果他們被發現是共產黨員，他們就會被立即解僱。教科書也受到嚴格的審查，這些監督的團體包括美國教育全國議會（National Council for American Education），以及如《教育評論》（*Educational Reviewer*）這樣的出版品，都向那些篤信宗教、愛國的父母提出警告，要小心「紅派教育」（reducation）所造成的嚴重危害，這些紅派教育被認定意圖「削弱」美國道德與知識的力量。為了避免任何教科書受到這類思想的侵蝕，都必須將之送往資本主義的最高殿堂或美國政府接受嚴格的審查。

如上所述，這種歇斯底里的愛國情緒根植於冷戰之前。綜觀整個美國歷史，美國每次面臨文化壓力時，都透過國家主義、偏執思想和民眾暴力等醜陋的方式來表述。舉例來說，在一九四〇年，最高法院裁定耶和華見證人的子女也不能免除向國旗敬禮的要求，其理由是「國家的意識與團結」必須擺在個人意識之前。地方社群以典型維護美國國家主義最糟糕的方式來回應這個裁定：

> 在這個裁定之後一週內，數百名耶和華見證人的家庭——包括男人、女人和小孩，都遭到身體的攻擊和毀謗等不人道的對待。耶和華見證人的聚會所遭到燒毀，他

56

們的領袖被驅逐出城，法律通常增強這種效應，導致社
區採取這種手段。例如，「……一個地方法官曾警告耶
和華見證人的一個組織，如果他們不強迫子女向國旗敬
禮，他就會帶走他們的子女，然後把他們安置在一個機
構裡，在那裡教導他們瞭解什麼是美國主義。」（Karier,
1986, 383-384）

美國主義在冷戰時期變得越來越清晰，意即不擇手段地抵抗
共產主義。誠如瑞維許（Diane Ravitch）所揭示的觀點：當大部
分的教育學者——甚至是那些本身反對共產主義的教育學者，深
刻感受到學術自由受到侵害，討論理念的自由也受到限制時，
「政府卻沒有意識到……自由的基礎已經岌岌可危了」（Ravitch,
1983, 104）。顯然，共產主義是如此地威脅到美國文化的核心價
值，那是極端國家主義的歇斯底里情緒能夠被合理化的原因。

57　　　這種迫害行動在一九五〇年代中期結束，但是冷戰卻持續
進行。事實上，如斯柏林（Joel Spring）所主張的，國內教育政
策在第二次世界大戰之後的發展，將教育的重點擺在與蘇維埃
政權進行經濟與科技的競賽，這讓聯邦政府費盡心思（Spring,
1976）。國家結合企業家組織（尤其是卡內基公司）、大專院
校、科學家和軍事機構的努力，試圖塑造年輕人適應有效率的
專業技術治國的社會秩序。在這項努力上最有名的人物就是哈
佛大學校長科南特（James Conant），他是軍事科學家，也是
撰述公立學校教育最有影響力的作者（*Education in a Divided*

World, 1948; *The American High School Today*, 1959; *Slums and Suburbs*, 1961）。另一個重要的人物則是瑞克歐爾（Admiral H. G. Rickover）（*Education and Freedom,*1959）。

這項努力的主要目的在於盡量訓練出更多的科學家與科技人員，他們主張如果美國國力要保持在蘇維埃政權之前，就必須發展科學和數學技能。依照協助發展氫彈的物理學家泰勒（Edward Teller）的說法，蘇維埃政權「以一種殘酷無情的方式來對待學生」（Spring, 1976, 113）。此意味著，如果美國要贏得冷戰，美國的教育者就必須採取同樣的做法。這種心態在一九五〇年代，被一種擴大的網絡所助長，這個網絡涵蓋企業基金會、組織和眾多的政治活動〔這就是卡雷爾（1986）所稱的「連鎖董事會」（interlocking directorate），是與中央情報局（CIA）密切連結的〕：現實危險委員會、國家人力資源議會、教育測驗服務中心、國家服務基金會（以及它的分支，包括物理科學研究委員會和學校數學研究團體）、募兵服務法，以及一九五八年的重要國家國防教育法案，這些都是聯邦政府大力投資教育和積極參與教育決策的表現。蘇維埃政權在一九五七年發射第一顆人造衛星，成為冷戰技術開賽的一種象徵，實際上也刺激美國人重新省思美國教育的品質，而教育學者們早在十年前就已經承受冷戰時期愛國者們所施加的壓力了。

顯而易見地，美國文化費盡苦心來為自己準備迎接二十世紀的挑戰。上述聯邦政府對於教育政策所採取的干預，可被視為一種走投無路的舉動：因恐懼道德和社會意識的瓦解而擔任文化衛

58

兵，並且為了增強他們的世界觀，而去支持最強而有力的機構。如我之前所主張的，美國人自從工業時期開始時，即決定一種面對原子彈時代的文化。斯柏林質問我們的國家：為何成立國家科學基金會，而非國家和平基金會？為何把我們的孩子訓練成科學家和數學家是如此的重要呢？這個問題可以在美國文化中歷久不衰的主題裡找到解答。這個新教徒資本主義國家，其自以為是的道德觀，以及受到共產主義興起所威脅的國家尊嚴等，都仰賴對科學實證主義和專家學者的信心，來對抗那些邪惡的敵人。

　　一九五〇年代的文化防衛氛圍，促進了美國教育中「大辯論」（the great debate）的環境。公立學校教育在許多激烈的攻擊下進行，攻擊來自學者、企業領袖和狂熱愛國分子，他們害怕公立學校無法勝任教育良好公民的責任。他們大部分的憤怒是針對「進步主義教育」（progressive education），他們也確實成功地破壞這個教育方式的名聲。如我前文所述，進步主義教育涵蓋許多不同的教育運動，而且澄清這些在「大辯論」中的論點，是非常重要的一件事。

　　主流的進步主義運動的使命就是有效率地管理工業社會，依照人們的才能（通常與他們的種族和階級背景有關），將他們安置在適當的社會和經濟地位上。都市工業時代的教育挑戰之一，就是學校參與率的遽增，尤其是在中等教育階段。來自不同背景、數百萬的年輕人開始進入中等學校，在此之前，他們之中很多人是不可能進入高中讀書的。許多建立專業教育的領導者主張這些孩子們只有少數適合中等教育，或是能夠從高級知識訓練中

獲益。我僅列舉其中幾位學者，如克伯萊（E. P. Cubberley）、巴比特（Franklin Bobbitt）、斯尼登（David Snedden）和查特斯（W. W. Charters）等人，他們都支持社會效率運動，宣稱教育的主要目標在於溫和地協助年輕人適應現存的社會秩序；對於大多數青年而言，課程應該強調職業與生活技能訓練。

　　一九一八年國家教育委員會發表一份金斯利（Kingsley）報告，乃是這種教育方法的主要宣言，而在一九三〇年代晚期和一九四〇年代早期，一系列重要的報告陸續出爐，這些報告採用類似《所有美國青年的教育》（*Education for All American Youth*），和《所有人都可以學習》（*That All May Learn*）這樣的標題。他們主張大部分的學生不需要接受知識訓練，但是實務技能訓練卻能幫助他們適應美國社會。一九四五年，由長久以來提倡為大多數學生提供職業教育的學者普洛瑟（Charles Prosser）負責一個政府委員會，開始發起「生活適應」運動，受到廣大教育學者的支持。在一九四〇年代晚期，高中學校課程設計越來越重視家庭經濟與家庭生活、服裝儀容與約會、駕駛教育、預防火災和單純的職業課程等，其費用跟傳統學校課程一樣。從這個時候起，很多知識分子、憂心的公民以及教育學者們才開始覺醒，因此在一九四〇年代晚期到　九六〇年代早期之間，發起對「進步主義」教育的嚴正攻擊。

　　早在一九三八年開始，這些教育學者所組成的團體就開始討論美國教育的趨勢。一九四三年，康得爾（I. L. Kandel）在其著作《不確定的膜拜》（*The Cult of Uncertainty*）中抨擊進步主義

59

教育。自從第二次世界大戰之後，美國社會歷經生活適應運動的興起、冷戰，以及知識分子的重新覺察，開始反對批評者所強調的精神層面。這段期間，一些重要的評論陸續出版，如一九四九年史密斯（Mortimer Smith）出版了《瘋狂教學》（*And Madly Teach*），以及一九五三年由貝斯特（Arthur Bestor）檢視出版品中的主要批判而集成《教育的荒漠》（*Educational Wastelands*）、赫欽斯（Robert M. Hutchins）的《民主社會的教育衝突》（*The Conflict in Education in a Democratic Society*），與林德（Albert Lynd）的《公立學校的騙術》（*Quackery in the Public Schools*）等；一九五四年，史密斯出版了《削弱的心智》（*The Diminished Mind*），而在一九五五年貝斯特出版《學習重整》（*The Restoration of Learning*）。其他重要的批評者包括艾德勒（Mortimer Adler）、貝爾（Bernard Iddings Bell）、馬里旦（Jacques Maritain）、濟慈（John Keats）、巴爾（Stringfellow Barr）、范多倫（Mark Van Doren）、克拉普（Harold Clapp）、布希（Douglas Bush）、萊佛提（Max Rafferty），以及冷戰時期的教育學者柯南特和瑞克歐爾。基礎教育議會成立於一九五六年，三年後，其領導者之一的柯納（James D. Koerner）出版了《基礎教育的真相》（*The Case for Basic Education*）。

上述著作的主題何以與美國文化與教育歷史相互呼應呢？剛開始，這些批評者都是主張一種高度保守的教育理念。卡雷爾（1986）討論「新人文主義」（neohumanist）運動，以及其相關文學、哲學與宗教的論述。允苟（Wingo, 1965）指出這種保守教

育理念的實質主義（essentialism）與永恆主義，是燃起冷戰時期對「進步主義」教育批判的火苗。基本上，這些理念主張教育的基本目的是為了鍛鍊智能與道德，所建立起來的學術範疇（對於支持永恆主義者而言，還包括「偉大的鉅著」）是成為發展理性與知識判斷的最佳工具，因此，所有的公民都應該接受到良好的教育。雖然這些思想家提出一種社會效率的基本假設──即學校教育的目的是文化的修養，他們深信這樣的修養能夠大大地提升知識分子的水準。批評者對於學校被用來做為職業與社會技能訓練，取代了「延續種族傳承的代代相傳」（Smith, 1949, 36）的做法，感到十分憤慨。他們主張「適應」代表平庸，因為一般學生拒絕學習西方知識的遺產，未能得到所需要的智能刺激，所以那些天才兒童的天分也會被活生生地抑制。貝斯特別提出強力的呼籲：讓所有的年輕人接受更寬廣的教育內容，施予多才多藝的教育課程，而不要在乎他們的「可能命運」。

60

這群學者其他的主要批評對象是那些自命不凡、驕傲自大的教育專家學者們。他們嘲笑教師在教學方法上的訓練沒有重點，所謂的博士論文只是一些小規模、知識論點薄弱的研究而已，而且最嚴重的是這些專業的教育學者專家們靠著證書、執照和晉升，確保他們的學術地位和權威。這些批評者們指出這種教育系統是建立在不民主的基礎上，全都是由那些自己任命、永久留任的學者專家們獨斷獨行地決定美國年輕人的命運。他們認為大部分的美國人即使曾經有機會瞭解，也對「進步主義」教育的原則一無所知。

　　這些爭論的重要意識已經在上述臚列的著作裡非常清楚地呈現了，上述作者對於「生活適應」的教育方法，以及對自命不凡的教育專家的批評，都反映出美國教育中一些非常嚴重的問題，是我在前文已經敘述過的。因為這些議題都與二十世紀早期的主流進步主義運動有關，所以批評者在某一方面證明他們對「進步主義」教育的敵意，只是針對這個名詞的這個定義而言。不幸的，因為他們保守的意識型態讓他們做得有一點過火了。

　　幾乎所有的批評者都將「進步主義」教育的問題歸咎在杜威身上，還有些批評者則往前追溯，怪罪到盧梭（Rousseau）和裴斯塔洛齊（Pestalozzi）兩人（都是全人教育的重要代表人物）身上。這些批評者坦承，或許前一世紀的教育方法確實過於死板，但是，他們卻拒絕接受自由進步主義的呼籲，要教育「完全的孩子」（the whole child）。以我個人的觀點，這些推崇實質主義的批評者們，乃是拒絕以全人教育的方法，做為從基礎的變革中拯救美國文化的名義。他們攻擊杜威和其跟隨者的焦點在於，杜威等人渴望重新省思某些美國文化的核心價值。這些批評者們的著作瀰漫著毫無掩飾的國家主義——特別是對於冷戰的觀點。萊佛提在其著作《孩子們的苦痛》（*Suffer, Little Children*）之序言中，清楚地傳達出他們最關心的重點：「教育最優先的責任在於盡力拯救我們的國家。」（Rafferty, 1962）

　　少部分批評者喜歡重提一些杜威與共產黨之間無關緊要的關聯。舉例而言，瑞克歐爾指出蘇聯早期在學校中採用杜威的教育方法：

61

檢視一下進步主義理念與馬克思主義說詞的相似之處，
有助於我們理解到如果學校以推展進步主義、以教育
「完全的孩子」做為目標，取代傳統教育的重點，情形將
會如何演變？有一些事物正緊密地傳輸給我們的孩子。
（Rickover, 1959, 173）

有些類似的批評是指責公立學校的教育者，試圖將杜威的無
神論價值觀灌輸給美國的年輕人，在教育過程中毀損了家庭的價
值觀（今日依舊有保守的宗教團體繼續抨擊公立學校教育中的
「世俗人文主義」）。

杜威與很多他的跟隨者確實論述自然主義的價值觀、社會主
義理念，以及主張在教室中解放傳統的紀律。但是，大部分主張
實質主義的批評者並未對杜威的哲學觀點提出嚴正的反駁。實際
上，他們之中有些人還贊同（第 6 章將論及）杜威的研究是非常
精密、尖端的，而且是難以完全領會的。與其努力嘗試去理解杜
威的思想，他們寧願選擇主張杜威令人難以接受的激進理念，已
經滲透到美國教育中「教育工作者」的思想裡了。

這樣的主張事實上是不正確的。顯然地，如同杜威自己所領
悟的——很多的「教育工作者」並不能瞭解他的研究！「社會效
率」／「生活適應運動」是與自由進步主義的理念互相對立的，
但是，很多的批評者卻將這個運動與杜威的教導扣在一起。誠如
雷吉曼（Ellen Condliffe Lagemann）扼要說明這個事實：「除非
人們能夠理解何以桑代克獲勝，而杜威輸了，否則沒有人可以瞭

解美國在二十世紀的教育歷史。」（Lagemann, 1989, 185）換句
話說，「進步主義」教育意味著掌控學校教育的是菁英──即各
種社會操控，而不是民主的、以學生為中心的模式。一九五○年
代的保守派因為無法將反知識潮流的過錯歸咎於杜威和他的跟隨
者，而備感困擾。一位當代深思熟慮的評論者寫到：

> 很多爭論都是立基於對當代公立學校的實際觀察，但是
> 實際上，大部分的學校並沒有任何（或從未有過）進步
> 主義的徵兆……。（Woodring, 1953, 50）

　　因為瑞克歐爾將全人教育與馬克思主義的教義劃上等號，顯
示出一種完全的（可能是故意）對杜威理念和影響力的誤解。保
守派對於攻擊杜威的進步主義有一套清楚的批評程序。實質主義
者發現人的發展限制是妨礙美國文化的一項重要因素，因此決定
將他們最優先的目標放在這個要素上。實質主義者／永恆主義者
／新人道主義者的世界觀，都比瑞克歐爾之「發展年輕人心智」
的簡單公式存在更多的意涵。值得深思的一個問題是，發展年輕
人的心智是為了什麼？什麼又是學校存在的目的？儘管他們有許
多不同的教育方法，大部分冷戰時期的批評者都與社會效率教育
學者所追求的目標仍然一致，亦即維持某種道德與文化修養。他
們最終的目標在於確定下一代可以目睹世界依舊是按照主流文化
中「保守的意識型態」來運行。保守教育學派（實質主義與永恆
主義）堅持最好的教育方法是透過嚴格的教育訓練而來的。當一

些批評者（如貝斯特）真誠地檢視及仔細地思考這些評論時，保守的傳統教育卻把文化的限制圍於這些保守的思想上。

實質主義認定西方文化是穩定的、健康的和有助於人類發展的。事實上，這種優於非西方文化的世界觀一直都令人難以理解。抨擊進步教育的人們用已確立的學術紀律、科學方法或是（永恆主義的）偉大著作，來維護他們認為絕無謬誤的智慧，讓我們對所抱持的世界觀沒有任何商榷的餘地。幾乎任何課程改革的努力都會被駁斥為「反知識的」、「非理性的」、「神話的」、「過於浪漫的」，或者是「愚昧無知的」。這種冥頑不靈的堅持己見，雖然肯定那些權威的著作是宇宙中最清晰的思想與正確的知識，卻無法區辨出流行一時的輕率思想和真正教育改革的方法之間的不同——兩者都受到他們譴責（對康得爾而言，任何教育方法只要不是集中在「種族遺傳」的，就是反知識的）。教育方法之間只要有些微的差距，即被確定為反知識的教育方法，諸如社會效率，以及提出不同思考模式的教育方法（例如全人教育），這些思考模式是更為廣博的，且更臻於真實的靈性、開放學習者的潛力和賦予其力量。這些不僅僅是歷史上的觀點，直到今日，全人教育仍舊要面對保守的實質主義和種族優越的「文化素養」運動的抗爭。

毫無例外地，教育者都一直停留在教育的「基本的」和「正統的」理念〔例如，前教育部部長貝內特（William Bennett）〕，這些理念受到保守政治主張者的擁戴（如雷根政府）。正如傳統教育理念所堅持的，這些獨斷的課程設計也有著不可改變的理

63

由，其中涵蓋建立現在社會秩序的信念（文化主題中的資本主義、國家主義和其他），亦即社會價值觀中不可動搖的標準。只要我們仍在宣揚「種族遺傳」，我們的注意力就會隨著種族歧視、民族優越感和文化帝國主義中分散開來，這正是今日我們必須勇敢去面對的。

冷戰時期的批評者對此卻多有保留，他們通常不會針對自由進步主義教育對文化和社會的評論有任何回應，不是加以嘲弄，就是不予理會。他們假設現存的世界觀是合理的，以及現有的社會秩序是公平的，因此，他們假設那些質疑這種現狀的人必然是有毛病的。他們的著作涵蓋很多人身攻擊的批評，例如林德駁斥盧梭的理念為「失衡的浪漫思想」，以及史密斯也批評全人教育先驗論的教育學者艾爾科特（Bronson Alcott）：「有一點愛誇耀那些老掉牙的空談，我一點都找不到他曾說過什麼重要的事……。」（Lynd, 1953, 170; Smith, 1949, 49）但是，到底誰愛誇耀？萊佛提在他的著作《孩子們的苦痛》中，以古代迦太基人獻祭孩童來比喻進步主義教育，也提到蘇維埃的百姓，譏諷他們為農民和「俄羅斯大草原上的……廣大無知民眾」，而且厚顏無恥地贅述一頁又一頁毫無關聯的歷史文獻，我猜想他只是在炫耀自己對傳統課程的專長而已。不僅如此，他和其他冷戰時期的批評者一樣，對於進步主義教育學者們在文化評論方面的敘述，可算是澈底失敗了。

64　　這些「偉大的爭論」成功地動搖「進步主義」的公立學校教育制度，而且在一九六○年代之前，就已經廣泛地解除學校「生

活適應」運動。但是，培養思路清晰的理性公民，並非是一些崇高的正統教育所想要發展的結果；相反的，這些學校受制於聯邦政府和有力團體的壓力，變成將重點放在促進社會效率上。因為他們認可公立學校教育自從殖民時期起所扮演的角色：學校的首要目的在於促進國家與社會的利益，而個人的發展（智能和其他方面）如果有的話，則擺在其次。所以，這些「偉大的爭論」就在其起點上結束了，

　　但是，在一九六〇年代裡，決定國家與社會利益的實際內容一事，顯得日益困難。由於缺乏一致的見解，因此無論誰在國家層級上掌控了政治的權力，就由誰來決定什麼是國家和社會的利益。無可避免的，學校又成為權力爭奪的實際戰場（Arons, 1983）。這是確實已發生的事；當美國向前跨出一九五〇年代的文化防衛時，一連串的科技發明和社會發展皆挑戰傳統的信念與生活型態。這些發展包括電視、電腦、避孕藥、搭噴射機旅行、導彈與進入太空探索、開發公路與郊區、速食和便利組件，日益增加的離婚率、犯罪率、環境危機、生態保護運動，和民權運動——因為許多團體長久以來並未得到平等的權益，例如非裔美國人、印地安人、西班牙語系居民、婦女、同性戀和很多其他的人們。我們在一九六〇年代見識到青少年的叛逆呈現一種前所未見的情況，有人稱這種反文化的現象為「水瓶座時代」（Age of Aquarius）；我們也見識到一種批判思想的浪潮——在許多學術領域中稱之為修正主義。因此，教育者在二十世紀的後半段，深深陷入一種充滿困擾的疑問中：處在這樣一個充滿嚴重社會壓力、

衝突與變遷的年代裡，公立學校教育到底要扮演什麼樣的角色？

民權運動對於這些衝突，提供一個最清晰可見，也是最劇烈的景象。美國全國有色人種協進會（NAACP）在第二次世界大戰之前，開始挑戰教育中的種族隔離政策。高等法院在一九五四年廢除了種族隔離教育，在接下來的三十年中，公立學校捲入一場取消種族差別待遇、為了種族融合而用公車將學童運送到外區上學的措施，以及平等機會的爭議之中。這種情況激起令人厭惡的高漲情緒，社會經常發生暴動。這個時期持續發生的社會景象，就是聯邦軍隊護送黑人學生進入之前全是白人的學校。聯邦政府對於教育的大規模干預，始於一九六四年的民權法案及一九六五年中小學教育法案。

從這裡我們可以看到許多重要的議題，其一就是美國文化中所固有的種族偏見。內戰過後一個世紀，仍舊需要依賴法律和軍隊的力量，才能賦予黑人進入（北方和南方的）公立學校的平等權利。另一個議題是，聯邦政府在民權運動中所扮演的角色具有國家主義的動機。修正主義學者指出，戰後的政治領導者沒有支持民權運動，是因為懼怕與南方有勢力的白人選民疏離。此外，冷戰讓長久以來的種族歧視成為美國移民政策的重擔：只要共產黨指向這些明顯存在美國社會中的種族歧視，我們這種自私自利的自由與平等的神話就會受到波及。再者，依照激進派的分析，美國尚需要更多的科學家與訓練有素的工人，以及需要更多的消費者來鞏固經濟發展，把人口中一大部分的人從社會和經濟生活中排除，是一件非常沒有效率的事。

65

　　因為這種備受爭議的解釋，可能指出國家領導者不僅只有——或甚至——主要關注的焦點在於人文主義的理想裡。我們可以發現到在一九五〇年代和一九六〇年代裡，聯邦政府對於教育的日漸干預有一個相似的趨勢：學校改革（同時與民權法案立法和「對抗貧窮」一起進行）再次被用來替代進行更基本的文化革新。在這個過程中確實有一些進步，今日種族間的氣氛在某些層面上，或許比一九六〇年代要好一些；但是，民權改革運動還是很保守，就好像進步主義回應企業工業主義一樣，僅試圖緩和日漸嚴重的過度擴張，而非直接挑戰文化的基本信念和社會制度。美國繼續忍受處在這種種族偏見、貧窮和無家可歸者等前所未有的影響力之中；美國人繼續倚賴教育而非檢驗自己的文化信念。如果我們只提供社會和經濟地位的平等競爭機會，並相信這個競爭是公平的，那麼天資聰穎和具有良好教養的人們會成功，而其他人則命中注定要失敗。因為這種對菁英制度的信任，是如此根深蒂固地存在於美國文化之中，所以這種對教育的信心能消除嚴重的社會批判，例如在一九六〇年代所爆發的學校改革運動。

　　教育被賦予這種信念，因此在二十世紀晚期持續局限在經濟與國家主義的定義中。教育對社會的價值就是促進國家的力量、經濟的繁榮和社會的秩序。教育的議題持續與企業領導者的利益掛勾，這種情形從一八四〇年代最初的「公眾學校」運動開始，持續至一九〇〇年代早期的進步主義時期。兒童簡直就是被當作經濟用途的「知識資本」。誠如一份商業刊物所載：

66

　　一個小小的生意人實際上只注意教育的完成品，而不是
它實際在進行什麼。他想要的產品是一個可以讀、可以
聽、能夠準時、能夠聽從指示、擁有工作倫理的……

在這個刊物中受訪的一位企業家所想要的是：

　　學生從小就被訓練具有企業家的精神，瞭解到他們的技
能是一項產品，並且把自己準備好進入這個廣大市場的
世界，為自己創造需求價值，並且最終能夠以最好的待
遇出售。（Conn, 1986, 32）

　　我幾乎無法舉出比上述這樣厚顏無恥、直言無諱的聲明更好
的例子來說明文化限制對教育的影響了。誠如這些心胸狹隘的資
本企業家所說的，我們的文化並不是很關心身為人的個體「實際
在學校進行什麼」，比較在乎的是教育所產出的「成品」──一
個沒有靈魂的「產品」，沒有與生俱來的尊嚴，只有讓市場經濟
來決定其價值！這也就難怪公立學校會變成毫無人性的官僚制
度。當學校變成更具權威的政治和文化力量的抵押品時，教育的
每一個層面──包括行政、專業教學和課程本身，都被官僚政治
體系大規模地類化了。如此一來，需要更多的法律規定和更多專
業資格的認證，也有很多有權力的團體組織起來，每一年也都有
一大群教師進行罷課。教科書由少數的大公司出版，全部的課程

都由國家級的委員會所設計。如今我們有國家級的「標準」和殘酷無情的考試。

在此暫且省思一下，我們的教育變成什麼了？這就是學校的目的嗎？

當然任何一天，在全國數千個教室裡，都有老師和學生之間進行的溫暖的人性互動。很多學生越來越熱衷於學習，或許也更喜歡學校生活。其中有很多重要的成就：個人生涯和成功之門是敞開著的，對於國家和社會的忠誠（一種「社區意識」）被廣泛地滋養著。我無意貶抑這些真實可靠的、普遍的學校經驗。

但是，我們已經領悟到公立學校背後的這個海市蜃樓所具有的世界觀，是一種思考模式和經驗的詮釋方式，將教育的努力方向導引到一種貶抑自我瞭解與人類發展的道路上。在我們這樣一個豐富多元、異質化的社會裡，誰來決定教育的目的和目標呢？我認為，我們的教育完全被主流文化所主導，這是一種世界觀、一種特別的「共同意識型態」，用以支配著我們該或不該思考什麼、該或不該如何生存、什麼是適當的、可被接受的或不適當的、不可被接受的思想和生活方式。這個世界觀可能是由五個主題所形成的：新教徒的道德主義、科學的簡化論、嚴謹的民主理念、資本主義和國家主義等，這五個主題結合在一起，共同打造出一個非常明確的界限，圍住個人人格與靈性發展的渴望。美國教育即服侍於這個世界觀，所以教育的運作完全維持在這些限制底下。

67

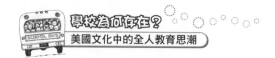
　　現在讓我們正視這個基本的問題：我們應該保留這個世界觀或任何已確立的世界觀，使其成為教育的重點目標嗎？有些教育學者主張不應該如此。他們認為提高社會效率、促進經濟發展和先進科技等目標，都是非常不人性的。他們主張，如果美國人民真的要一個民主的社會和肯定的人生，那麼現在就是質疑這些文化目標的時候了。這些反對美國文化的教育學者就是全人教育學者，我個人深信現在就是探究他們的疑問的時機了。

PART · 2
美國教育的全人觀點批判

Chapter 4

後現代時期的教育

　　二十世紀初期，文化歷史學者孟福（Lewis Mumford）撰寫了一系列有關現代化時期演進過程的傑出研究，他的核心假設就是現代社會係連結科學、科技、資本主義和具有強大軍事力量的國家政府而構成一個「巨大機器」，這個巨大機器會貪得無厭地取代生物有機體，以及供人類文化使用好幾個世紀的人性制度。孟福在其著作《人類的轉變過程》（*The Transformations of Man*, 1956）一書中總結：這個巨大機器會演變成具有非常嚴重的危險性、破壞人性的價值，並與之對立。如果人要活得有尊嚴，就必須透過新的文明過程，來抑制這股破壞的力量。

　　孟福是二十世紀中期少數幾位公開持反對立場的學者之一〔持同樣立場的其他有影響力的作者，包括米爾斯（C. Wright Mills）、顧德曼（Paul Goodman）、弗洛姆（Erich Fromm），以及馬爾庫塞（Herbert Marcuse）等人〕。這些微小的聲音在一九六〇年代找到一群熱衷的知音，在這抗爭與反對最重要的十年中，美國社會的文化遭受到最澈底的批判，這是首次有大批民眾開始質疑這個非常堅固的基礎——構成美國社會基礎的世界

觀。同時，民權運動、婦女運動、日益升高的環保意識、反越戰
與軍事主義、因對非歐洲中心宗教和哲學的狂熱而興起的實驗生
活型態與宗派，以及人類潛能運動的活躍等等，都與這個「巨大
機器」及我已指出的美國生活中主流文化之文化議題產生激烈的
互動。至此，新一代的學者和社會批判者開始以敏銳的洞察力，
透視每一個社會的組織──包括教育部門。

72

在這些批判者中，有些人是採傳統的反對意見的角度，例
如用馬克思主義來分析資本主義。舉例來說，鮑爾斯（Samuel
Bowles）和金提斯（Herbert Gintis）兩人合著的《美國資本主義
的學校教育》（*Schooling in Capitalist America*, 1976），就是從這
個角度來審視教育的；另一激進的評論是「批判教育學」（critical
pedagogy），此種批判乃是由弗雷勒（Paulo Freire）在一九七
〇年出版《受壓迫者教育學》（*Pedagogy of the Oppressed*），才
開始發展的；另外，還有其他美國學者為數眾多的研究，諸如
吉魯（Henry Giroux）、麥克拉倫（Peter McLaren）、艾宏諾維
茲（Stanley Aronowitz）、索爾（Ira Shor）和艾波羅（Michael
Apple）等人。這些批判者們都很嚴厲地指責現代資本主義社會
中長久以來的不平等、不公平和種族歧視，並且主張教育應該賦
予學生力量，來質疑存在文化中的假設和結構。但這一系列的抨
擊並未造成社會或教育改革運動的盛行，實際上，尼克森政府開
始以一種「保守的復興主義」，以及持續復興的宗教權利來加以
抵抗。從這種情況來看，至少可以預期到未來左派分子的攻擊事
件一定會再度重演（Shor, 1986）。

　　無論如何，文化異議分子已經在一九六○年代開啟了另一條道路，其受到未實現的靈性渴望和生態意識覺醒的影響，遠比經濟與政治分析還要多。羅斯札克（Theodore Roszak）的著作讓我們對這種反對運動獲得更正確、更有洞察力的理解。他從《反文化的形成》（*The Making of a Counterculture*, 1968）開始，然後繼續出版《廢地何所止》（*Where the Wasteland Ends*, 1972）、《未完成的動物》（*Unfinished Animal*, 1975）、《人／星球》（*Person/Planet*, 1978），以及更多最近的著作。羅斯札克提供充分的文獻資料，讓我們終於可以瞭解孟福對於文化轉變的願景。雖然影響層面還僅限於很小的範圍（事實上，宗教權利的勢力範圍更廣泛，對於當代社會各部門更具影響力），但是，越來越多人開始跨出現代簡化的世界觀和機械論的界限外，尋求更完整的、更寬廣的意義，以及對實際的情況有更深刻的覺察。這些重視心靈的活動網絡和強調個人成長的成人教育運動，已經開始在一九六○年代和一九七○年代的「人類潛能運動」中，積極發行出版品與推動靈性實務工作，並且藉著一九八○年代和一九九○年代中所謂的「新時代」（New Age）運動而擴展開來，澈底重新思考這些已存在二、三十年的現代化。

　　跟隨孟福和羅斯札克的傑出思想家日漸增多——哲學家、科學家、神學家、社會學家、歷史學家、評論家和教育理論家——他們對後現代文化擁有一個清晰的願景，這個文化是奠基於靈性的與生態的智慧、民主社會，以及對於生物和人類生存發展觀點的深刻尊重。哲學家格利芬（David Ray Griffin）解釋何以在現

73

代社會中沒有足夠的力量來實際地改造社會：

> 要超越現代化的世界，就必須先超越它的個人主義、人
> 類本位主義、父權體制、機械論、經濟主義、消費主
> 義、國家主義和軍事主義……。這些必須從現代化本身
> 來加以解放。（Griffin, 1992）

換句話說，誠如本書所述，後現代的評論必須延伸到文化主題的核心、追溯意義的來源，才能找到這個社會對世界觀點的終極定義。很多學者現在將這個評論視為「西方思想中知識與概念的演進，……一個完全明朗、滲透心智的轉化。其挑戰心智，尋找一個新的思考模式，以及一個在所有人類發展的範圍中奮鬥的新方向」（Jonas F. Soltis, 引自 Doll 1993, ix 序言）。

「後現代」這個名詞已經廣泛地被運用在許多不同的學術領域中，從文學評論到建築藝術——它與很多評論型態有關。最常被引用的後現代理論家〔如傅柯（Michel Foucault）和德希達（Jacques Derrida）〕是激進的懷疑論者，他們呼籲「解構」（deconstruction）所有現代化的信念系統，因此個人和各種身分團體（例如不同種族與語言的次級文化團體）才能夠完全從這個巨大機器的同化力量中解脫開來。解構思想反對任何所謂的「後設敘事」——即嘗試敘述超越語言和社群的普遍真理。雖然在某些方面解放了，但是也解構了自發性文化和本土性意義的願景，否認靈性的真實層面和人類存在的原型層面，這種原型以生態上

的意義連繫著人們（Smith, 1989; R. Miller, 1990, Autumn）。所以格利芬主張一種「建設性的」（constructive）後現代主義，但是仍舊繼續著追求解放現代化的機械式牢籠，所強調的重點不是將個人與人民團體隔離，而是在生態脈絡中超越人類意識進化的目的和意義。

格利芬和他的同好都是這個大型智能社群的一部分，他們已經開始展望一種建立在靈性與生態領悟上的後現代化文明過程。雖然蒐集有關建設性後現代主義的完整文獻資料，是超出本書撰寫的範圍，但是呈現大量有價值的內容也是非常重要的。這些在過去二十年內出現的精湛思想，支撐著這個新的世界觀。在這些先驅者的研究中有兩本重要著作：皮爾斯（Joseph Chilton Pearce）的《巨蛋中出現了一道裂縫》（*The Crack in the Cosmic Egg*, 1973），以及貝特森（Gregory Bateson）的《心智和本性》（*Mind and Nature*, 1979）。物理學家卡普拉（Fritjof Capra）在最尖端的科學研究上特別是量子物理學，賦予此新興的世界觀一個穩固的科學基礎，他啟發人心的著作有《物理的道》（*The Tao of Physics*, 1976）、《轉捩點》（*The Turning Point*, 1982），和《生命的網》（*The Web of Life*, 1996）。美國生態作者雷夫金（Jeremy Rifkin）寫了好幾本書，尤其是《時代戰爭》（*Time Wars*, 1989）和《生物圈政治》（*Biosphere Politics*, 1991）。這兩本書的貢獻與孟福的研究一樣，讓我們以較寬廣的視野來綜觀現代化的文化歷史。威爾伯（Ken Wilber）將很多考古學、神話和心理學的研究，集結在他研究人類意識演進的重要著作裡，如《自伊甸園

74

105

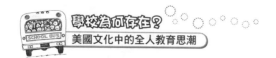
向上提升》（*Up From Eden*, 1983）和《性、生態、靈性》（*Sex, Ecology, Spirituality*, 1995）。伯曼（Morris Berman）的著作《世界再現魅力》（*The Re-Enchantment of the World*, 1981）和《我們醒悟過來》（*Coming to Our Senses,* 1989），以及牟茜特（Carolyn Merchant）的《自然界之死》（*The Death of Nature*, 1980），都對現代化認識論和它的相對觀點，提供一種令人信服的歷史性分析。

上述作者和其他為數眾多的作者都將新的世界觀建立在嚴謹的知識成果的穩固基礎上，這個基礎跨越很多學科領域，無法被排斥為不切實際的浪漫思想。審閱這些文獻資料可以一再地看到這些思想家的原創思想，例如懷德海（Alfred North Whitehead）和波蘭尼（Michael Polanyi）都非常仔細地查閱現代科學在知識論上的假設，以及二十世紀許多偉大的科學家所做的結論，包括海森堡（Werner Heisenberg）、玻姆（David Bohm）、普里高津（Ilya Prigogine），以及許多重要的生物學家、生態學家和神經科學家。這些研究成果也擴大了知識領域，將其系統化為一個系統理論（包括神經機械學和複雜性數學），如榮格心理學（Jungian psychology）的研究原型，以及東西方的神秘傳統思想。大部分做研究而直接論及本書重點的理論家，大都跟我一樣是男性白種人。然而女性主義已經發展成為批判現代美國文化的重要評論之一，相關著作是由本土的、非裔美國人和其他非歐裔背景的思想家所撰寫的。因此，如果要更完全地呈現後現代思想，當然必須將這些觀點都納入其中。

75

　　我在本書中，將焦點放在一個後現代特別的部分，我（和其他學者）將之稱為全人的（holistic）世界觀。我使用這個名詞做為一個總稱，以涵蓋各種不同的表述——包括人文主義的、靈性的和生態的領悟。沒有任何單一的「後現代」觀點，也沒有一個哲學觀點可以完整地代表整體論。任何一個思想領域、任何對這個世界的詮釋，都可能擴大或窄化對於全人的認知，或許這些思想或詮釋在某些方面是整全的，但是在其他方面則不是。這種彈性的定義對於我在本書中對於反對教育運動所做的詮釋，尤其重要。我試圖在一個範圍寬廣的教育方法裡，找尋全人的教育品質，而不是要宣稱任何一個可以代表「全人教育」的真實樣板。事實上，前文所提及的大部分教育學者從來都沒有使用過這個名詞。

　　本書的重點並非要提出一個特別的教育時尚，而是要探究一個適合於教育和文化之間的教育模式；特別是，我強調由現代化世界觀所產出的學校教育模式，可能會在後現代文化中演變成不和諧、不恰當的模式，如果這個新興的文化呈現出「建設性的」（靈性的／生態的／全人的）後現代思想家所指出的重要特質，那麼這個新時代的教育模式就會變得更加全人與更臻於全方位。這些思想家在過去兩百年裡已經提出與現代化教育不同的觀點，我們可以透過思考這些全人教育前輩們的觀點，而預見這個教育模式會有多麼的不同。這是下一章要談的重點。但是，首先我們務必要瞭解「全人的」思考模式包括哪些獨特的理念和原則。

◎ 全人的思考要點

誠如前文所述，全人的或建設性的後現代主義是一種「靈性的」和「生態的」觀點。我會從兩方面來解釋這些名詞：首先，我以一種概括的說法來摘要說明全人的世界觀對於人類社會與自然界的關係有何觀點，跟現代化、簡化的世界觀有多麼不同；其次，我將以更嚴謹的哲學方法，探討全人的思考在知識論上的地位。

在前幾章中，我提到實證哲學家的世界觀已日漸形塑成現代化的文化。此世界觀是建立在培根、笛卡兒和後續的科學家以及社會改革專家的理念上，要求現代的人們接受操縱、控制和依照理性、功利主義的衡量標準來改進我們的自然本性。實質上，這是一種渴望獲得控制自然過程的力量，按照我們所選擇的經濟和政治目標，或是我們所定義的心理需求來指導人們。歷史學者指出在科學革命之初，對於世界所抱持的新態度，代表著從教條權威中解放人類的理性與活力。科學和科技有很多重要的貢獻：減輕人們的痛苦和勞動的苦役，也打開對人性的探索與廣闊的新領域。不過，我們之所以要在此刻興起一個後現代的世界觀，是因為開始認清殘酷無情的功利主義對自然界的影響，已經導致對人類生活和生態環境的嚴重破壞。我們有非常豐富和令人信服的文獻資料，描繪出人類與自然界之間的疏離，以及提出有關地球生態系統日益惡化的警訊（e.g. Berman, 1981; Merchant, 1980; Orr, 1992, 1994; Mander, 1991; Cajete, 1994）。

76

我們的科技已經造成我們所處的世界的生存危機。我們現在生活在核能、生化武器的威脅之下；地球的水源、土壤和空氣日漸遭到化學毒物和輻射的污染；在地球上少數僅存的荒野裡，有數千種動、植物已經瀕臨絕種；再過不久，大氣層可能會因為全球暖化和太空中致癌輻射物的影響而無法保護我們了。在我們的時代，人類的力量創造了一個大量製造的世界，擴大形成「人工智慧」和「虛擬實境」。最令人害怕的事，是從基因方面來改變生命型態（在我撰寫本書的同時，科學家已經宣稱他們成功地複製羊，而且相信能夠大量地複製人類的胚胎）。

一種全人的思考導向呼籲我們回歸與自然界建立更有機的關係。我們可以確認功利主義的主張是缺乏智慧的，他們妄想以人定勝天的力量來操控大自然而不會帶來悲慘的後果。回歸與自然界的有機關係始於魯斯金（Ruskin）的呼籲：「生命是唯一的財富」，當我們陶醉在享受科技所帶來的短暫歡愉時，就是在讓每一滴維持和豐富我們生命的資源逐漸消耗殆盡。什麼是整體醫學、有機農業、綠色政治、永續經濟（Daly & Cobb, 1994）、創造靈修（Fox, 1983, 1988, 1991）和全人教育所共同擁有的最優先信念呢？就是人類的生存是需要在大自然的網絡中被悉心呵護的，為了滋養身體、心理與靈性，最終需要與自然世界產生錯綜複雜的、常常是無意識的和非理性層面的連繫。

再者，我們所生存的世界並非如簡化論所描繪的那種沒有頭腦、機械式的系統。所有的研究領域歷經三個世紀的激勵，立志要成為「科學的」，而被迫進入物理學原子論的模型：只是重視

77

問題事件、適當的量化研究，就能被算做是事實，因為這些事情是研究的目的，而非探究其意義和關係。因此，我們有一個非常令人憂心的教育心理學派——行為主義，它完全否認其研究領域中最重要的本質——靈魂與精神。另一方面，全人的科學將世界視為一個更巨大的綜合體，其中所蘊含的意義遠超過簡化論所能賦予的。生命的演進若不是一項奇蹟，也簡直是太令人讚歎了！新一代的生物學家將基礎建立在全人思想前輩的著作上，這些前輩之前大受排擠（如同全人教育學者的處境）。他們現在堅決主張，描述生命歷程最佳的名詞是目的、自我整合、相互連結，和錯綜性（Capra, 1996; Sheldrake, 1991; Lemkow, 1990; Laszlo, 1993）。後現代科學的文獻建議，生物學具有比物理學更恰當的理論架構，因為物理學把重點放在沒有生命的物質和機械學的力量上（儘管量子物理學刻意將全方位的架構放進這個領域裡，情形還是一樣的）。

假如自然界真實的情況是比粗糙的實證主義所知的更加複雜和相互連結的，那麼我們簡直無法瞭解對它的操控會產生什麼樣深遠的影響？為了給穀物施肥，我們讓湖泊和河川過於肥沃，因此產生過多的藻類，反而使河流窒息；為了廣泛地使用抗生素，我們大膽地濫用細菌來對抗細菌；我們利用原子核裂來增強電力供應，將數百代子孫的生命暴露在嚴重的致癌物質裡；我們怎能瞭解到進行動植物的基因改造，會對整個生態系統造成什麼樣的影響？在教育方面，我們對學生的智能發展，採用越來越大量的標準化測驗，認為國家的目標是如此的重要，這將會對新興的一

代造成什麼樣的影響呢？我們很難知道答案，而且以過於簡單的簡化論來思考，我們甚至連想都不會想要問這些問題！

約翰米勒（John P. Miller）在其開創性著作《全人教育課程》（*The Holistic Curriculum*）裡，從開頭就明確地指出全人教育的這種有機概念：

> 全人教育試圖引領教育進入與大自然基本真實性的結合中。大自然的核心是相互關聯的，其互動是動態的。我們可以看到原子、有機體、生物圈和宇宙本身都是動態的和互相關聯的。不幸的是，人類世界自從工業革命以後，就被切割成片段和格式化。這種結果導致生命變成支離破碎了。（1996, 1）

78

米勒強調全人教育最重要的焦點，在於將那些遭到切割與分裂的生活層面連繫起來。例如，心靈與身體、理性與直覺領悟、自我與社群、人類社會和地球，以及個人自我與「真實本性」或是世上賢哲經常稱道的靈性本質。

上述最後的觀點直接點出全人思考的靈性層面。米勒跟林蔻（Anna Lemkow, 1990）一樣，將二十世紀的整體論與古代的「永恆哲學」（perennial philosophy）非常緊密地連繫在一起，「永恆哲學」實際上是世上所有靈性與宗教的傳統思想的核心。林蔻指出這個世界觀首要的教義是「所有生命的完整性與和諧；普遍性的終極真理與絕對事物；萬物有多重層面和層級的特性」

（頁 23）。她說：「整體性是這個哲學的特徵」（頁 24），意思是這個哲學的思想基礎是非二元論或簡化論的（我們即將探討什麼是「層級的特性」）。這是一種難以形容的概念（也就是超出語言和理性的思考），有些意涵包容真實性的全部層面，這種真實性是超越所有的差異和矛盾的；它是內在的，存在萬物所有面向之中，因此能夠深深地連繫著所有面向。這個層面隱藏在尖端的科學思想中，物理學家玻姆的「隱含秩序」（implicate order）理論，或許是當代對全人的思考模式最獨特、最有貢獻的理論（Bohm, 1980; Wilber, 1985; Talbot, 1991）。這是很多世紀以來，進入絕對真實和存在領域的一線曙光，也已經進入了宗教傳統思想的領域之中，這是大家最常公認為「靈性的」領域，不論是被稱之為「道」或「婆羅門」，或是「涅槃」（Nirvana），抑或是「上帝」。

這種超越宇宙（超驗）領域的真實本質，對所有人而言——除了少數虔敬的信徒和神秘主義者以外，都具有一種深奧的神秘特質。這是與理性思考相違背的，也無法從簡化論世界觀中的現代化科學找到合理的解答。雖然我無法在本書中提出適當的解釋〔我推薦讀者去閱讀威爾伯（Ken Wilber, 1977, 1995）、史密士（Huston Smith, 1976, 1989），和史普瑞納克（Charlene Spretnak, 1991）等人的研究〕，但是我要強調的是，現代化世界觀與全人的後現代世界觀兩者之間最重要的差異，在於它們對於靈性事物的態度。

79

　　全人的思考模式以一種敬畏和虔誠的態度，承認人類生命中有一特別的目的、方向和意義，是超越個人自我、肉體和文化狀態的。全人的思想相信人性具有一種潛力，能以深奧的方式和生命與宇宙繼起的演進互相連繫，而且這種演進的能量會在每一個人的靈魂中展開。從這個觀點來解讀喀爾文神學和現代化科學對人性的主張，我們瞭解到它們兩者都認為人與神性之間存在著極大的鴻溝，這種主張是他們所捏造出來的障礙，用以阻礙我們理解自己最深奧的本質。最近幾年來，神學家福克斯（Matthew Fox）強力主張一種「創造靈修」（creation spirituality），來解除這種人為的障礙。他主張人類的本質可以透過他們的創造力、憐憫心和不可思議的感官，緊密地參與宇宙繼起的演進。雖然這項信息可以在聖經中找到，而且已經由基督教神秘主義者再次揭示——諸如艾克哈（Meister Eckhart）以及在賓根（Bingen）的希達格（Hildegard），但是，福克斯說：在現代化的文化中，已經失去這種智慧。

　　過去三百年來已喪失了一種神秘的宇宙觀，我們的文明已降低對宇宙的敬畏，淪為崇拜以人類為宇宙中心的發明，結果造成人與人、藝術及奧秘之間的疏離感。在這樣的孤立狀態中，我們轉向盲目崇拜的消費主義，以消費取代製造。復興創造論的傳統思想可以在我們的時代中激勵出一種偉大的神聖覺醒。（1991, 30）

　　注意！這種表達方式並無法揭發所有對現代化社會的批判。一個有機體的架構並不是永遠都是屬於靈性的。舉例來說，一個可被視為完整的棲息地和物種，或是一種自然的治癒方式，都不會用超驗的意義來推論這種自然界的複雜關係。我們將在第 6 章讀到杜威和進步主義運動所代表的一種有機的架構，且在許多方面對現代化社會進行全人的批判，但是卻非常謹慎地避免涉及「神秘的」靈性層面。然而，現在的後現代全人思想實際上已經非常重視這個層面了。當我們考慮到生態學智慧、量子物理學、榮格心理學和超越個人心理學，以及永恆哲學等觀點時，這個顯得更加廣泛的整體真實性，就開始照耀、穿透我們簡化的認識方式的破綻。

　　這裡所要指出的重要觀點，是全人的思想驅散了將自然主義與先驗論截然劃分的舊觀念。皮爾斯宣稱：「沒有超自然現象，但卻可能有無限個自然界。」（1973, 60）科學知識無法包含宇宙間的所有真理，而且基要主義反對科學主義的行動也不能涵蓋靈性層面的全部意義。出現在美國現代文化中的一個核心主題，就是將屬世與屬靈之間、神與人之間分離，但是或許在後現代的文化中，能夠提供一個管道來表達對奇妙的宇宙整體性的讚歎。大部分全人的思想家——尤其是那些像格利芬和福克斯的神學家們，都強調這種新的靈性領悟將對所有的社會層面——從經濟到教育，產生很大的影響。

　　舉一個意義深遠的例子，如果這個後現代文化能夠興起，政教分離的規則就不會成為靈性紮根教育的大阻礙。全人的世界觀

80

不會將靈性的定義局限在某一教派的教義和教會的儀式上，卻會承認所有對個人環境的重要覺察、命名和理解的行動（這個當然就是心靈教育），這就是一種靈性行動，因為此時世界與人之間可以和諧共融，這就是身為人類如何與宇宙整體產生互動的方法。一些宗教作者──如蒙頓（Thomas Merton）（Del Prete, 1990）和布伯（Martin Buber），都有談到這種和諧共榮的景象，很多全人教育理論家都特別強調這個重點，包括皮爾斯（1980, 1986）、史隆（Douglas Sloan, 1983）、帕爾摩（Parker Palmer, 1993）、庫里辛那穆提（Krishnamurti, 1953）、史丹勒（Rudolf Steiner）、莫菲特（James Moffett, 1994）與肯尼（Jeffrey Kane, 1993）等人。事實上，我認為這些著作傳達出全人教育非常重要的精髓。

　　將教育視為一項提升靈性的作為，而不是一項由社會紀律所強加在學生身上的理性計算公式，這就是全人教育和傳統教育之間的重要差異。現代化學校教育藉著詳述抽象的事實，而非以體驗奧秘和感到驚奇的方式，來教導學生認識所處的環境，而且也藉著標準化的學習過程和數據來評估他們，將學生從他們的熱情和直覺的見解中轉移開來，現代化學校教育還在許多其他方面，阻斷學生以整體的方式認識這個世界。任何上述理論所主張的靈性教育，並不意味著要將任何宗教教義引進課程之中，而是要激勵學生以一種感到驚奇的方式，透過探索、對話和創造力，來參與他們所處的世界。只要現代化教育仍由二元知識論所主導，只要學校教育仍以促成企業雇主的利益為主要目標，而非看重孩子

81

們的靈魂，教育就無法廣泛地發揮其效用。

至此，我之所以呼籲全人思想中的有機的、生態的和靈性的意義，應該已經解釋得相當清楚了。現在我們可以開始更仔細地探討整體論的世界觀。

全人的觀點是深植於一種整體的、脈絡的和交互連結的認識論。全人的思想主張所有的現象都富有意義，就其脈絡而言，學生可以掌握他們與其他現象的關係，因此能獲得最完全的認知。沒有任何事物是完全孤立的，最有名的說法是：一個整體（脈絡中的現象）是永遠大於（更複雜、更完整、更有意義）部分的總和。這句話聽起來很像是一種常識，但是卻直接公然地違抗現代化時期的主流知識論。簡化論是以原子論和支離破碎的觀點來看待事物，它主張我們要藉著解構事物的組織，將之分解成片段來認識事實的基礎。

在教育中，我們被教導 IQ 或是 SAT 分數跟我們的智商和知識有重要的關係；我們被教導依照課程規畫所仔細劃分的每一個「單元」來進行學習是最有效率的。現代化的教育強調資訊──大量地蒐集事實，而全人思想家卻指出：儘管我們現在很容易獲得對我們有用的大量資訊，但卻嚴重地缺乏意義和目的；我們缺乏一種對社會的願景，以協助我們判斷哪些資訊是適合人類生存所需的，而哪些確實是非常危險的（Roszak, 1986; Fox, 1988; Oliver & Gershman, 1989; Purpel, 1989）。

全人的思想家強調複雜的整體性是從部分之間的關係動力所浮現出來的。簡化論以物理模式的因果關係，將封閉系統格式

化；而整體論卻將系統看做是開放的與自動調控的，能夠有創意地回應環境的變化和挑戰（Bateson, 1979; Doll, 1993; Capra, 1996）。這是一種潛藏在生命、文明和人類意識本身發展背後的力量（Laszlo, 1993）。當一個系統（可能是一個細胞、一個有機體、一個生態系統中的族群，或是一個文化）重新調整其內在關係的模式，以適應其所處的環境時，它可能是在努力創造一個新的、複雜的和具意義的層級。這個新層級所擁有的品質、特性和能力，是無法在較不複雜的組織中形成的。組織的較高層級擁有「突現的特性」（emergent properties），是無法以較低層級的特性來加以辨識的。這就是為何簡化論對宇宙的觀點是不正確的，按照全人思想家的說法：諸如生命存在的本質、學習過程和神祕經驗等複雜的和動力的現象，是無法用比較簡單的、物理現象的和機械作用的方式來加以理解的。

82

依照全人教育理論家的觀點，宇宙間事實上存在著不同的層級（Smith, 1989; Lemkow, 1990; Wilber, 1995）。但是，要非常小心地區分它們，使用「層級」這個名詞的意圖是不同於傳統的使用意圖的（社會階層是以人們的階級、種族、性別和其他方面來劃分的）。而這些思想家堅持正確的知識論必須辨識出有些現象（特別是靈性與心智的事實）是比其他現象「更高級的」，意味它們更加完善、更加包容、更加完整。再者，他們進一步主張，有關宇宙的真相，本質上是從「較低的」（較不完善的）生存形式，演進到「較高的」及更複雜的形式。

更偉大的整體不能廢除或破壞較低的整體，卻是將它們融入

一種更寬廣的脈絡中。舉例來說，全人思想家沒有否定現代化科學和科技對人類的貢獻，他們也沒有否認機械論和原子論可以用來理解大自然的很多層面，例如行為主義確實可將觀察生物的特定行為模式描述出來。然而，整體論指出，將知識或事物置於一種特定的脈絡中來研究，或是放在一個考慮更周全、範圍更寬廣的交互影響中，其結果會是完全不同。貝利（Wendell Berry）在他的很多評論中，強而有力地抨擊現代化農業和科技成就是一種不斷提升的能力，用來操縱物理環境，以達到功利主義的目標，也是一種日益破壞生態和靈性層面的力量，因其完全忽視存在於生命和文化之中更廣闊的脈絡。

我們藉由現代化學校教育可以在某些方面達到「社會效率」；我們可以將人類視為經濟機器中的齒輪，就像《國家在危機中》和《目標二〇〇〇年》（*Goals 2000*）所激勵我們去做的那樣，重視唯有追求物質財富和職業身分地位的事實，但是，我們要付出什麼樣的代價呢？史隆寫到：「假如我們試圖僅以量化觀點和機械式的圖像來認識這個世界，我們應該會擁有一個量化和機械式的世界——並且最終每一件事都會變成機械化。」（1983, 171）人類天性中更豐富的重要資產：我們的審美觀、創造力、靈性特質、我們對於意義的需求以及生命的目的，這些都在我們只強調教育的物質層面，重視它的經濟功利價值時，被殘酷無情地忽視掉了。

全人教育的觀點就是在整體中找出整體，亦即努力尋求組織中每一個層面的意義和完整（R. Miller, 1991, Fall）。舉例來說，

83

教育學者可以將焦點放在思考和學習過程本身；或是進行大腦研究時，將焦點放在探究「右腦」和「左腦」之間關係的過程，或者是找出大腦本質上的「三維論」（triarchic）。很多教育學者試圖理解學生多樣化的學習型態，或是他們「多元智慧」（multiple intelligences）的本質。顯然地，將焦點放在學習過程並不能涵蓋教育的全部意義，但是體認到學習必須運用到「全腦」，則是以一種全人的方式來看待這個教育層面。學生們緊接著就會發現這個大腦（或者是一個學習或思考的過程）實際上是涵蓋於一個更複雜的完整系統：一個人是由情緒、身體、社交、文化、靈性及認知等層面所合成的一個整體。一九七〇年代興起的「人文主義」教育或是「情意」教育，都是強調「將學生視為一個人，關心他們的心智健康和自我發展，也關心他們的人際技巧和在社會上的潛在角色，以及關心他們在學習上的喜悅……」（Allender, 1982）。所有我們在下一章會談到的反文化教育學者，都有共同類似的主張，就是教育必須教導「一個完整的人」，此意味著將每個孩子看作是一個有感覺、有強烈願望、想追尋意義的個體，而不只是一個像機器一般的資訊處理器。

建立在浪漫主義或自由主義基礎上的教育方法，傾向於建立在這樣的觀點和要旨上，他們已經努力地教導健全的、有自信的個人來進入這個世界了。但是，全人教育的觀點不是將人視為一座孤島，相反地，我們需要健康的家庭和社區，才能幫助個人完全地發展。全人教育非常注重教室、學校和社區中的團體生活，觀察學生與這些環境間互動關係所產生的意義。審視過當地的社

區之後,下一層意義的探討,就是更廣泛的社會層面——政治、經濟和社會制度,這些對個人和團體生活品質都具有極大的影響力。一個特定的社會秩序不論是民主與合作的,或者是菁英與競爭的,都會引領人類關係進入一個完全不同的方向。所以全人教育支持批判教育學理論和社會再造理論的觀點(見第6章),兩者皆主張教育以促進民主為目的,可賦予青年學子對所處社會的價值觀和制度提出質疑和批判的權力。

這點或許是全人教育發展最起碼的觀點,但是,因為全人教育運動(包括我自己)基本上比較關心人類潛能和靈性發展的議題,而非經濟分析,所以並不精通社會再造理論或是批判理論。波普(David Purpel)的研究著作(1989, 1993; Purpel & Miller, 1991; Purpel & Shapiro, 1995)為這些理論之間,提供一個重要的橋樑。他呼籲教育者要堅定地反對不公平、暴力和剝削。不僅如此,他還將這個呼籲的穩固基礎建立在道德和靈性的願景上,是汲取自聖經中先知的教導和現代宗教寫作的靈感,而非僅從與資本主義對立的意識型態來看。類似的願景也出現在藍納(Michael Lerner, 1996)的著作裡,他稱之為「意義的政治」(the politics of meaning),乃是呼籲政治上的公平,這個呼籲是建立在相信人是按著神的形象被創造的基礎上,換句話說,他呼籲透過社會和政治行動重申人的整體性。

審視完社會制度的意義之後,還要繼續審視在社會制度之外的另一層意義——文化,或者更嚴格地說,是認識論。全人教育不是要像現代化學校教育一樣,將現存的文化灌輸給學生;相

反地，它給予學生機會試驗和評估一種完全不同的、沒有意識型態的假設，以指引他們的生活。在包爾斯（C. A. Bowers）的著作裡，他非常質疑現代化文化所深植的假設，尤其是這些假設讓我們對生態系統造成巨大的破壞，而我們卻完全無法掌握這種破壞行為的影響範圍（1993a, 1993b, 1995; Bowers & Flinders, 1990）。包爾斯列舉出一長串有關笛卡兒／牛頓科學世界觀所抱持的知識論假設：

> 簡而言之，這些假設可被概括為幾個神話：知識是個人頭腦裡思考過程的結果；自主權（自由）是個人最高潛力的實現（成為自我決定的）；語言是中立的傳播媒體（個人將他們的理念以文字傳達給其他人）；「人類」是與大自然分離的；以理性所指導的改變是進步的……這些神話不斷地強調演譯編碼的過程，導致產生文化的固定模式，讓人們一再地重演這些模式，甚至連那些自認是以一種文化解放思考方式的人，也一再重蹈這些模式。（1993b, 40）

85

據包爾斯的觀察，要改變這些神話是非常困難的工作，實在是因為文化模式被視為是理所當然的，它們被假設是真實性的基本特質。他主張教育最重要的就是向年輕人介紹這些文化模式，所以教育需要提供一個適當的社交場所，促使學生對現存知識論的假設提出深層的檢驗。

歐爾（David W. Orr）也在他強而有力的著作（1992, 1994）中提出類似的主張。他在《生態科學素養》（*Ecological Literacy*）一書中提出「永續性的危機」（crisis of sustainability）：

> 無法被同樣的教育方式所解決，卻只會製造更多問題。這種教育方式抑制我們檢驗永續性、我們的理念、理論、科學、人性、社會科學、教育學，以及沒有評估過的教育制度……而生態教育的目標則意味著一種不同的教育方式和一種不同的教育經驗……（1992, 83-84）

歐爾在這本書中，詳盡地介紹這種「不同的教育方式」所反映出的「後現代教育學」；他同時也提倡在教育歷程中進行一種文化和知識論的轉變過程。

其他全人教育理論家也都論及文化階層的意義，諸如史隆（1981, 1983）、帕爾摩（1993）、奧立佛和哥敘門（Donald Oliver & Kathleen Gershman, 1989）、多爾（William Doll, 1993）、約翰米勒（1996）、肯尼（1993）與可森（Kathleen Kesson）等人。在史隆的重要著作裡，他論及：「我們的知識概念經常賦予某些世界觀，這些世界觀很少支持人性的價值，以及很少支持將重心擺在人與人的價值之教育上。」（1981, 2）他呼籲一種「文化的轉變過程」，是一種以反思現代化科技和物質世界觀為始的轉變過程：

一種完全澈底的功利主義並不是以解放人性精神為目標
的，它無法提供個人進行自我導向生活的內在資源；也
無法提供任何準則，來保護個人不要捲入當前的社會環
境；也無法提供任何管道讓個人展現自己重要的活力和
觀點；也無法提供任何內在力量來抗拒低級的引誘，或
提供一種對消費娛樂文化的鎮定劑；也沒有賦予對社會
或領導者理性批判的能力。這種功利主義將個人安置在
某個預定的社會地位，這不是一種培育公民的教育，乃
是針對僕人而設的教育。（1983, 200）

史隆和其他的全人教育學者一樣，在一個更廣闊的脈絡中看
到個人的完整性和整體性，這個更廣闊的脈絡是社區、文化、生
態系統和靈性層面。他強烈反對簡化論，認為其無法代表「人類
的潛能」，或是某些受到壓迫的團體。但是，卻代表一種個人與
世界之間關係廣泛的轉變過程。他指出對「大自然」的研究：

相當普遍地透過實驗性的操作，而將整體分割成片段，
然後再重新整合為更強大的科技力量，但其目的是完全
與大自然本身的法則背道而馳的。（1983, 6）

史隆主張全人教育只是透過運用想像力——一種涵蓋完整個
人與這個世界能容納的關係之認識方式，我們可以和「大自然本
身的法則」變得更親近，以維持社會和個人人格的健全發展。

　　重新省思文化的基礎，就是在所有的教育實務中，對於自然界和人性本質的假設進行批判性的思考，這也是完全理解全人教育在各種形式和運用上的一項基礎（這是為什麼我先前曾提過，強調較小的整體性，雖然能被大家所接受，但卻不能涵蓋所有全人教育的意義）。約翰米勒在他的《全人教育課程》中，強調教育所具有的「導向」角色，就是代表一系列的知識論假設（亦見 J. Miller, 1993）。他指出教育的三種導向：「傳輸」（transmission）方式是現代化簡化的、原子論的世界觀模式，將教育視為一種傳輸資訊的工具；「執行」（transaction）方式將學習者視為一個生存的主體，需要理解所處的世界，因此可以更積極地參與教育的過程（杜威進步主義教育反映出這個導向）；「轉化」（transformation）方式是一種完全發展出全人的世界觀，同時兼顧事實的複雜性和易變性。米勒和我在這裡要指出的是：所有的教育理論和實務都將反映出教育者或政策制定者所抱持的知識論導向或世界觀。因為人們通常不會察覺到他們所抱持的世界觀，因此全人批判思考的主要重點在於澄清這些世界觀。

　　還有最後一層背景脈絡，能連結所有組織中的小系統。如我之前所述，這層脈絡就是靈性層面或生命存在的基礎。承認人類生存的靈性層面，能為教育點燃一種完全不同的光輝。福克斯主張在這樣的教育中：「賦予每個人靈魂的星光，在宇宙本身的脈絡中綻放。」（1991, 38-39）澳洲教育理論學者尼微利（Bernie Neville）以略微不同的方式傳達了同樣的觀點，他建議教師可以「擴大學生的視野，以一種批判的觀點來看待宇宙演進的過

程、事物逐漸形成的意識型態，以及宇宙所浮現的精神」（1989,
154）。有一種傳統的宗教將這些理念運用在教育實務中，這就是
桂格會。桂格會從聖經的深沈源頭中，引出每個個體內在創造資
源的直接經驗，就是他們所強調的「內在光輝」（Inner Light），
以引導他們尊重每一個人的獨特恩賜。誠如一位桂格教派受靈啟
發的作者帕爾摩的主張：

> 我們必須向自己承諾要成為一個真實可靠的成人，將我
> 們的生活建立在關懷新生命之上……因為我們的孩子是
> 神所繼續啟示的化身。（Palmer, 1978,18）

這就是教育在靈性層面非常重要的一個本質：「關懷新生
命」，其蘊含對創造奧秘的虔敬態度，激勵身為成人的我們願
意獻身於滋養和支持兒童未開啟的生命。依照布朗（Thomas S.
Brown）的說法：

> 我們桂格教派的教育經驗是和傳輸教育不同的，不是只
> 有傳輸團體所承繼的智慧和已經證明的生存技術，以及
> 已萃取出的實用智慧……我們無時無刻不在分享新的真
> 理的動力、一種生命改變的覺察、一種至今尚未探索的
> 觀點，通常是經由未預期和不同的管道而來。（Dorrance,
> 1982, 9-10）

88　　　　帕爾摩在他的論文《依照我們被理解的去認識》（*To Know as We are Known*, 1993）中，反思出智慧和意義性的知識是透過在「群體的真理」中的對話而浮現出來。一個以靈性層面紮根的教育，不會僅是「以兒童為中心」，而是以生命為中心，這是一種理解兒童的完整性和深奧性的教育方式，也是一種適當尊重的回應方式。這並非意味著同意毫無限制的個人自由，而是建立一個重視每個人最佳本質的群體（Miller, 1995b）。顯然地，這種教育方式與格式化的學校教育所發展出來的實務經驗有很大的不同。華德福（Waldorf）的教育學者芬舍（Torin Finser）寫道：「孩子靈魂中的生命是遠比我在任何教科書中所看過的事物更偉大的，可是卻有很多教師硬要將如此偉大的靈魂禁錮在呆板、無趣的課程中，這些課程都是由那些已經喪失童年活潑生命的成人所設計的課程。」（Finser, 1994, 41）

　　　這裡所要傳達的訊息是，現代化學校教育固著於社會效率和單一面向的學術知識領域，絲毫無法供給年輕人靈性的經驗。當我們將我們的兒童視為企業經濟中的「知識資本」時、當我們僅僅將教育的定義局限於可用測驗所衡量的「產出」時，我們實在是在現代化的祭壇中犧牲了人類靈魂中最寶貴的部分。生態女性主義的作者史普瑞納克提出警告：

　　　　如果我們持續忽視生態的奧秘、批判的思考和創意的開
　　　　展，不將教育系統重新導向，教育依舊是為了服從專業

治國專橫的命令和滿足窄化的需求，則人類悲慘的未來
是大可預期的。(1991, 188-189)

　　我在本章中已指出複雜的後現代世界觀，以建設性的或全人
的後現代主義對美國教育進行一個綜合的批判分析。不論這種批
判是否在澈底轉變教導兒童的方式上有任何成效，但是我們可
以看出在社會上仍然繼續保留以前教導兒童的方法。我們可能
已經完全長期融入全球化的資本主義中（孟福所指的「巨大機
器」），在這樣的環境裡，談論有機的、生態的和靈性的關懷會
越來越奇怪。或者充其量，可以把商品重新包裝再拿來賣給我
們，以賺取利益（雖然再也不會有任何雨林存在了，但是仍可以
在大賣場、主題公園，或是網路上找到它的仿冒品）。如果這些
事情真的發生了，那麼本書就是有關一群悲哀的、不切實際的人
所做的白日夢。但是，假如全人的後現代主義是一個訊號，顯示
文化在歷史上轉變的時機已經開始了，那麼這些瞭解人類的演進
尚未完成的教育學者，在接下來所要描繪的願景，就能給予我們
一些繼續前進的啟發。

89

全人教育的先驅

全人教育所紮的根基遠比人類潛能運動或一九六〇年代的反
文化運動還要深入。全人教育的理念發展可以追溯過去兩百年中
各種不同的教育理念與運動，教育史上的學術主流並不將這群教
育學者的主張，視為一股凝聚力量的哲學運動，反之，卻只將他
們視為一群主張「兒童為中心」之浪漫思想主義的烏合之眾。然
而我深信有一條共同反文化的線貫穿著這些教育學者的理念。

允苟在《美國教育哲學》(*The Philosophy of American
Education*, 1965)一書中表達出與我的主張類似的立場：教育的
主流文化基本上是保守的，例如，公立學校教育的目的是為了維
繫美國文化的價值觀（他所列舉的內容跟我的很相似）。允苟使
用「自由的」教育這個名詞來表示不同於傳統的教育模式。他敘
述此信念的核心為：

> 沒有任何新的理念或制度會受到傳統思想的接納，因為
> 傳統思想會排斥任何的批判檢驗；如果有需要的話，就
> 進行重大的改變。制度的存在是為了促進人類的福祉，

當制度無法做到這一點時，就應該改變或廢除……真正
考驗它們存在價值的是端視它們如何促進人類的福祉。
（Wingo, 1965, 200）

「自由的」這個名詞相當適合在此引用，因為它與傑弗遜傳統的自由民主思想互相配合，這種思想傾向於鼓勵社會改革，以追求人類的福祉。沒有比「自由的教育」這個常用的名詞，更能描述教育激進分子的理念了。雖然也有人使用「人文的」這個名詞來形容以人為中心的模式，但是這個名詞有太多其他的意涵了〔這些教育學者絕對不想被誤認為「世俗人文主義者」，或是二十世紀早期保守的「新人文主義者」（neohumanists）〕。另外，「浪漫思想」這個名詞也能很適切地描述以下所要陳述的教育學者們的世界觀；就像布雷克（Blake）、柯立芝（Coleridge）和歌德（Goethe）等人，皆強調人類經驗中有機的、情緒的、靈性的、奧秘的和直覺的層面，而與他們所覺察到的極度死板的文化相抗衡，這些文化是重視智力的、物質主義的、技術革新的和簡化論的。但是對很多現代美國人而言，「浪漫思想」意味感情用事的、不切實際的和幼稚的天性；相反地，我深信這些教育學者是非常嚴謹的，而且是主流文化以外另一種非常具有吸引力的選擇。

為了描述這些兼具十分自由的、人文的和浪漫思想的教育學者，我選擇用「全人的」這個名詞。這個名詞本身是近代的用語，上述學者鮮少有人曾用過。但是這個名詞卻非常適合用於描

92

述他們所有的理念。他們所共同擁有的信念是，教育必須顧及每個兒童的完整性格，涵蓋人類所有的經驗層面，不只包括理性智能、職業能力和公民責任，也包括與生俱來的身體、情緒、社交、審美觀、創造力、直覺，和我們天性中的靈性層面，這些全都是非常寶貴的恩賜，是我們必須加以尊崇與滋養，以避免浪費和喪失的。現在，再回到允荷所描述的社會制度的特性上，這些教育學者都堅持社會制度一定要能「促進人類的福祉」，一個文化必須要能促進人類發展的最高潛能，而不是要強迫成長中的兒童去服從成人文化中的偏見。首先宣揚這項觀點的主要學者是盧梭（Jean-Jacques Rousseau）。

◎ 盧　梭

　　盧梭（1712-1778）學說最重要的特色，就是反對十八世紀盛行的物質主義世界觀。他提出警告，如果一個社會變成完全建立在科學的根據、傳統的角色和都市生活上，則將扼殺人類重要的特質，這些特質是需要在一個富含情感表達、自由和大自然的環境中，才得以存續的。盧梭在《愛彌爾》（*Emile,* 1762）一書中主張，教育不應該無情地將知識和社會紀律灌輸給兒童，而應該在人類發展的有機體的需求和「社會契約」的理性條件之間，尋求一種和諧的關係。他主張兒童應該以他自己的自然速度來經歷發展過程，而且強調我們一定要予以尊重，因為「天生的首要驅力永遠是正確的；而且在人類的心中沒有所謂的原罪」〔Rousseau,

93

（1762）1911, 56〕。這個主張就是浪漫主義教育的核心,也就是我稱之為全人教育的核心。這種教育方式相信人類的發展是依照內在與生俱來的秩序、指引,以及超越我們文化與意識型態偏見的智慧來展開的。如果我們能在人類有機體的發展中維持和諧,才有可能創造人類的福祉和幸福。教育首先必須理解和尊重這些展開的天性,而不是不惜代價地灌輸文化計畫。以犧牲人類的幸福和靈性發展做為代價,會是一種非常可怕的悲劇。

　　什麼是人類個性開展的源頭呢?就像很多全人教育學者的主張一樣,對盧梭而言,就是宇宙本身的創造力量,也就是神。但是,浪漫思想與全人教育的宗教信念是和傳統的宗教派別不同的,全人教育的靈性層面是將每個人視為一個神性創造力之直接或光大的呈現方式。靈性的真理可以直接啟示給人類本身,而不需要經過教會、經文或牧師等教條式的權威。

　　　神要求一個人去做的事,祂不會啟示給其他人,祂會親
　　　自對他說;祂的話語會寫在他的神聖心版上。〔Rousseau,
　　　（1762）1911, 173〕

　　顯然地這樣的信念粉碎了喀爾文教派將人性與神性隔離的主張。所以全人教育靈性方式不僅反對現代化文化的科學物質主義,也反對主流宗教思想所主導的「墮落／救贖」的神學觀,它也完全不同於「世俗人文主義」和正統宗教。全人教育主張的是深奧的靈性層面,而且質疑傳統神學觀。盧梭所主張的這種嚴肅

的浪漫主義，在美國發展的過程中，從未受到美國文化的重視而形成不同的思想運動，並且一直受到美國主流文化的輕視和質疑。

有一些全人教育的思想——尤其是在更世俗化的二十世紀裡，會使用一些非宗教用語來形容人性中展開的神聖內在，例如今日我們常用來取代宗教概念的榮格心理學說和人文主義心理學。但是，其思想核心的主題都是維持一致的：我們最重視的價值必須是成長中的兒童所具有的有機體的和自動自發的能量，因此，我們必須嘗試設計一種能夠滋養和激勵這些能量的教育和社會制度。這就是全人教育真正的精髓。

94

◎ 裴斯塔洛齊

第一個實踐盧梭理念的重要教育學者，就是瑞士的教育改革家裴斯塔洛齊（Johann Heinrich Pestalozzi, 1746-1827）。裴斯塔洛齊與傑弗遜（1743-1826）是同時代的人，他提出新的靈性經驗的啟蒙思想來否決喀爾文教義中的墮落本性；他深信存在人類天性中的良善和智慧，但是這種天性會在一個壓抑的和非人性的社會環境中逐漸被腐蝕。因此，裴斯塔洛齊努力建立一個可以滋養人類發展、滿足有機體需求的環境。他在農場上為孤兒和貧民建立很多住宿學校，其中最有影響力的是從一八〇五至一八二五年，在瑞士伊佛登（Yverdon）所建立的學校。他也撰寫了很多書籍，包括《林哈德與葛篤德》（*Leonard and Gertrude,* 1781）、

《人類發展自然歷程的調查研究》（*Inquiry Into the Course of Nature in the Development of the Human Race,* 1797），以及《葛篤德教學法》（*How Gertrude Teaches Her Children,* 1801）等。許多作者曾撰寫過裴斯塔洛齊的生平和研究，但我將只摘要他哲學思想中的主要原則，這些原則是在美國教育中構成全人教育思想的基礎。

裴斯塔洛齊最重要的貢獻是「澈底地顛覆傳統的教育方法」（Silber, 1965, 116）。他重視學習者的需求和特性，而非課程的內容。

> 讀、寫、算畢竟不是學生最需要的，雖然學習事物對他們而言確實是一件好事。但是，對學生而言，真正重要的事情是發展他們天賦的潛能——成為他們應該成為的那樣……（Barlow, 1977, 17）

對裴斯塔洛齊而言，教育者主要的任務不是將事實或文化經驗傳承下去。裴斯塔洛齊認為，教育真正要關心的是每一個人的自然天性，這是比社會責任更基本、更重要的。一八〇九年新年，在對伊佛登宿舍演講時，他宣稱：

> 神的神性存在於這個房間裡，在你們每一個人的神聖內在之中，不要禁錮這神性，要嘗試發展它。我們不要將我們的特性強加在你們身上。把你們變成像我們一樣的

95

人，這不是我們的本意；把你們塑造成像我們這時代大
部分的人一樣，也非我們的意圖。在我們的輔導之下，
你們應該成為發揮你們自然本性中的神性的人——你要
去成為你應該成為的那樣。（Silber, 1965, 213）

這是全人教育模式中一個非常簡潔的宣言。這種超越文化偏
見，對人類特質的重視，與主流教育的基本目的形成強烈的對
比，並且正受到打擊。

依照裴斯塔洛齊的說法，教育的要素是愛。他嘗試建立一個
像家一樣的環境，讓每一個兒童都感受到真誠的關愛。在他的學
校中，他在老師與學生之間培養一種親密、友誼和支持的關係。
他覺得情緒的安全感是個人學習與發展所必需的。裴斯塔洛齊反
對傳統教育中所運用的一些教育方法，如強迫、體罰、死記和背
誦的學習方法。

裴斯塔洛齊教育模式的一個基本部分，就是堅持教師要尊重
學生本身的經驗。裴斯塔洛齊說，教育必須從兒童已經熟悉的部
分開始，然後允許他或她逐漸透過驗證自己的知覺，而增加學習
內容的複雜性。裴斯塔洛齊的「對象教學法」（object method）
嘗試從兒童本身世界中的真實對象之意義來開始教導。他深信：
「生命本身會教導自己」，語言和書籍都必須依照具體經驗和自我
導向的活動而產生。在這樣的學習環境中，內在的喜悅一旦被發
掘，外在的獎賞（讚美、獎品和成績）都不需要了。

裴斯塔洛齊嘗試培養他的學生在個人特質間的平衡發展：智能、道德（或靈性）認知、情緒安全感、體能或實際操作的能力，以及在社會上有生產能力。這就是兒童充分發展的觀點，此成為浪漫的全人教育模式。

裴斯塔洛齊對現代化教育有很重要且複雜的影響。當這個啟蒙思想散布在科學實證主義的理念時，舊的教育方法就遭到淘汰；這種更強調兒童自然天性的觀點也取代了神學觀點。主流教育學者也採用裴斯塔洛齊的教學技術做為科學教育的方法。普魯士（Prussia）學校成為舉世聞名的採用裴斯塔洛齊式創新做法的學校，參觀的人都將理念帶回自己的國家——特別是美國。

96

一八二三年，在格里斯康（John Griscom）所出版的《在歐洲的時代》（*Year in Europe*）中，巴納德認為這件事是促進公立學校運動的一個主要催化劑。巴納德也透過本身的豐富知識在《美國教育期刊》（*American Journal of Education*）和其著作《裴斯塔洛齊和他的理念》（*Pestalozzi and Pestalozzianism,* 1862）中，宣揚裴斯塔洛齊的理念。緬恩在《第七個報告》（1843）中也非常熱切地敘述他曾拜訪過的普魯士學校。薛爾登（Edward A. Sheldon）於一八六○年代，在紐約奧斯威戈師範學校（Oswego Normal School）宣揚對象教學法，發揮很大的影響力。在某種意義上，裴斯塔洛齊可稱得上是「現代化教育學之父」（Downs, 1975; Barlow, 1977）。

但是，普魯士學校和美國教育學者只是採用裴斯塔洛齊著作的一部分，而在現代化學校系統的教室裡已開始有一點類似伊佛

登像家一樣的學校環境。顯然地，裴斯塔洛齊在學校中培養對學生個人人格和發展的愛與相當尊重的態度，與主流教育學者想要灌輸文化價值觀的做法，是背道而馳的。「把你們變成像我們一樣的人，這不是我們的本意。」——完整的裴斯塔洛齊教育理念在實際做法上是如此的親切和中立，這就是他的目標。宣揚新教派道德主義、科學主義、資本主義和愛國主義簡直無法包容這樣的做法。缺乏裴斯塔洛齊的愛與尊敬的精神，對象教學法只能算是一種機械化的日常公式而已，變成一種更有效地將教育者的社會目標和知識紀律反覆灌輸給學生的教育方法。

　　裴斯塔洛齊的精神成為批判美國文化所提倡的學校運動的另一項選擇，這些批判的社會／教育學者當中首推馬克路爾（William Maclure, 1763-1840）。馬克路爾誕生於蘇格蘭，在經商致富後，移民美國。他是一位風度翩翩的科學家，因為其廣泛的研究，而受到許多作家推崇為「美國地質學之父」。他對於民主社會的改革非常有興趣，他洞悉到社會分裂成兩群不同的人：一大群是從事生產勞動的人們，他們需要接受有用的教育；另一小群是有閒的人，他們專門剝削那一大群勞動者，追求一種正統的、虛有其表的教育，來顯示自己的獨特之處。因此，馬克路爾成為早期宣揚教育改革的人之一，他曾在一八〇五年造訪過伊佛登，深受裴斯塔洛齊教育理念的感動，因此極力邀請裴斯塔洛齊與他一同返回美國。裴斯塔洛齊加以婉拒，但推薦他的同事尼夫（Joseph Neef, 1770-1854）。馬克路爾向尼夫保證會贊助他移民美國，以及協助他在美國從事教育工作。他說服尼夫相信裴斯塔洛

97

齊的教育理念在美國會比在歐洲更受到歡迎，尼夫因此同意與他一起回到美國費城。

尼夫首先自學英語，之後在一八〇八年開始進行教育著作的工作，他出版了一本有關他建校構想的書，其中引述他的裴斯塔洛齊式教育哲學。《教育方法與規畫的概梗》（ *Sketch of a Plan and Method of Education* ）這本書成為闡述全人教育模式的經典之作，尼夫在書中寫到：「在教育中，沒有任何事可以比得上協助學生開展上蒼所賦予的身體機能和力量來得更重要，這是世上創造中最崇高的工作了」〔Neef,（1808）1969, 6〕，藝術與科學都是這件神聖工作的「附屬品」。裴斯塔洛齊式教學法並不將灌輸學生課程內容視為主要的目標，其目標在於發展神已經賦予人的潛在能力。

> 我的方式不是人們學習的方式。我的學生不能從我這裡學習到崇高的真理，他們……必須從他們自己身上去發現這些真理……我的整個工作都是在協助他們開展、發展他們自己的理念……〔Neef,（1808）1969, 77〕

尼夫正像裴斯塔洛齊一樣，主張教育必須以具體經驗和實際經驗的證據做為教導的工具。

> 我的學生不應該從任何書中窺探真理……除非他們不僅能理解他們所閱讀的內容，而且他們也能完全分辨其中

的好與壞、真理與訛誤、真實與妄想、可能會有的事與荒謬的事⋯⋯我的學生永遠不要因為我告訴他們的事，就相信我所說的話，而要自己去判斷和理解，使他們自己能信服這些真理。〔Neef,（1808）1969, 15, 77〕

尼夫是一個澈底的實證主義者，他並不信任知識權威和宗教（他也不贊同裴斯塔洛齊的靈性觀點）。他雖然不施予「教條式的教導」，卻依照為人準則的黃金定律（譯註：如聖經中所說「你要別人怎樣待你，你也要怎樣待人」），來教導理性的道德觀。他不將自己看作是學生的權威象徵，卻把自己當作是學生的「朋友和指引；學校的夥伴、玩伴和吃飯的夥伴」。他期許學生糾正他的錯誤，事實上，他的教導方法中——包括製造錯誤或可笑的聲明，乃是為了讓學生可以提出他們對真理的見解〔Neef,（1808）1969, 165〕。

尼夫在《教育方法與規畫的概梗》裡，嚴厲批評傳統教育中嘲弄學生的做法。他指出學生的好奇心在傳統教育中很容易被忽視或被嘲笑，但是學校和教科書卻可以補救下面這種現象：

叫他遠遠地站在那裡，讓他接受你這樣偉大教師的關注和批評，我可以向你保證，不用多少年，學生所有的求知渴望、所有遭到嘲笑的好奇心⋯⋯都將完全消失殆盡或是退化許多！〔Neef,（1808）1969, 98〕

98

　　他曾在別處批評，兒童在傳統的學校教育中，只會被訓練成像鸚鵡一樣地思考、講話和行動罷了。

　　尼夫於一八〇九年在費城附近創立自己的學校，他一共招收了七十五位或一百位學生（有些歷史數據不同），他經常帶領學生到鄉下去遠足。過了幾年，其中一位學生回憶起他們師生之間那種非正式的關係，感覺是非常奇特與不尋常的。事實上，由於他對教育、宗教和社會的非正統觀點，造成他與社區之間的疏離，所以學校在一八一二年就遷到更郊區了。過了一年之後，尼夫就完全脫離這個地區，前往美國肯德基州的路易維爾市。他在那裡也沒有獲得什麼成功，於是退休去過農耕的生活，直到一八二六年為止。至此，他的贊助者馬克路爾才開始明白，美國社會沒有如他所預期地接納裴斯塔洛齊的教育理念（Gutek, 1978, 29）。不過，他在一八二〇年代早期，又邀請了兩位裴斯塔洛齊教育理念的教師弗雷塔戈特（Marie Fretageot）和迪阿魯斯門（Phiquepal d'Arusmont）到費城來。

　　一八二五年，歐文在印地安納州創立新和諧（New Harmony）社區，帶給馬克路爾和他的裴斯塔洛齊式教師激進理念新的生命。一八二六年，他們開始安頓在這個新和諧社區中，嘗試創造一個教育社區的模型，宣揚與美國文化價值觀截然不同的主張。一位德國訪客評論尼夫與新和諧社區的同僚：

> 依舊充滿著法國革命的格言和準則，沈迷於平等體系、解放黑奴，以及公開宣稱自己為無神論者。（Gutek, 1978, 50）

　　由於上述理念，難怪美國文化對新和諧社區的理念充耳不聞。印第安納州州議會為了避免鼓吹無神論者，因而拒絕組成這個社區。由於內部意見不合，新和諧社區於一八二七年瓦解。即使在它興盛的時候，它仍未對美國文化造成任何重大的影響。最後僅剩下兩位年輕有活力的支持者——創立者的兒子歐文（Robert Dale Owen）和賴特（Frances Wright），將社會平等和知識解放的訊息傳播到美國各大城市中，但是其影響力也比烏托邦社會理念大不到哪裡。馬克路爾死時，有人頌揚他：

> 實際上，他的教育規畫一再窒礙難行，並非因他的努力不夠，而是因為他的期許遠超過他所處的這個社會所能理解的。（Monroe, 1969, 55）

　　這真是對美國文化不情願接受這種教育理念的敏銳觀察。雖然裴斯塔洛齊被尊崇為現代化教育的宗師，但是，其著作的真正精神卻遠超過美國文化的邊界。誠如古德克（Gutek）所指出的，像緬恩、巴納德和薛爾登等主流教育學者的教育主張，只不過是裴斯塔洛齊全人教育模式的一個「褪色版本」而已。這個主題在下一個半世紀中，會一再不斷地重複呈現。

◎ 福祿貝爾

　　福祿貝爾（Friedrich Froebel, 1782-1852）不但是知名的幼

99

稚園創立者，而且也對全人教育有諸多的貢獻。他在一八〇八至
一八一〇年間，與裴斯塔洛齊一起工作，之後他開始在歐洲中
部創立自己的學校。他在一八二六年撰寫《人類的教育》（*The
Education of Man*），雖然他在書中漫談一些宗教理想主義，但是
還是包含了很多真實可靠的全人教育論述。基本上，福祿貝爾和
裴斯塔洛齊一樣，都抱持一種浪漫的靈性觀點，這是全人教育理
念非常重要的一部分。他「完全反對原罪的說法」（Downs, 1978,
53），而且堅持主張：

> 人的神聖本質應該被開展、引出、提升到意識層次，而
> 且人本身可以提升到自由，有意識地服從那存在他裡面
> 的神聖原則……〔Froebel,（1826）1893, 4-5〕

這種全人教育的靈性觀點與實質主義的信念背道而馳，實質
主義認為教育應該僅限於傳輸知識與道德紀律。但是，對福祿貝
爾而言：

> 教育目的本身並沒有其他的理由，教育目的只在於一個
> 快樂、內外一致的人，他不需要將他自己的本能和衝動
> 束縛起來，因為這些都是一個人完整內在的部分功能，
> 都是與他自己本身、他的宇宙與他的創造者和諧共存
> 的。（Karier, 1986, 227）

假如人類發展是一種神性原則的表述，那麼它的開展就是一 100
種發乎自然天性及天生有益的過程，乃是必須受到尊重的。福祿
貝爾堅持年輕人的本質，就像其他生長的事物一樣，需要依照他
們天生自然本質來加以滋養。就像一位園丁不要試著揠苗助長一
樣，教育者也千萬不要嘗試壓迫學生。這是為什麼他將給兒童的
學校稱之為「幼稚園」（kindergarten），也就是「孩子的園地」
（children's garden）。他也觀察到成長發生在不同的階段裡，每
一個階段都會對個人的人格產生特別的貢獻，因此都需要受到尊
重。例如，遊戲對早期的發展非常重要，成人不應該為了加速學
習而加以壓制。

再者，內在神性的開展是一種創造的過程，其創造力產生的
來源是遠超過大部分成人目前所能理解的範圍，而且遠超過現有
文化中知識和道德的限制。成人千萬不要嘗試限制兒童的潛在發
展：

> 若將兒童的發展視為停止不動和已完成的，並且只看到
> 他現階段的情形，重複施予相同和普遍的教育。這種教
> 育對於兒童和每一個新生的一代而言，都只是嚴格地仿
> 效一種了無生趣的虛有外表……此對人類發展會造成無
> 法形容的毒害。〔Froebel,（1826）1893, 17〕

所有這些理念——開展個人內在的神性本質、開展天性中自
動自發和重要的創造力，以及營造一個尊重完全發展和自然的發

展階段的教育環境——就是全人教育的中心主題。對主流教育學
者而言，福祿貝爾的影響力並沒有跨出幼稚園的領域。依照卡雷
爾的說法：

> 福祿貝爾開創出一個以兒童為中心的激進教育改革運
> 動，如果不是僅限於幼稚園階段，應該也可以對小學造
> 成重大的影響……福祿貝爾將教育理念的定時器剛好設
> 定在教育系統的基礎，當人們理解教育的真正目標應該
> 是順從兒童的天性而非社會的理性利益時，他們就應該
> 被驚醒。但是，當幼稚園在美國教育成為準備兒童進入
> 學校前的一種遊戲學校時，這個觀點非常迅速地煙消雲
> 散了。（Karier, 1986, 229）

101

卡雷爾研究指出，在美國維多利亞女王時代領導保守派教
育的哈里斯（William T. Harris），應該為削弱福祿貝爾思想影
響力負起最大的責任。但是，福祿貝爾的理念對於後來的全人
教育學者，仍然產生極大的影響力，其中包括派克（Francis W.
Parker）和蒙特梭利（Maria Montessori）兩人。

◎ 先驗論學者（Transcendentalists）

美國在一八三〇年代首次產生本土的激進批判社會運動：新
英格蘭先驗論（New England Transcendentalism）。這是多面向的

運動，訴求文學、哲學、宗教和政治等議題；是一種存在於世代間的衝突，和針對工業化社會的浪漫回應。簡言之，這是對美國文化本身綜合的批判：一種真實的反文化運動。歷史學者貝利米勒（Perry Miller）稱先驗論為：「一種對美國文化在一八三〇年代中的困境之高度敏銳的覺醒……一種人類靈魂反對情緒飢渴的抗議。」（Miller, 1960, 7-8）這是先驗論一個非常重要的特性，凸顯出一種超越經濟或政治意識型態，且對於個人完整性的深沈渴望。這些年輕的批判者指出美國文化雖然披著民主的外衣，卻無法有助於促進真實個人的完整性或靈性的自由。他們的批判確實是一種全人教育的批判。

先驗論學者的教導重點在於將個人的個性和靈性發展置於首位。結果，他們發現自己與社會制度背道而馳——包括政府、教會、傳統學校教育，甚至很多改革運動——這些機構都對個人靈性成長持有敵對的意見。先驗論者非常不贊同前面幾章中提到的所有文化主題，他們反對美國文化想要灌輸給學生的社會的和道德的紀律。格林（Maxine Greene）評論：

> 在那些日子裡，不論是先驗論者或是烏托邦主義者，都無法使人相信人的自發性。那些認同商業和命運徵兆的人，也深信人的個性需要經過鍛鍊，以及需要由知識的權力來加以控制。艾爾科特這位帶領先驗論的教育學者，最終會像歐文一樣，無法讓那些掌控這個大陸的人們聽見他的聲音，因為當一個像麥加菲（McGuffey）或

102

緬恩這樣的人講一種數千人所熟悉的語言時，他們是無
法聽見其他的聲音的……（Greene, 1965, 56）

這個評論非常適切地傳達了我的論點。全人教育世界觀深信
人類內在自發的能量，卻飽受美國文化「共同意識型態」支持者
的威脅，因為至少這個觀點無法得到他們的理解。因此，先驗論
注定是要失敗了。

但是，在一八三〇年代中的許多年裡，先驗論主義者由一
群年輕學者組成一個充滿活力和激勵性的團體，透過有力的寫
作、普受歡迎的文章、佈道會（大部分是一神論教派的牧師），
和其他的集會，宣揚先驗論的理念。在這個團體中大約有十到
十五個活躍的領導人物，我在本研究中，將介紹兩位主要的思
想家：強尼（William Ellery Channing）和愛默生（Ralph Waldo
Emerson），以及稍後會介紹三位先驗論的學者：梭羅（Henry
David Thoreau）、雷普利（George Ripley）和艾爾科特。

強　尼

強尼（1780-1842）被尊稱為戰前慈善事業、社會改革和先
驗論理想主義之「大覺醒者」（The Great Awakener）。雖然強尼
被訓練成一位傳統聚會所的牧師，但是，他在年輕的時代，就
已經擺脫了喀爾文神學觀和保守的社會哲學。他在一八一三到
一八一九年之間成為一神論運動的精神領袖。這個哲學觀點轉換
成像裴斯塔洛齊的理念一樣，主要是由強尼的兩項理念所構成

的：其一，他否定悲觀的喀爾文人性論；其二，他日漸深信存在於每個人身上的靈性潛能。儘管一神論運動完全反映出波士頓菁英的利益和維持保守的政治思想，但是在強尼生命的最後三十年當中，他的思想卻逐漸民主化。傑弗遜、托克維爾和其他人顯然相信強尼的教訓「是美國民主社會中的真正信仰」（Arieli, 1964, 265）。因此，以我的觀點，強尼是全人教育典範的一位重要始祖，我們將廣泛地討論強尼的理念。

對強尼的最恰當稱呼是宗教的人文主義者。

> 所有我們對道德、宗教和政治的探究，都必須追溯到人類的天性……沒有一本書能夠明智地描寫出人性，也沒有一個計畫能夠明智地促成人類的進步，因為它們都缺乏人類靈魂神聖力量的源頭。（W. H. Channing, 1880, 437, 438）

103

對強尼而言，人類的經驗、人類力量的推理、觀察、感覺和道德判斷都是終極真理的立即來源。換句話說，沒有任何簡要的意識型態或宗派教條能夠否決個人生活經驗的權利。但是，這不是世俗人文主義的觀點，因為強尼保留一種深奧的宗教信仰。他與美國主流的新教派主義不同之處，在於他教導每個人都有一個直接的通道，可以透過人類明顯的特質通往靈性的真理。他主張：「在我們領悟人性的過程中，我們可以領悟到神性。」強尼以此信念，開始堅定地教導代表所有人內在高貴的特質：

這是因為人類天生具有道德的力量，因為他胸中自有律
法來管理他自己。我無法忍受看到他放棄自我掌控，卻
任由另一個人的貪婪或驕傲來把他塑造成為一個工具
……

實在地，處在任何一種情況下的每一個人，都是偉大的
靈魂……做為一個人都一樣的偉大，不論他在哪裡或他
可以做什麼……他的智能、意識、愛、對神的認識、審
美觀、按照自己的意志來行動、肉體的自然天性，以及
他對其他同胞的感受──這些都是身為人的榮耀特權。
（Channing, 1900, 7-8, 12）

強尼思想中一個特別重要的觀點，是他對人類經驗的認知與
福祿貝爾的觀點相同，認為人類經驗是自發性的創意，而且需要
持續地開展。

人類的靈魂中有一個無限的資源……我們永遠不能說我
們的天性已經耗盡了。它會突然變成一個新的且最無法
預期的形式……我們是被創造成會發展的。我們的機能
是會萌芽的，且會持續地擴大，沒有任何事物的權威
可以限制我們的發展。（W. H. Channing, 1880, 520, 416,
346-347）

沒有任何傳記可以闡述人類最偉大的心智。它們是由內
在來決定的，它們的運作是在自己的靈魂深處，那深奧
不可測的地方開始突然湧現的……一個人必須依據他自
己的靈魂，來學習使他快樂的事，並且當他意識到與他
完整的天性最和諧的決定時，由自己的意志來採取行
動。（Arieli, 1964, 272）

這種對人類天性和發展的靈性觀點，就是強尼的道德與社會
思想的基礎。這樣的觀點促使他對美國文化的一些中心主題提出
嚴厲的批判。這些主題包括資本主義、國家主義和民主社會中的
保守限制。針對個人，他主張：

具有一種價值，並不是附屬於這個社會的，或只是為了
大眾的利益而貢獻出他自己，卻明顯與自身的意願相違
背；相反地，他要為自己的發展著想，他不是只是機器
的一部分……他並非只是一個工具而已，而是有一個最
終的目的，就是為他自己而存在，為了開展他的天性、
自己的美德和幸福。我要重申：個人不是為國家而存在
的；相反地，國家才是為個人而存在的……管理者將個
人視為國家的財產，將所有的人一概而論，因此多數人
被當作少數人的祭品……（Channing, 1900, 49,176）

　　但是，強尼的個人主義確定沒有被資本主義所主導的菁英管理階層所接受。雖然他的會眾是由一些波士頓最富有的菁英所組成的，但是他經常在講道時，反對資本主義過度重視物質。他提出警告，人若汲汲營營追求物質滿足和身分地位，將會使個人的靈性敏銳度減弱，因而變得麻木不仁。

> 沒有一個人有權利為了追求財富，來滿足個人的享受和放縱的生活，而將沈重的負擔加在另一個社會階級的人身上。對我而言，這個時代最可悲的觀點是，毫無疑問地將所有的一切都歸諸於社會秩序。這種吸收大部分人的肉體和物質利益，是一種自私的精打細算，從未厭煩累積勞力資本，讓人們從早到晚固定地、有規律地，從事可敬的苦役工作⋯⋯（W. H. Channing, 1880, 510）

> 這是一種悲哀的想法：人類靈魂無窮的精力，沒有比求得溫飽和維持社會秩序更崇高的目標了。（Channing, 1900, 170）

　　這就是對美國文化的激進評論，更何況強尼是一個「不情願的激進分子」（Mendelssohn, 1971）。他反對改革運動，因為擔心會將人們驅進意識型態的衝突之中，所以他呼籲以社會的道德和靈性更新來取代改革運動。

所有奴役、壓制世人的社會制度、所有社會性的虐待，
都是源自於藐視人類的天性……每一個人類天性中被
視為微不足道的特質，以及從靈性和永恆本質中……
所衍生的權利……都是可以革新社會的真理。（W. H.
Channing, 1880, 568）

這種「靈性和永恆的本質」是每個人與生俱來的，並不是一
種意識型態或是政治立場，那是社會改革者必須加以辯護的。在
某種意義上，強尼的主張似乎有附和傳統文化的趨勢，以教育改
革來取代社會道德改革，讓教育成為社會制度改革的必要部分。
因此，強尼被他同時代的行動主義者（和之後的一些歷史學家）
批評為社會改革的敵對者，以及是波士頓自由黨集團的台柱。但
是，他的訊息中仍蘊含一些更深奧的理念：堅決主張人類天性的
「靈性和永恆的本質」所需要的尊嚴和公正。強尼並不反對社會
改革，只是不贊同大部分社會和政治運動中的群眾心理。

事實上，強尼被整個世代的改革者們所推崇，包括緬恩、迪
克斯（Dorothea Dix）、梅（Samuel J. May）和皮巴蒂（Elizabeth
Palmer Peabody），以及一些先驗論學者們，這些人肯定他的理
念激發他們渴望去改善男女同胞的情況；他的講道也呼籲他們重
視和滋養人類天性中的最高潛能。強尼經常傳講教育理念，且明
顯是屬於全人的。

教育最強烈的論據，是建立在人類機能的高貴天性之上
……一個人不能被視為一個低等動物，或是其重要性僅
在於能為社會提供特定的勞動。做為一個個體，他就是
有價值的……他有自然的天性，應該為自己的天性發展
而活。

教育一個人就是要開展他的能力，賦予他自由和完
全運用他自己的力量，尤其是他最佳的力量。（W. H.
Channing, 1880, 261-262, 488）

強尼正像盧梭、裴斯塔洛齊和福祿貝爾一樣，主張教育必須
從孩子的天性開始，而不是教育者的偏見。

或許我們會開始以為教育是萬能的，認為我們可以如我
們所願地，完全將一個人的心智轉變過來，幾乎就像是
操控機器一樣地生產良好的產品。但是……人類的心智
是比我們能想像的更加複雜，其天性是非常脆弱的，也
非常獨立，並能自我採取行動。孩子與大人一樣擁有
自由的意志……沒有任何心智在任由他人的手隨意塑
造之後，會是比較健康的……（W. H. Channing, 1880,
656-657）

106

所有的研究都發現人類需要被形塑……但是最重要的
是，珍藏在他們自己內在的自我形塑的力量。（Channing,
1900, 15）

強尼是美國歷史上一位非常美好的知識分子，他可被視
為「美國真正信仰」的發言人，或者是一位美國文化的激進批
判者、新教徒道德主義者或「首位先驗主義者」（Tyler, 1962,
66）。他的成長背景、個人的性格和社會地位之間存在著一些矛
盾；他的社會地位是根植於主流文化之中的，而他的理念受到激
進全人教育思想的深刻影響。雖然中產階級改革者（例如緬恩）
受到強尼對人性尊嚴的呼籲所啟發，卻仍保留他們自己的新教派
／道德主義的文化偏見，或許強尼本身也是如此。在另一方面，
先驗論者受到他理念中更激進意涵的激勵，並由此發展出全人的
文化批判。

愛默生

愛默生（1803-1882）是先驗主義學界中的領導人物。雖然
我們可以從歐洲浪漫思想和理想主義的著作中，追溯到他的思想
軌跡，但是，幾乎毫無疑問地，他的思想也是受到強尼人文主義
的激發。愛默生原本是位一神論派（Unitarian）的牧師，因此相
信儀式和教義——甚至包括強尼自由的基督教義，都會是真實靈
性經驗的阻礙。他在〈自我信賴〉（Self-Reliance, 1841）一文中
寫到：「靈魂與神聖靈性之間的關係是非常純潔的，任何嘗試介

入的協助都會玷污其聖潔」——這就是先驗論最簡潔的聲明。愛
默生在一系列文章和演講中發展他的哲學思想,這一系列的著作
是從一八三六年的〈大自然〉(Nature)開始,他在該書中反問我
們:

> 為何我們不能滿意於我們與宇宙之間最原始的關係?為
> 何我們不能擁有不是傳統思想的讚美詩和洞察內心的哲
> 學,以及啟示給我們的信仰和屬於我們自己的經歷呢?
> (Emerson, 1965, 186)

107　　　這種對「洞察力」和「啟示」的信任,就是浪漫主義／全人
的思想對人類靈魂中具有自我創造力量的信心。愛默生不但質疑
目前的宗教權威,也同樣反對科學主義窄化的世界觀。

> 經驗主義科學傾向於掩蔽這種「洞察力」……對人類而
> 言,科學以觀察動物行為的研究來理解所有個體,是非
> 常不適當的。由於科學欲理解人類問題的來源和為什麼
> 會導致這些現象,因此經常壓制人類整體的系統,將事
> 物分門別類,區分開來進行研究,且努力降低所有事物
> 之間的差異性,迫使人們簡化成一個樣式。(Emerson,
> 1965, 218)

上述愛默生對科學簡化論的批判，是一個非常精確的全人世界觀的宣言，而且幾乎就在全人的這個名詞開始實際運用之前的一個世紀。

愛默生也對其他美國文化的主題進行批判，他覺得保守共和主義、國家主義和資本主義都會扼殺個人的靈性發展。他在〈政治〉（Politics, 1844）中指出，政府是建立在避免貧窮的基礎上，他說：「每一個存在的政府都是腐敗的」，能夠促進人類進步的不是政府，而是每一個自由個體的努力。

> 用以對抗正式政府濫用權力的策略，就是發揮個人特質的影響力、個人的成長……這些特質的顯露會使政府顯得無用武之地。（Emerson, 1965, 357）

愛默生提供給政府另一種選擇：「我們從來沒有試過將愛的力量當作是政府的基礎……社會可以不用靠人為的限制來加以維持，就像是太陽系的運作一樣。」愛默生所主張的無政府主義是建立在本身激進的人文主義思想上：人們永遠比社會制度更重要（Emerson, 1965, 358, 359）。

愛默生對於教育的觀點也反映出這種人文主義的思想。他譴責傳統的教育理念只做為傳襲文化和知識之傳統思想的工具。他在〈美國學者〉（The American Scholar, 1837）中宣稱：

書籍、學院、藝術學校、任何一個機構，都是停留在過
去的人所發表的智慧上⋯⋯他們會把我約束住，他們是
在往回看而不是向前看。（Emerson, 1965, 228）

　　愛默生深信真正的教育必須從第一手的經驗中獲得，亦即人
的靈魂從實際參與大自然的課程中學習。他寫到：「只要我還活
著，這就是我所能學習認知的一切。」因此，他為那些「在圖書
館中乖乖讀書的年輕人」感到痛惜（Emerson, 1965, 230, 227）。
　　正當緬恩因強尼保留住主流社會中足夠的根基，而受到激勵
來發展公立學校系統的願景時，愛默生卻提出更具穿透力的批
判。他在參加緬恩的一個地區大會之後，在日記中寫到：

我們被關在學校和大學的教室中背誦十到十五年，然後
終於帶著滿腹經綸離開，卻仍舊一無所知。我們沒有能
力運用我們的雙手、雙腳、雙眼，或是我們的手臂。
（Messerli, 1972, 347）

　　愛默生對於教育的主要批判，是教育阻礙了個人內在的
發展。他在〈神性學校的演說〉（The Divinity School Address,
1838）中主張：

說實在的，這不能算是教導，而是一種挑釁，是我可以
從另一個靈魂中接收到的挑戰。他所聲稱的內容，我必

108

　　須在自己心裡找到真實性，否則我會全盤加以拒絕。
（Emerson, 1965, 244-245）

　　雖然這是一種顛覆傳統教育理念重要基礎的激進做法，但愛
默生並非只是強調民主而已，而是顯示出他對個人具有自我形塑
力量的信心是真實的。在他有關「教育」的文章出版三十五年之
後，又回復到同樣的這個主題上了。

　　教育的秘訣在於尊重學生。教育，不是由你來選擇他應
　　該知道什麼，以及他應該做什麼。他早已經被揀選和預
　　立好了，而且他才是唯一握有開啟自己秘密之鑰的人。
　　如果你想要竄改和阻撓，以及過度地掌控他，就有可能
　　會妨礙到他完成人生的目的。（Emerson, 1965, 430）

　　這是一項重要的全人教育主題：年輕人生命的方向是由全能
的創造力量所「揀選和預立」的，而成人文化的任務就是提供一
個可以開啟這個生命目的的環境。

　　愛默生留給後世的思想遺產所引發的歧義，就像裴斯塔洛齊
和強尼所引發的一樣。十九世紀後期和二十世紀中期，愛默生的
個人主義被沖淡之後的版本成為廣受歡迎的有關追求個人成功和
自立的主題。但是，愛默生個人主義對自我發展的靈性層面強烈
的重視──是全人教育模式主要的哲學基礎，卻完全與美國世界
觀產生對立。他挑戰社會制度中「非常基本與不可改變的」部

109

分。因此，任何缺乏重要文化改革的做法，都會形成對愛默生理念的抗拒（Welter, 1962, 123）。事實上，「愛默生是所有改革者中最傑出的代表人物之一，只有少數的美國人能夠接受他的先驗主義理念與願景……」（Griffin, 1967, 66）。

梭　羅

梭羅（1817-1862）不但繼承了愛默生的願景，還將之發揚光大。雖然由於他在瓦爾登池塘（Walden Pond）隱居兩年，且從事有關無政府主義的著作讓他變得更出名，但是梭羅有好幾年的時間都致力於從事全人教育工作。梭羅在一八三五至一八三六年冬季期間，還是哈佛大學的學生，後來他在美國麻薩諸塞州的坎頓（Canton）教書時，寄宿在布朗森（Orestes Brownson, 1803-1876）的家裡。布朗森是一位精明的左派先驗論者，在當時是位一神論派的牧師。我們很難評估布朗森對年輕的梭羅造成什麼樣的影響，不過當梭羅在一八三七年從學校畢業之後，他寫信給布朗森尋求一份固定的教職，他在信中向布朗森表達出除了是強尼和愛默生的擁護者以外，還有當時只有少數美國人會抱持的理念：

> 我會讓教育變成一件老師和學生都開心的事。這個原則會引導我們追求生命的目的，而非在學校教室是一回事，到了街上又是另一回事。如果我們要盡力協助學

生，我們就應該成為學生的學習夥伴，應該跟他們一起學習。（Harding, 1982, 55）

雖然梭羅的教育哲學不是浪漫的「兒童中心」思想，但卻是建立在對社會制度激進批判的基礎上。在同一封信中，他領悟到自己的教育模式是：

假設幾乎沒有任何程度的自由存在，就不可能說服一個人的內心來相信這個字的完全意義──自由，是與他尊貴天性相稱的一種自由，但不是指共和體系中沒有價值的自由，這種自由被一群議會成員嚴格地管理著，就像給生病的孩子開處方一樣。（Metzger & Harding, 1962, 37）

梭羅在許多著作中，都提出這種先驗論的主張，他認為美國 110 文化不能提供個人足夠的自由，以促進個人內在真正的靈性發展。梭羅的教育模式和他的社會哲學一樣，都嘗試廢止虛矯的文化對自我實現的抑制。

梭羅從一八三七年秋天開始在他的家鄉康科特（Concord）教書。兩個禮拜以後，一位學校委員會的成員來參觀教學，他發現梭羅的班級管理太過鬆散，於是要求他要以體罰來管理學生，因此梭羅在譏諷不服從的學生之後，馬上隨便叫一些學生出來，並且鞭打他們，然後他就辭職而去。之後，開始在他母親的寄宿

學校教導男孩子，而且在一八三八年的九月，接管沒有妥善管理的康科特學院。他的兄弟約翰在一八三九年初加入他的行列，兩人一起經營一所學校，乃是「在我們的教育歷史上首度運用『做中學』原則的學校之一」（Harding, 1982, 84）。雖然他們顯然是自我要求很高的教師，而且維持有效率的管理（沒有體罰），但是他們還是經常舉辦田野調查旅行和很多實際動手做的體驗活動。外界評斷他們師生之間的關係是非常溫暖和親密的，雖然學校經營得非常成功，但是因為約翰的健康情況不佳，所以在一八四一年四月關閉了。

後來，梭羅有時仍會當起家庭教師，但是他的心已經不再如以往放在教學上了。他在一八四五年搬到瓦爾登池塘專心寫作，有時仍會回到教育的主題上。他依舊堅持真正的學習是在個人與大自然的直接體驗中而產生的。他在瓦爾登寫到：

> 假如我希望一個男孩可以學習一些有關藝術和科學的事……我不會從普通課程著手，這就好像只是把他引見給社區中的一些教授一樣，在那裡每一件事都是專業和實用的，卻缺乏生活的藝術。（Thoreau, 1950, 84）

梭羅也像強尼和愛默生一樣，非常尊重個人的創造潛能，他對社會制度所設立的限制，感到非常的憤慨。他在日記中，抱怨學校「將一條寬敞筆直的自由渠道，變成緩慢曲折的小溪」。他寫道：「教育應該帶引出或發展人的內在」，他稱這個內在為

「智慧」，或是「天資」，或是「人性」（manhood）──有關個人
力量和個人在自然界之地位的真實知識。他讚賞印地安人自動自
發的教育，並且佩服未受過正規學校教育而成為激進廢除主義者
的約翰布朗（John Brown）。梭羅具有非常崇高的學術成就，其
自我覺知的能力是永遠也無法被取代的（Salomon, 1962; Willson,
1962）。

111

雷普利

另一個關注教育的先驗論學者是雷普利。正當梭羅選擇以
退隱來面對美國文化時，雷普利則創立了一個公社：「小溪農
莊」。雷普利是強尼（當時他是一神論派的牧師）的學生，也是
一位裴斯塔洛齊的崇拜者。「小溪農莊結合了農業與教育」，這
同時反映出這兩位學者的影響力。雷普利在一八四〇年寫信給愛
默生，描述他自己的目標是：

> 確保一種比現存教育更自然的方式，結合知識與親手勞
> 動的教育，盡可能地讓一個人同時結合思想與工作，以
> 確保最高的心靈自由；……因此，必須預備一個自由
> 的、知識的，及能夠滋養個人的社會，讓人與人之間的
> 互動關係更加簡單，生活更加完整，而非處在這個充滿
> 競爭壓力的社會之人我關係和生活方式。（Rose, 1981,
> 133）

雷普利做為小溪農莊學校的首席教師，他結合了嚴謹的學術課程規畫（少數家長甚至為了他們的兒子將來可以進入哈佛大學，而把孩子送到這裡來讀書）和很多不同的親自體驗，包括田野調查研究、在農場上工作，以及參與公社中的社團活動，也包括音樂、藝術、舞蹈，以及拜訪名人並與他們對談。再一次，我們可以看到這類學校的獨特特徵，就是成人與兒童之間的親切關係，強調個人的參與和責任，而非使用處罰來維持秩序，且鼓勵學生質疑和提出批判性的思考。早期的一位歷史學者評論小溪農莊，「因為這些重要的因素，這所學校永遠都不可能受到歡迎」（Swift, 1904, 74）。但是，它確實吸引了足夠的學生——男孩與女孩都有，使學校得到充裕的基金，一直持續到一八四七年，小溪農莊自己關閉為止。

艾爾科特

最後要介紹的是艾爾科特（1799-1888），截至目前為止，他顯然是最激進的先驗論教育學者。艾爾科特是一位虔誠的信徒，最終將靈性自由的理念帶進個人的神秘主義中，使之超越強尼的理念範圍。他並沒有像其他的先驗論學者一樣，不安地將他的靈性觀點轉換成令人信服的社會批判；相反地，他開始從事個人宗教信念的探索之旅，讓他的靈性觀點成為其教育工作的基本要素。他將兒童視為尚未被「習俗和常規」腐敗心智的人，是他的老師。

112

　　艾爾科特既非牧師也非學院派的學者，成長於美國康乃迪克州一個信仰虔誠的農家，長大之後，到南部各州遊歷兼經商。顯然是在參觀北卡羅來納的桂格教區之後，才喚醒了他對宗教的追尋。一八二三年，他回到康乃迪克州，開始在教會學校教書，當時是他早期追求靈性的階段，是一位持有裴斯塔洛齊理念的全人教育學者。他似乎對學生的學習和思考型態具有一種直覺的高靈敏度，並且提出很多兒童導向的創新做法：舒服的書桌、書寫用的石板，以及學生可以抓握和數算的實物。他透過對話、寫日記、身體活動、想像力的激發，和自我表述來進行教學；以培養學生的責任感，而非體罰來維持秩序（據報導是非常有效率的）。他在自己的日記中寫到：

> 教導的範圍應該要簡單、直接、能激發學生、給予精神鼓舞，勝過於硬性規定和繁雜的思考課程所施加在兒童機能上的壓力。他應該關心與注意學生，來決定應該做什麼，而非注重他的教科書或教學方法。兒童就是教科書……讓他跟隨他的心智和精神所激發的內在驅力、思考和抉擇意志……所以他就會如神所設計的那樣被培養起來——一種輔助學生準備好協助他自己的教學方法。
>
> （Alcott, 1938, 12）

　　上述聲明顯然是艾爾科特自己所做的結論，但他很快就發現自己的理念與裴斯塔洛齊、尼夫和歐文，以及新和諧社區學校的

理念不謀而合。到了一八二六年，他稱自己的學校是「裴斯塔洛齊式」，而且在後來的生活中，他提及裴斯塔洛齊的理念對他自己的教育工作具有最大的影響力。他開始為新的教育期刊撰寫文章，研究工作吸引一些早期學校改革者的認同和注意。梅撒母耳（Samuel J. May）是一位住在康乃迪克州的一神論派牧師，也是促進公眾學校改革公會的主席，他曾提到艾爾科特教學方法所引起的作用：

113

> 以邀請而非使用強迫手段來引起學生的注意；激發思考而非灌輸記憶；簡單地說，就是發展整個精神與心智，而非只是其中任何一個部分。（McCuskey, 1969, 49）

換句話說，艾爾科特的教育方法是全人教育的模式。

雖然艾爾科特獲得很多來自遠方的讚美（許多波士頓的報紙讚揚艾爾科特的學校是全國最好的學校之一，而且尊稱他為「美國的裴斯塔洛齊」），而且學生也非常喜歡待在學校，他們會在傍晚時到學校找艾爾科特為他們補習功課或講故事，然而學生家長們卻擔心這種情況。就像一位傳記作者所指出的，艾爾科特對學生的尊重是與喀爾文教派對墮落天性的主要信念互相違背的。那時候大部分的家長都主張學校應該要嚴加管教學生，需要使用「專門學習的書」——而不是如艾爾科特所宣稱的：「運用生產與思考的原創力」。這些家長在許多場合中，意圖迫使艾爾科特離開本地學校，他們甚至至少曾開設另一所學校與之競爭

（McCuskey, 1969, 25, 32）。

一八二八年，受到梅撒母耳〔他的妹妹愛比吉兒（Abigail）很快就嫁給艾爾科特〕的鼓勵，艾爾科特前往波士頓。他繼續以全人教育方法來教導幼兒和主日學，且持續吸引改革者的注意，尤其是《美國教育期刊》的主編羅素（William Russell）。艾爾科特越來越為知識界與教育界所熟知〔在他宣布蘭開斯特系統（Lancasterian system）是「正統學說的引擎」之後〕，也與領導社會改革的思想家們越來越熟識。在這些人當中，對艾爾科特影響最大的就是強尼，他鼓勵艾爾科特繼續進行教育工作與靈性的探索。

在接下來的幾年中，艾爾科特持續發揮對不同知識領域的影響力。他曾經被歸類到格利森（Garrison）激進的廢除主義中，而且被邀請——雖然他拒絕——去教導「自由調查者」（free enquirers）的子女，他們都是無神論者賴特和歐文的跟從者。他撰寫一些有關裴斯塔洛齊和「幼兒」（兒童早期）教育的文章，都強而有力地陳述全人教育的模式。

> 動物的天性、情感、意識和智能，都顯現出他們需要個別和有系統的注意。兒童的整體本質需要加以擴展和接受輔導。兒童本身就是一個非常重要的活生生個體……天生活潑的本能會激勵他自己去運用他的所有機能……。

114

> ……教導他們由自己內在的責任感來驅使，他們就會被
> 引導到能夠運用自我覺察和自我控制，以保護他們的美
> 德與幸福……所以幾乎不需要什麼規定、懲罰和獎勵的
> 方式，兒童就可以成為他自己的管理者。（Alcott, 1960,
> 4, 5, 21, 22）

　　對艾爾科特而言，「單單知識上的對話」並不是教育最重要的目的。相反地，教育必須滋養每一個兒童所具有的人性力量，並使之完全發展。艾爾科特在波士頓時，確實真正地實踐了全人教育的模式。

　　但是在一八三〇年末，艾爾科特和羅素被邀請領導在賓夕法尼亞州德國城（Germantown）的一所學校之後，因為受到羅素的激勵，在接下來的四年當中，艾爾科特的注意力日漸轉向理想主義、浪漫思想和柏拉圖的哲學。特別是在閱讀柯立芝的《促進反思的輔助》（*Aids to Reflection*）之後，艾爾科特開始遠離他之前跟裴斯塔洛齊和強尼兩人所共同抱持的人文主義和經驗主義的教育模式。大約從一八三二年起直到過世，艾爾科特都維持這種堅定的信念，深信物質世界僅是靈性層面的一種黯淡的表現方式（Dahlstrand, 1982）。

> 只要我們願意，我們可以跟他外在的自然天性談話，就
> 會發現他沒有保留任何神的意識，卻只是用他自己的靈
> 性來進行交談。（McCuskey, 1969, 79）

　　艾爾科特在一八三四年回到波士頓，成為首位最超脫塵俗的先驗主義學者。

　　在同年九月，艾爾科特在共濟會聖所（Masonic Temple）裡，成立一所聖所學校（Temple School）。由於強尼的支持，這個學校吸引了這個城市中許多重要家庭的子女來就讀，總共有三十位學生。強尼的秘書皮巴蒂協助艾爾科特教導拉丁文（她自己後來成為一位卓越的教育學者，是美國幼稚園運動的創始人）。在接下來的幾個月當中，學校開始興盛繁榮。一八三五年，皮巴蒂出版了《一所學校的紀錄》（*Record of a School*），記錄他每天在教室中所發生的事情。這本書廣受好評，該書將艾爾科特描述成一位辛勤、誠懇的教師，在知識與道德規範的領域，皆臻於超凡的成就。

　　但是在讀完該書之後，會發現艾爾科特在追求靈性純正的過程中，已經變得比較不像一位全人教育學者了。他似乎已依照自己當時的理念，將兒童之力量「完全發展」的過程，窄化成「讓兒童覺察到自己內在靈性本質的過程了」（Dahlstrand, 1981, 102, 113）。他假設每一位兒童的正確發展都必須被引入一個崇高的宗教和道德情操中，因此，兒童就從這條道路上迷失了，不再被當作是「他自己的管理者了」。

　　我深信那些無法相信靈體在未獲得骨肉身體與降生到地球以前是存在神裡面的人，是最不喜愛服從的人，他

115

們最需要非常嚴屬的紀律和懲罰。(Peabody, 1969, 116, 123-124)

艾爾科特開始採用道德勸說和同儕壓力的方法，有時也會使用嘲弄的批判方式。他甚至開始認為體罰是正當的，理由是身體受到痛苦有助於培養道德情操！他繼續以對話和寫日記來教導學生，表面上是在進行蘇格拉底式的對話教學，實際上卻充滿著主導性的問題，而且有些問題簡直是令人不可置信，根本就不適宜用在兒童身上。例如，有一次他為了教導愛的真諦，反問一個小女孩願不願意為她的母親而死，而且當這個小女孩猶豫著回答願意時，他竟然迫使她回答正確的答案！

此時的艾爾科特將自己視為道德權威，實際上已經與先驗論主要的教導方法背道而馳了，他並未讓學生有真正的自由去做自己的決定。在那本書中，提到有一次他問有沒有人不想要繼續上課，想要離開教室的，結果有八個學生表示想要離開。

他阻止他們，並且反問他們認為這樣做是對的嗎？還繼續質問他們很多問題，然後舉了很多理由來解釋為何他們不應該這麼做，因此，最後有些人決定留下來，而其餘的人則離開教室。當他們離開一會兒之後，他就跑出去，把他們全部都叫進來。(Peabody, 1969, 146)

雖然如此，但是艾爾科特的教育方式還是與死板的背誦和完

全高壓的傳統教育方式非常不同，即使他不見得每天運用自己的
教育信念。皮巴蒂還是寫了好幾頁有關艾爾科特堅定持久的信
念。

> 一個教師永遠不要忘記他所引導的這個心智或許比自
> 己的還要寬廣；其敏銳覺察力或許比自己的更深奧、
> 更溫柔、更廣闊；其想像力或許比自己的更快……而
> 且教師應該能以人性的角度，有時對學生的處境感同身
> 受，還要有雅量來教導學生，如何對抗教師的影響力。
> （Peabody, 1969, 22）

　　艾爾科特所表現出來的激進觀點，已足夠吸引愛默生的注意　116
了。他們在一八三五年首次碰面，就建立了維持一輩子的友誼。
一八三六年，先驗論學者開始聚集在一起猛烈抨擊有關社會、道
德和教育的議題，這些學者出版了一些著作，包括愛默生的〈大
自然〉和艾爾科特的《與兒童在福音中的對話》（*Conversations
With Children on the Gospels*）。

　　艾爾科特有兩本對話集，分別在一八三六年十二月和
一八三七年二月出版。這兩本書瓦解了他的教育生涯。他的贊助
者和波士頓的宗教組織及新聞界，終於發現原來教導他們子女的
這個人，深信教會和牧師兩者乃是沒有必要的障礙。再者，他對
於耶穌基督降生的概念和講道，也被認為是淫穢的。甚至連強尼
都批評對話集，因此阻斷了艾爾科特與強尼之間的師生情誼，因

為強尼依然抱持全人教育哲學的觀點。他觀察到「年輕人外表所表現出來的強烈熱情，是自然天性受到尊重的徵兆。靈性為了自身的利益，或許會顯得太獨特了」（Tyler, 1944, 248）。艾爾科特在逐漸沈迷於理想主義哲學之後，也喪失很多對人文主義的關懷，不再對兒童的經驗採取開放的態度。

姑且撇開這些評論不說，我發現社區民眾對他的警覺反應是非常具有啟發性的。表面上，艾爾科特受到這些社會人士的攻擊，是因為他「威脅到社區的宗教情操」。但是，實際上其中蘊含更多的反抗意涵。梅撒母耳也洞察到這一點：

> 他在《對話》一書中，嘲弄追逐名利的人、偉大的人、有智慧的人和精打細算的人，因為本書的意圖並不是要造就出好的商人、律師或文明的工程師，或是製造業代理商。（Dahlstrand, 1981, 141）

我懷疑在艾爾科特的整個教育生涯中，他的教育模式一直都遭到家長的反對，甚至連他在早期幾年裡，以更全人教育的理念來領導聖所學校時，情形也是如此，這股結合保守的宗教團體和重視私人經濟利益之中產階級的力量，最後終於將他驅離教育生涯。對他中傷最深的是新聞媒體，導致幾乎所有的家長都將子女轉出學校，這象徵他所堅持的個人靈性發展的信念是與美國文化的本質是相牴觸的，因此難以見容於那些護衛美國文化的人。

聖所學校在一八三八年倒閉。艾爾科特很快又創辦另一所學校，招收較不富裕的學生。但是，他再一次冒犯了美國文化中的敏感部分，他接受一位黑人女孩進入這個學校，並且拒絕其他家長將黑人女孩趕走的抗議和要求。因此，這些家長就將自己的孩子帶走了。艾爾科特只剩下五個學生：這位黑人女孩、羅素的一個孩子和他自己的三個女兒，包括六歲的梅（Louisa May）。到了一八三九年六月，艾爾科特的教育生涯正式宣告結束了。

117

整體評價艾爾科特的教育模式：他是一位非常特殊的教育學者，對人類靈魂未被開發的潛力懷著深刻的尊重。在《對話》的序言中，呼籲「人性文化的教義和紀律」，他抱怨到：

> 我們常常太低估人的價值了，因此無法期望他們發光發熱。我們對人的觀點變成以不完全來嘲笑我們自己……人為了配稱地活著，就必須渴望配稱。他對人類成就的觀點就必須是非常崇高的，必須抬高他自己在習俗和慣例的水平之上，因為這些意識會限定他的發展，並且要進入一個以革新的理念來建立的更崇高的願景裡。
>
> （Alcott, 1972, xl, xlii）

對艾爾科特而言，教育是喚醒每個人至高渴望的主要工具，這就是他對「人性文化」的意義。雖然他探索靈性的旅程越來越孤獨，但是艾爾科特的教育生涯是一種持續的奮鬥，代表個人堅決對抗壓制的世界觀所造成的限制。

教育不應該被視為一種制訂人性的過程，藉著灌輸學
生特定的知識，以將他安置在特別的工作崗位上；相
反地，教育應是一種協助學生完全發展人類天性的過
程……（McCuskey, 1969, 163）

顯然地，艾爾科特對於主流學校教育沒有造成什麼影響。事
實上，他在一八四七年曾經參加一次緬恩在康科特舉辦的教師研
討會。艾爾科特將這次經驗記錄在日記中：

我沒有從這些教師或是教師的教師們身上學到任何有關
教育的事。所有的時間都在展示教學方法，卻很少提到
人類心智的原則或文化的哲學……教育部長認為不宜將
我介紹給其他教師，即使我再三表示渴望與他們分享我
的教學經驗，但是，我卻被告知，我的政治觀點危害
到國家的生存，並且我也無法促進大眾文化。（Alcott,
1938, 195）

118

依照格林的說法，艾爾科特所「揭露的經驗層面，無法被學
校的言論所容忍」（Greene, 1965, 45），這確實是整件事情的重
點。這些「經驗層面」超出美國主流的世界觀所能掌控的，而使
它備感威脅。全人的教育學者大聲疾呼鼓勵個人持續發展，卻危
害到國家目前存在的方式。艾爾科特雖勇於挑戰這種世界觀，但
是，最後這個世界觀獲勝了。

正像艾爾科特一樣，整個先驗論的激進改革運動是完全失敗了。在一八四○年代末期，證明昭昭天命的概念比「人性文化」更能促進國家目的的達成。這個國家因為奴隸問題、內戰和進入工業資本主義的「黃金年代」（Gilded Age），而成為眾所矚目的焦點。在先驗論沒落與進步主義教育興起之間的六十年內，全人教育大概只有一個主要的擁護者。

派　克

派克（1837-1902）是一位非常不尋常的全人教育學者，他整個教育生涯都在公立學校。在當了好幾年的教師之後，於一八七五年成為麻薩諸塞州昆西城（Quincy）的教育廳長，而且在一八八三年至一八九九年間，擔任伊利諾州庫克郡（Cook County）師範學校的校長。顯然地，他因為參加過內戰（獲得陸軍上校的階級），而喚起他對於學校組織的疑慮。因此，在一八七二年前往德國學習裴斯塔洛齊和福祿貝爾的教育理念。之後，他所進行的全人教育改革成為知名的「昆西體系」（the Quincy system）和「新教育」（Curti, 1968, 376）。與其他先驗論者不同的是，派克透過直接地訓練數千名教師和公開演說，以及間接地透過一些訪問者所撰寫的相關報告，對全美教育學者造成一股普遍的影響力。但是，他全人教育理念中較激進的部分，卻一直未被廣泛地運用。

派克有關全人教育的著作中最重要的貢獻是《教育學演說》（*Talks on Pedagogics,* 1894），他在這本書上加了一個副標題：

「專心理論的要點」，核心主題是：「真正的教育涵蓋了自我引發的活動，這是教育必須維持的重點」。這本書非常反對傳統教育方法中將老師和教科書視為知識的權威，而學生只是被動的接受者。派克像其他的全人教育學者一樣，將這種主張建立在一種對人性的深刻信任基礎上。

> 首先，我們必須確信兒童所具有的偉大天性、神性力量和神性潛能，然後，我們才可以提供最佳的環境來協助他們完全的發展。（Parker, 1969, 24）

派克的信仰就像強尼一樣，是一位宗教的人文主義者。他深信：每一個人都具有高貴的天性，也都有同等資格獲得機會來發展個人的完全潛力，因為這個潛力可以激發他或她成為卓越的人。

> 我理所當然相信人類是被創造和設計成可以運用最高道德力量的，在每一個人的內心，有些神性的種子會萌芽，……所以教育應該完全營造能夠促進個人道德力量的運用與發展的情境。（Parker, 1969, 348）

對派克而言，教育的終極意義是靈性的成長，他說，藉著獲得有關創造的知識，我們可以與創造主變得更接近。喀爾文教派神學論明確地否認這點，尤其糟糕的一點，就是派克所批評的：

「有關墮落的整個教義，成為世人忽視兒童神性本質的藉口。」這裡所要指出的重點是，喀爾文新教派的傳統思想一直活躍於美國文化中，至少延續到一八九〇年代，而派克已意識到它是教育改革的一個阻礙（Parker, 1969, 26, 46, 372）。

派克的理念由確信人性本善所支撐，因此，他主張人性的所有層面都可以獲得發展。教育的重點就只是「實現所有人性潛能的發展與成長」。《教育學演說》是一本包羅萬象的全人教育手冊。派克認為智能的運用，不能與個人生活的其他層面分離；知識的獲得不能單是為了知識，也必須是為了發展靈性的覺醒；道德的鍛鍊，不能只教導教條式的教義，也必須要培養個人的品格。

> 教育絕不能完全將知識與道德力量分開。道德是心智力量的指引，是人性向上提升的動力。（Parker, 1969, 25, 349）

派克指出心智活動不能與兒童的身體需求分開，並且主張真正的學習只有在兒童的情緒得到滿足時才會發生。「人若沒有情緒，就什麼都不是了……生命若缺乏喜悅，就毫無價值了」（Parker, 1969, 234, 359）。他同時也強調藝術表現、動手操作、職業輔導和道德層面的討論，以及對社會的覺醒等的重要性，這些都是學生藉著參與學校活動所獲得的經驗。

派克教育模式的核心主題之一是「團體活動」。他主張人們

120

（包括小孩子）在自己最崇高的目的中與他人和諧互動時，能表現出最有智慧，而且學習也是最有效率的情況。他說，若欲嘗試發展特殊技能或特質，而未結合個人的渴望和動機，乃是非常錯誤的做法（Parker, 1969, 266-268）。他主張教育必須從「自我採取行動」（self-activity）中產生。他說，傳統的教育方法所抱持的理念是：兒童必須接受各種不同技能的訓練，以便他們將來在需要的時候，可以派上用場；相反地，他的教育理念是「在本身內在思考的立即刺激下，才可能可以澈底學會」所有的技能，人們會想要學習那些可以幫助他們達到目標的事。因此，教育的終極目標不是教導課程內容，而是激發學習動機。首先協助年輕人發展他們最崇高的目標，然後他們就會開始主動學習和採取行動（Parker, 1969, 288, 227）。

> 「真理可以讓你得到自由」的意義是只要賦予正確的學習環境，人類的靈魂就會發現這種試驗性的真理，自己親自體驗這真理本身的意義……個人發展的每一步驟，都是透過本身的推論和實際運用而來的。沒有一個人可以為他人找到屬於他們的真理……（Parker, 1969, 352-353）

派克批評傳統教育中的許多觀點，其中首推忽視每一個學生的個體性：

身為一個老師，你認為學生需要看到你所看到的、採取跟你一樣的行動，而且你試著要影響他……但是他不可能跟你採取一樣的行動，並且當他消耗在這些無謂的努力之後，會變得精疲力竭，而結果卻是令人感到厭惡的。（Parker, 1969, 135）

派克相信學習必須是一個愉快的經驗，他批評傳統教育的觀點致使教育普遍成為如此「令人感到厭惡」。他主張最佳的學習發生在學生自動自發地積極參與個人有意義的追尋上。對於派克而言：「教學的主要功能在於培養心智的創造能力」。傳統的死背硬記的方式完全是一種愚昧的、單調乏味的學習方式（Parker, 1969, 356, 269）。他說，閱讀必須是思想的延伸，而非機械性的技巧。一種完全照書教的教育是會妨礙個人的觀察和思考的：

教育者和知識權威者緊握著這種錯誤觀念不放，認為最棒和最有效率的教育方法，是由研讀教科書所構成的……過去教育最大的問題即在於此，那些至高無上的理念是「由少數人來控制多數人」，能夠讓人們相信他是在接受教育，同時又可以剝奪他原創思考的力量。（Parker, 1969, 149）

派克強烈批判並直接反對在傳統學校中所運用的外在動機的教育方法：體罰、成績、等級和獎勵。

體罰是建立在兒童天生是壞的、人性本惡的假設基礎
上，而且相信這種性惡必須加以抑制；假設兒童都是不
喜歡教育或學習活動的；假設必須以恐懼來管理人的心
智……體罰是……牢獄之中活生生的做法，有嚴刑拷
打、警察、常備軍等，都是使用武力來迫使人們完全不
理智的服從和建立穩固的信仰，這些都會抑制人類靈魂
中神性的渴望……（Parker, 1969, 366, 370）

至於使用獎勵，那是一種迎合自私與貪婪的做法，則是「非
常糟糕的錯誤」。

在家庭、在學校以功過、積分和獎品來收買兒童；在大
專院校則用較高的職位來收買學生，告訴年輕人完成高
等教育之後，就可以在世界的職場上獲得一席之地，然
後他們畢業之後就喊著說：「我要出售，你要付多少代價
來買我？」這種在我們學校中所使用的獎勵措施，是在
培養一種毫無節制的野心，卻降低其他可以導致個人成
功的每一種良好的動機。（Parker, 1969, 367, 368, 370）

因為派克將教育當作是自我激勵與擴展道德力量的工具，所
以他堅決反對使學生害怕失敗而不敢進行自我探索和自我表達的
教育方法。他也指出獎勵措施並不是依據努力的程度來決定的，

122

而是建立在成就的基礎上，完全沒有考慮到學生天生的能力與遺傳的差異性。

> 我毫不遲疑地說，由懲罰所發展出來的恐懼和由獎勵所發展出來的自私，都是非常不道德的……真實、誠摯的教育工作是真正地在追尋真理，以及實踐倫理道德，是無需任何其他的刺激物的。煩悶單調的工作才需要用恐懼來推動，或是借用非自然的獎勵來激勵；但是努力學習……以達到個人完全的最佳發展……本身就會帶來甜美、喜悅的成果。（Parker, 1969, 371）

這就是激進的教育學理念。當然，也「可以說他丟了一顆炸彈到那種自鳴得意的教育循環之中」（Curti, 1968, 394）。那麼我們要如何解釋他事業上的成功——擔任公立學校的校長和公立學校教師的訓練者？他確實捲入一些激烈的抗爭中，但是，像這樣一位鮮明的全人教育學者，如何在主流教育中發揮他的影響力呢？令人好奇的是，甚至連哈里斯都贊同派克的教育模式！或許我們可以從哈里斯的話中找到一絲線索，他說派克的運動是「以改革代替革命」。顯然這也是派克對自己教育工作的觀點。《教育學演說》最後一章的標題為「民主與教育」，與杜威在二十年後的傑作一模一樣的書名，顯示派克並不將自己的著作視為與美國文化有基本上的不同，反而將之視為一種在傳統文化中的持續性改革。

　　派克對照民主政治（管理原則是由社會自行管理的）與菁英統治（管理大多數人的規則，是建立在少數人對社會大眾不信任的基礎上）兩者之間的差異。派克鄙視菁英統治，因為它就像傳統教育一樣會阻礙人類的自由和自我發展。對派克而言，民主意味「共同的責任」：社會中的每個成員都受到有關全體福祉的關心。

> 一個宗教或政府應名副其實地賦予每一個人自我努力
> 的、自給自足的、獲得食物和謀生的，以及追求幸福和
> 自由的途徑。（Parker, 1969, 416）

　　派克對民主的定義是非常強調自由的，幾乎傾向於社會主義。事實上，他曾經有一次被激怒的經驗。他向一位釘子製造商建議提供給員工「較佳的追求個人進步的機會」，結果這位資本主義家回答：「這樣會把這些工人給寵壞了，我必須要有員工來工作，一定要有勞工階級存在。」派克批評：「這個基督徒的紳士完全想要以壓迫人類的靈魂來賺取釘子的利益。」（Parker, 1969, 439）

　　然而，派克並未超過道德的憤慨。雖然承認美國並未實踐它所公開宣稱的民主理念，但是，他並未領悟到「菁英統治」的精神是美國文化中非常重要的一環。他似乎未察覺到美國的保守主義、國家主義和資本主義，可能會鼓勵這些有害「個人發展」的價值觀。即使他論述菁英社會如何蓄意運用教育來控制社會大

眾，還是指出在美國很難擺脫前人所遺留下來的教育方法，即採用「單調乏味的課程」、體罰和外在獎勵的「傳統」。他也譴責「冷漠的」公民、移民所具有的非民主思想、腐敗的都市老闆；尤其批評傳統的教育方式。這些採用進步主義的批判方式都是比較安全與溫和的。

派克相信公眾學校教育是「維護共和政體的一個手段」，並且是對付所有社會病態的一帖解毒劑。這是何以我們將他定位為美國傳統主流思想的一位改革者，而不是激進的批判者。他將緬恩看作是「澈底的民主主義者」，以及將公眾學校系統看作是「人們所產出的」系統，因此，當然會忽略在階級與種族差異間所產生的緊張情勢、中央集權控制和工業化等問題（Parker, 1969, 435-438）。

派克像大部分的主流改革者一樣，深受美國人道德淪喪而無法達到民主理想的困擾。

> 為什麼人類污穢的本性會在我們的國家如此高度地發展？為什麼人類將他的同胞看作是滿足自己私慾的工具？為什麼我們幾乎不信任每一個尋求職務的人——懷疑他是否愛他的國家比愛他自己的多呢？（Parker, 1969, 367）

派克對上述問題的回答是，自私是由老式的學校教育方法所培養出來的。他暗示一旦我們建立科學的教育方法後，一切都會

得到改善。在這本書中還有一個隱喻：「將他的同胞看作是滿足自己私慾的工具」，是由物質主義和資本主義世界觀所培養出來的。

124　　　　上述已日漸成為一個重要的議題。雖然派克是一位真誠的全人教育學者，勇敢嚴正地挑戰保守教育者所宣揚的道德與文化教條。但是，他並未（至少在他最重要的一本著作中沒有）結合全人教育和對美國文化進行全人的批判。在這一點上，他跟強尼很類似，但是卻與馬克路爾、尼夫、愛默生和梭羅等非常不同。現在我們開始發現全人教育可以被分成兩大派——我們可以說他們具有兩種不同的特性。雖然他們對於教育理念所抱持的核心議題一致，但是對於主流社會卻採取兩種不同的應對方式。有些學者比較能適應美國社會的文化，如果不是因為他們相信美國社會是建立在民主的基礎上，而且會贊同他們的理念，就是因為他們太專注在自己的研究工作，而沒有思考到文化上的問題；另一群全人教育學者則比較屬於激進的，他們是文化的反抗者，因為與主流社會的意見不同，而常常自覺地受到意識型態的折磨。當我在一九八〇年代訪問全國六十位教師時，就發現這兩種不同類型的全人教育學者依然很明顯地存在。這是我們將在下一章討論進步主義運動中的一個主要的議題。

杜威和進步主義教育

任何有關美國教育的嚴謹研究，都必須將杜威（1859-1952）　125
豐富的著作納入考量。他是一個重要的知識分子，他的教育理念
反映出他對社會、文化和哲學議題廣泛的關注。想要在短短幾頁
的篇幅裡，適切地摘要他博大精深的理念，是不可能的事。他的
理念在六十年內改造了社會狀況和知識運動，對傳統教育和美國
文化的批判都反映出一種現代而非後現代的觀點，這些觀點是非
常敏銳的，二十世紀的全人教育學者從他的著作中獲得許多靈感
的啟發。我將在本章討論杜威作品中的一些主要議題，分析它們
與美國文化中的全人教育理念之間的關聯。

杜威著作的一項核心概念就是人類的經驗。我們可以在他的
重要著作《民主與教育》（*Democracy and Education*, 1916）中，
找到他對經驗的簡短聲明：

> 一盎司的經驗比一公噸的理論還要好用，理由很簡單，
> 因為任何理論只有在經驗中，才有其充滿活力的、可證
> 實的重要性。（Dewey, 1966a, 144）

　　經驗是真實而活生生的體驗;理論(或信念、意識型態)則是由經驗所衍生出來的結論,因此不能將理論視為首要的,杜威至少提出經驗的三個特性來說明何以要把經驗當作是首要的。第一,經驗是「習慣性的」。針對這一點,杜威指出知識是在進行理性思考之前,在立即覺察的當下所產生的。一個人所具有的能力、以前的經驗,以及對於這個世界採取選擇性的探索(如透過在特殊文化中成長的經驗來做選擇──杜威特別強調這一點),都會形成對這個世界抱持某種特定的導向。事物乃是由意義而改變,某一個人可以看出其中的一些可能意涵,而其他人則不然,甚至就在這個人開始深思熟慮之前,就賦予這些事物某種意義了。杜威說,事物的內在本質無法用文字適切地表達出來,但卻是被直接「擁有」的。簡述他的觀點,就是如果理論(或信念)永遠建立在觀念和經驗的習慣方式的基礎上,那麼它就不是從一些純粹的知識、邏輯或真理的層面而產出的,卻是從個人存在的有意義「境遇」中所產出的,而且理論必須追溯到其所經驗的世界,才會具有意義(如 Dewey, 1957, 30-33)。

　　第二,經驗是不可分割的、完整的和有機的。所有活生生的有機體,包括人類,都是與其生活環境息息相關的。行為、嗜好、渴望、需要和思考等都不會單獨發生,卻永遠都會在有機體與它的周圍環境之間產生互動關係(或互相作用),而且(以人性而言)也會和社會環境產生互動。杜威對經驗的理念與社會科學簡化論的概念相左,簡化論認為環境中獨立的「刺激物」會機械式地喚起有機體內在的「反應」;杜威則認為唯有當有機體

126

的本能衝動、需要或意欲被喚醒時，他們才會接受到環境中的物體或事件的刺激。以現象學（與杜威的理論類似）的哲學用語來說，經驗是「有意圖的」，它常常反映出個體與這個世界之間一種有意義的連繫。經驗本質上是天性中內在與外在之間的一種持續關係。所以任意將個人與世界、個人與社會、自由與紀律、精神與身體、自然與超自然等切割開來，是不正確的。杜威對於理論和信念系統最大的批判，在於它們的二元論，也就是它們傾向於將經驗劃分成對立和彼此獨立的類別。對杜威而言，經驗是整體性的，涵蓋全部可能的意義，是人類行動的首要目標。

第三，經驗是不斷地演進的。杜威最強調經驗的重建：新的經驗不能只是附加在舊的經驗之上，而是必須轉化過去所覺知的。雖然舊的意義、過去的習慣會抗拒改變，然而也很容易因後來持續的經驗而擴大並豐富它的內涵。生命是會成長的，是一種持續的試驗，一種在世界上繼續學習的過程，這世界有些是可以預測的和「穩定的」，但是在很多方面卻是相當不確定和「不穩定的」。當然，生命在這樣的環境中成長是有風險的，而且會放棄權威的傳統思想。這就是教育的重要性：教育需要賦予個人和整個社會能力，在新經驗的啟發下，慎重審視以前所接受到的信念。杜威強烈反對所謂「尋求確定感」：以堅固刻板、教條式的理論來取代對新經驗的持續探索。

結果，杜威因而被認為是二十世紀重要的、自由的社會哲學家。以他的觀點而言，對傳統信念和社會抱持毫不質疑的忠誠是一點用處也沒有的，文化必須改革，而且唯一需要考量的議題是

127

要藉由知識來引導或採取暴力的方式來促成改革。對杜威而言，民主是社會秩序的最佳型態，因為它允許知識的探索與重建。真正的民主會避免極端地重視經濟和政治力量，以及馴化社會大眾——這是極權主義社會的特色；真正的民主會鼓勵公民積極地發表對社會問題的看法。

> 民主的意義確保個人可以參與決定自己工作的目標和情況的權力；而且，這是建立在全體都能透過自由，以及與不同的個體和諧互動的基礎上。如此，這個世界會運作得比較好，遠優於透過計畫、安排和由少數人所主導時……？（Dewey, 1940, 66）

對杜威而言，個人的貢獻是社會重建最重要的部分，因為「唯有差異會導致改變和進步……每一個新的理念、每一個對事物所具有的異於現存權威信念的觀點，一定具有存在這個個體裡面的原創性」（Dewey, 1966a, 90, 296）。

杜威是反對在教育歷程中促進保守社會效率運動的重要人物之一。在傑弗遜式理念受到菁英專業主義攻擊的時期，杜威卻宣稱接受教育對所有的人而言，乃是為了完全地參與社區生活。杜威強調「社會中的個人」（individual-in-society）的整體性觀點，因此民主對於杜威而言，永遠需要在這種知識的個人主義與一種對社區共同利益的強烈主張之間，取得一個平衡。後面的這個觀點一直領導著他，尤其是在第一次世界大戰之後的幾年裡，他發

展出民主的社會主義；在經濟大蕭條期間，他領導一群「社會重建主義者」，激進地檢視自由放任的資本主義。因此，儘管杜威重視個人的價值，但是，他不像很多全人教育學者一樣熱衷支持自由主義。因為杜威這種混合個人與社會利益的弔詭思想，無法滿足於更極端的思想——不論是激進的或保守的。從全人教育的觀點來看，杜威重視個人成長的觀點，在於鼓舞對傳統教育實務的批判，但是在他強調社會和科學知識的結論裡，卻引發了一些認識論的難題。

杜威的著作對全人教育理論有很重要的貢獻，他對個人成長的重視，給予全人教育學者極有力的支持。杜威主張不能將學生視為一個空的心智，等待由各種事實和隨年歲增加的智慧來填滿，而是要尊重個人的特別需求、興趣和目標。杜威同意派克的主張，認為真正的教育在於課程必須能引發積極的提問和互動，而且也必須呼應學生目前的經驗。杜威說，教育不是為成人期所做的準備，而是更應該整合現階段的發展經驗。他主張沒有已完成的發展狀態；成人的人格就像已建立的文化一樣，永遠都可以再成長、開展和重建。教育必須培養一種對知識的開放態度，以及一種願意繼續在任何時機學習的渴望；而且個人現在的經驗或「習慣」，應該被當作是學習新事物的途徑，以促進更加包容的整體性（Dewey, 1966a）。

依杜威的觀點，知識代表一種對經驗的詢問、開放的試驗，能夠最成功地將個人與外在更大的世界連繫在一起。教育的使命就是發展「反思的習慣」，因為反映在生活中開展經驗的知識，

最能夠賦予個人完全與成功發展的能力。杜威批評「尋求確定感」會導致傳統教師過度重視僵化的純粹課程內容，要求學生按部就班地學習和背誦，以及完全服從教師的權威。不過，他還是警告他的擁護者，不要錯誤地被引導去反抗知識規範的權威。教育必須將發展整體經驗視為目標，所以教育必須同時關注課程內容的組織（經驗的「邏輯」成分）和學習者的特別需求、興趣和目前的理解程度（經驗的「心理」成分）。

杜威認為天生的衝動本能可以激發兒童成為一個活躍、有動力的個體。學習是個人與環境之間實際互動的關係，發生在個人嘗試解決日常生活實際問題之中，並與知識性的思考產生重要關聯。假如沒有任何「真理」的抽象層面，可以超越我們所經驗的真理，那麼教育的目的就不僅只是灌輸一個已建立的知識體系而已，而是要賦予我們能夠持續重建我們的經驗，或是能夠向著更寬容理解這個世界的方向來發展。這種開放性對兒童而言是十分自然的，但是傳統的教育模式卻壓制它。杜威觀察幼兒是如此地無助和依賴成人，這個可塑性極高的心靈和品格是非常脆弱的，而且很容易受到成人的影響。杜威對這種順服成人的現象感到十分遺憾：

> 不是著重在發展學習世間事物的能力，而是著重在順從其他人所給予的教導，這些教導卻反映出這些人目前的習慣。真正的順服是渴望從參與所有課程的活動、詢問和擴展的經驗中來學習。現存風俗習慣的愚昧、呆滯特

質只會腐蝕學習，使學生願意聽從別人的指示，成為順
從的、壓抑的，因而放棄質疑和進行任何實驗。

他繼續抨擊：

這種結合傲慢的高壓手段與巴結諂媚的誘惑舉動之刻板
教育，只會迫使學生的蓬勃生氣日漸黯淡，並且導致強
烈的好奇心變得呆滯冷漠。教育成為利用無助兒童的技
倆，形塑習慣變成是維持社會習俗界限的保證。（Dewey,
1957, 64）

杜威支持早期全人教育學者的觀點，認為嚴格的知識訓練對
兒童是不恰當的。

有非常重要的理由顯示，過早要求學生發展抽象的思考
能力，對於他將來的智能發展是有害而無益的。（Dewey,
1940, 26）

杜威主張（跟尼夫在九十年前的主張一樣）不應該太早教導
兒童閱讀，應該等到他／她可以理解所閱讀的內容之後，再教導
他／她閱讀。提早教育所強調的「基礎」，只會讓他們學習到機
械式的技巧。杜威說，因為這種做法會造成他們長大成人之後，
無法分辨有意義的文學與煽情垃圾之間的區別。

130

贏得規定數量的資訊，有何益處？……個人雖然獲得讀
寫的能力，但是卻在這個過程中失去自己的靈魂，喪失
鑑賞事物的能力，因為事物的價值都是相對的，如果他
喪失運用所學的渴望；更重要的是，喪失從將來會發生
的經驗中攫取意義的能力，有何益處？……只有當我們
可以從每一個當下發生的經驗中攫取完全的意義，以準
備我們在未來從事相同的事，才有真正的益處。（Dewey,
1938, 50, 51）

　　杜威與其他全人教育學者共同抱持的信念，是將嚴謹的學術
訓練視為增強力量，而不是用來取代體驗這個世界的歷程，知識
是智能的一種延伸而非它的源頭。他在二十世紀所著的創作中，
曾強調在現代化都市的世界中，學校廢棄了做為追尋知識源頭的
傳統角色。他是首位指出在這個文化中雖有過剩的資訊，卻缺乏
機會讓年輕人積極參與社區活動，以學習運用社交和道德規範資
訊的學者。他主張，一旦缺乏道德敏覺性，則不論吸收多少知識
都是毫無生命的、機械式的，而且最終是危險的。他在一九三八
年撰寫《自由和文化》（*Freedom and Culture*），以回應歐洲所興
起的法西斯主義時，特別擔心在現代化社會中充斥著大量沒有思
想的消費資訊，甚至在民主社會裡也普遍缺乏理性的反思，社會
大眾已成為廣告宣傳的訴求對象。他提出警告，法西斯主義也可
能在美國這塊土地上盛行。

杜威主張批判性的詢問和知識只有學生在具體而有意義的經驗中實際運用時才得以發展，他在芝加哥大學的實驗學院中所發展出來的學校課程設計，提供給很多進步主義的教育學者運用，設計重點集中在人類社會所面臨的基本問題：食物、居所和衣服的生產與分配。透過田野調查、歷史研究和親自動手操作的「職業」輔導，學生可以依照自己的理解程度來親自體驗社會上的問題。

有一個普遍存在的嚴重錯誤，就是將杜威的理念解釋為「浪漫思想」、「感情用事」，或是「兒童中心的」。誠如我曾說過的，他的哲學思想是非常平衡的，這個課程設計的重點並未讓學生在任何課程中變得散漫，或突然把課程塞進他們的腦中，而是安排他們投入很多社會上重要的活動。雖然杜威在很多方面關心個人的發展，但是他的教育哲學更充分地以社會發展為導向，遠勝過個人靈性的開展。在杜威的著作中，知識與教育的終極意義是社會性多於個人的。

> 教育意味著社會習慣的存在，構成指導和決定學生成長的標準和理念……在抽象理論中沒有任何力量存在。力量就是去做事的能力，去完成某件事的能力……所以它牽涉到與環境的互動，並與工作有待完成的情況之下的互動有關。（Deway, 1966b, 34, 88-89）

杜威說，知識是社會性的，因為它是社會群體（即文化），用以決定如何以自然界中的各種不同物體，來做為更有效率面對環境的「工具」。雖然杜威覺察到將保守文化中腐敗的習慣灌輸給兒童是非常危險的，但是，他卻沒有注意到課程或教材也可能會讓兒童只學習到外在的形式，因為它是兒童與世界產生更完全的關係的一項重要工具。社會文化的遺產是非常重要的，因為它提供豐富有效地面對這個世界的工具（所有各式各樣的藝術和科技）。

因此，進步主義教育運動中極端兒童中心這一派，宣稱杜威的思想賦予他們靈感；保守派則責怪他削弱二十世紀美國教育的力量。但是，杜威自己卻從未宣揚過無政府主義的教育學，也從未接受艾爾科特的主張——如兒童是「他自己的管理者」。對杜威而言，教育中的自由既不是讓兒童的本能「放縱暴亂」，也不是讓教師「毫無計畫地即興演出」（Dewey, 1940, 69; Deway, 1938, 18）；相反地，他主張真正的自由需要知識的紀律，並且必須允許學生從試驗和考驗的錯誤中學習，這樣的探索需要在一個提供增進理解、引導適應的環境中進行，否則就不能稱得上是教育，只能算是一種娛樂活動而已。教育必須尊重兒童的經驗，但是杜威所主張的個人經驗是永遠與社會性的意義結合的，而且為了接受教育，經驗必須符合社會性的知識所要求的條件。

我們需要更審慎地檢視杜威對人格和知識之社會性意義的重視。雖然杜威很謹慎地嘗試著整合個人與社會，其重要的方式是採用一種平衡的和全人的觀點，但是，我相信他缺乏一種對人類

132

生活中超越個人的和超越社會的要素之洞察，那些重要的能量是
由內在深奧的精神層面來展開的。換句話說，杜威在嘗試將個人
完全地整合進大自然和社會環境中時，始終努力降低人類經驗中
的靈性成分。他完全否認永恆哲學之有關超越生物、社會和文化
範圍的超驗層面，就能引導開展人性特質的靈性來源的觀點。
對杜威而言，宗教的概念代表「尋求確定性」，是試圖避開自然
界中不可預期事件的風險，並提供逃避知識嚴格要求的安全避難
所。依照杜威的工具主義和經驗主義的哲學思想，若要提出任何
一項聲明，都必須經過個人在行動中以及與大自然和外在環境的
互動中的驗證，才能得到證實。而有關靈性經驗的聲明是大大超
越這種可證性的，這會讓我們立刻對它們產生質疑。杜威表示，
科學方法是「我們在每天的生活中獲取的重要經驗，而且是唯一
可以掌控的真實工具」。杜威自己違反他對二元論、二選一的批
評，提出教育學者必須二選一的主張：「不是後退到科學時期以
前的知識和道德標準，就是繼續前往運用更偉大的科學邁進。」
（Dewey, 1938, 111, 113-114）

　　在此我們無法辨識出科學時期以前的文化是否對提升人類的
生活有任何價值，也無法確定現代的科學方法是否更適合人類的
活動，或許它可能並不適用於所有的層面。因為杜威對宗教教條
的敵意，使他成為二十世紀人文主義運動創立者之一，這種「世
俗的」人文主義對社會和宗教的保守理念有非常嚴厲的批判，甚
至有很多抱持更自由態度的杜威讀者，將他的經驗主義哲學當作
是實證哲學和科學主義的模式來運用，即將人類的經驗和價值貶

低成一種可被操作和計算的層次。我們很難在杜威的著作中找到任何超越生物需求及生物在社會和外在環境的適應需求以外的理念，雖然他的書中有提到「渴望的結果」、「正派的習慣與優雅的生活」，以及「卓越的生命」，但是，這些名詞實際上所代表的價值意義都是相對的，而且是有附帶條件的。他明確地寫出其中一項重點：「工具與目的是同一個真實面的兩個名稱」，而且主張目的一旦脫離工具，就無法有意義地被確立，這種說法是建立在實用知識論上的（Dewey, 1957, 21, 36），但是，這種觀點卻把我們留在存在主義的真空狀態下。科學方法憑什麼透過它本身來讓我們知道什麼是值得追求的、值得去實驗的，及值得接受的呢？我不禁也要跟杜威的學生一起問：「構成我們價值判斷的要素之確切的來源在何處？」（Bernstein, 1966, 119）；如果天性本身「不具有主導的力量（如引導的目的），我們要如何保證這個力量會突然顯現在個人的身上呢？」（Roth, 1962, 138-139）。

　　杜威的捍衛者宣稱，他已經回答上述所有的問題，藉著重視「美學」或是完美的經驗，人們偶爾可以自然而然地產生對整體和意義的感受，以投入極度專心和整合的活動中（Geiger, 1958; Kestenbaum, 1977）。依照杜威的看法，關於這方面，沒有任何事是超驗的，只是一個簡單可以擁有的經驗，而且不用藉由任何知識和科學的探求。「靈性」層面的經驗並不是對宇宙中心目的的質疑，而只是在我們準備對所處的這個世界進行反思和意識之前的一種粗略探索。

根據杜威支持者的說法，杜威之所以那麼信賴科學，是因為科學不像宗教和眾多哲學，不是一種教條式的模式，而是整合嚴謹知識與實驗活動的想像力、興趣和好奇心。科學是以實驗而非理論的理解方式，並且是以合作而非偏執的手段來建立真理。杜威並未嘗試將科學物質主義強加在經驗的所有層面上，實際上他非常重視藝術活動的整合意義，杜威在這方面的定義非常廣泛。

可以確定的是，杜威對於靈性層面的謹慎態度蘊含著一種意義，亦即所有宗教理念通常都是建立在固執僵化的信念上，這些信念都是由權威所建立的，而非經由生活經驗而來。誠如杜威的觀察，宗教組織幾乎永遠是社會上極度保守的力量。當靈性的探求——追尋生命的終極意義，變成追求特定信仰時，就會喪失對經驗的開放態度，而這種開放的態度乃是真實靈性的本質。例如，我們已見識到艾爾科特是如何喪失靈性探求的，這種危機也同樣發生在今日被稱為「新世紀」的追求者身上。

無論如何，杜威對於美學經驗的理念似乎無法包含全人教育思想所提出的靈性意義。杜威表示，「宗教」這個名詞並不意味著一種獨特的經驗，而只是「自然」世界中整體經驗之一；然而，真實的靈性經驗就是一種獨特的經驗，這是超越物質和社會環境的意義來源的。根據一位桂格派哲學家的說法：「道德和靈性的本質引進一種額外的要素，換句話說，是超出求生目的的需求的。」（Jones, 1931, 110）在此，不是要重提區分「自然的」與「超自然的」的二元論，而是要強調人類的靈魂存在於一種靈性的環境中，就像物質和社會環境一樣，靈性環境也確實存在於自

134

然界。現在重述皮爾斯的評論是非常有意義的：「沒有超自然現象，但卻可能有無限個自然界。」這個評論是建立在我們觀念的本質上。因此，物質主義、科學主義只能提供探求自然界眾多可能層面的其中一個途徑而已。

那些從事靈性修練的人（杜威沒有這樣做），經常分享他們發現了一種「內在的光輝」（inner light）或「內在的聲音」（inner voice），一種「較崇高的自我」（higher self）（某種直接和宇宙繼續演進與意義的連繫），而且是一種永恆智慧和持續引導的來源，也就是我們至高目的和理念的來源。它的困難在於意義與價值的靈性來源比每天生活的世界更不可思議，因為自然環境主要是透過感官而來的經驗，而社會環境則是透過分享意義而來的經驗。但是，靈性環境只有在個人進行內在精神探求時，才能經驗到：例如，透過沈思、冥想、夢的解析，或者像印地安人尋求異象的儀式。杜威駁斥這些儀式為「耍把戲」或「巫術」，但是他卻沒有覺察到真正的重點。儀式通常並非如杜威所設想的那樣，想要神奇地改變這個自然的世界，其實它的重點在於能夠協調個人內在的靈性發展。靈性修練不需要也不應該取代知識的探究，來做為適應物質和社會環境最有效率的方式，但是，靈性修練卻具有對於獲得進入內在靈性環境之洞察力的重要性。

135　　　因為靈性的真實層面不能由實用主義和科學主義的方法來獲得，所以杜威駁斥靈性為一種愚昧的思考，像「樂觀的浪漫主義，這種樂觀只是一種現實悲觀的反面而已」（Dewey, 1957,

74），這是一種明顯無知和偏見的主張。我在杜威的著作中，讀不到他曾努力嘗試陳述任何有關佛教經驗的靈感，或者是基督徒神聖的奧秘經驗，也沒有讀到他認真思考過榮格心理學的神秘觀點，或者是阿沙吉歐力（Assagioli）的心理學研究。儘管杜威強調藝術和美學的經驗，但是對我而言，他似乎遺漏了人類經驗中最深奧與重要的一部分。

全人的和靈性的教育認為文化和社會對人類發展產生重要的影響，所以主張教育若要培養「內在的光輝」和「真實的自我」（不論是以傳統宗教或現代心理學的用語來表示），就必須讓個人從社會「共同意識」的限制中解放他自己。這點可以在世上任何傳統沈思方法中得到證明，而且這也是當愛默生說「這些特質的顯露會使政府顯得無用武之地」時，所要指出的真正意涵。結果，全人教育學者在很多方面發現，在任何不尊重靈性發展的社會裡，兒童自然的發展被視為反抗社會的壓制和命令。但是，杜威卻完全拒絕接受個人的發展可以發生在社會性的意義之外。因此，在杜威的教育願景中，找不到全人教育模式所重視的人類發展的精神來源〔正如榮格之個體化的概念，或是蒙特梭利強調兒童是一個「靈性的胚胎」，或是史丹勒（Rudolf Steiner）詳細探討靈性力量透過個人成長過程而顯現〕。誠如克伯屈（William H. Kilpatrick）在他對蒙特梭利的評論中所傳達的，這裡所強調的概念幾乎被視為浪漫的個人主義。

在蓋格（George Geiger）對杜威的評論中，他承認：

幾乎無法在杜威的寫作中，找到任何有關焦慮、孤獨和
極度苦惱的事。人類痛苦的經驗，似乎全是社會決定和
社會控制所造成的。（Geiger, 1958, 160）

蓋格說杜威只有在這一點上「過時」了，而且「它本身也不
是一種理論上的弱點」。但是，我不同意這種說法。這些正是人
類最痛苦的經驗：焦慮、孤獨、苦惱、道德覺醒，或是喬答摩佛
陀（Gautama Buddha）所指的「苦難」，這些能夠揭開人類為了
靈性開展的深沈需求，就是人類靈魂的某種強烈需求，遠勝過為
了適應外在環境和社會環境的知識需求。孤獨與煩惱可以成為一
種急迫的警訊，讓我們知道人類意識的成長是一種靈性的、內在
的、個人的、單獨的旅程。

對杜威而言，個人的獨創力是由生物的本能或「衝動」所激
發的，當文化習俗過度約束自然的發展時，它就會爆發出來。但
是，我們還是很難看出這些衝動有任何用處，除了讓我們看不清
物質影響力以外，那生物本能的創造力和目的何在？事實上，
杜威主張「沒有精神生活的自發性發展」，缺乏習慣的輔佐，衝
動「幾乎是偶發的、臨時發生的，且隨著緊張的壓力，最後會導
致疲乏」（Dewey, 1939, 624）。杜威主張人類的衝動是比文化認
可的習慣性更脆弱的，因此，理性行動必須有效率地改革個人與
社會。但是，依據永恆哲學的觀點，當然有「精神生活的自發性
發展」，而且培養這種自發性不但不會疲乏，反而會讓人耳目一
新。

　　因此，從一個全人的後現代觀點來看，我們需要瞭解杜威的世界觀在認識論上的限制。本章的討論有助於澄清，何以約翰米勒將杜威稱之為「執行」的思想家，而非是一個「轉化」的思想家。超越個人心理學、永恆哲學的復甦、系統和生態科學的觀點，以及普遍代表後現代主義的知識氛圍，都沒有存在於杜威的著作之中，我們或許可以臆測在今天這個環境中，他是否會重新思考他的工具主義？

　　在任何方面，我們都可以發現杜威對傳統教育假設的批判，以及製造這些假設的文化，的確具有非常重要的貢獻。他豐富傑出的著作中具有深奧的見解，對文化有重要的批判，並非僅是一種「浪漫的」反叛（因為他不是浪漫主義者），而是一種對於嚴重社會問題的重要反思和呼籲。進步主義教育運動跟隨杜威著作的腳步之後興起，成為美國教育中最重要的改革運動。進步主義教育涵蓋正統的全人教育主題，並且可以讓我們對本研究進行一個澈底的審視。

◎ 進步主義教育

137

　　對於「進步主義教育」這個名詞的界定，學者們眾說紛紜。當代觀察家伍德林（Paul Woodring）指出「進步主義」這個名詞，共有四個不同的使用途徑：其一，主要是由保守派所使用（社會效率模式）；其二，包含杜威和與他最親近的跟隨者；其三，政治激進者（社會重建主義者）；最後一個是「各種為所欲

為的狂熱主義分子」（Woodring, 1953, 58）。克利巴德（Herbert Kliebard）在《美國課程的爭議》（*The Struggle for the American Curriculum*, 1986）中指出「進步主義」這個名詞被運用在很多不同的模式中，卻毫無意義。另外，克雷明（Lawrence Cremin）在《學校的轉型》（*The Transformation of the School, 1961*）中也用很長的篇幅來探討進步主義教育的正統歷史。他指出教育改革在一八八○年代到一九五○年代之間，本質上全都試圖進行擴展範圍較大的文化運動，也就是知名的進步主義運動。雖然他指出，教育改革者大約在第一次世界大戰結束時轉移焦點，但是他還是斷言教育改革在後來的階段，基本上仍舊維持早期改革所建立的知識基礎。

我沒有發現這類的解釋有任何助益。相反地，我的看法就像歷史學家葛理翰（Patricia Albjerg Graham, 1967）一樣，認為基本上有兩種不同的運動使用「進步主義」這個名詞。一個是美國政治和文化的進步主義運動——也就是我在第 3 章提到的，是用來維護美國文化，以面對快速發展的工業化、移民潮和都市擁擠（包括因義務教育法令而導致的學校擁擠）等問題。這種進步主義時代從一八八○年代到第一次世界大戰期間，非常迅速地擴展，同時「社會效率」運動在美國持續影響教育政策。另一種運動，我將之稱為「自由的」進步主義教育，在許多方面是一種全人的運動。雖然它根植於進步主義的時代（如克雷明所指出的），但是，確實是到第一次世界大戰結束之後，才開始興盛起來的，在一九三○年代中期達到巔峰，然後逐漸地走下坡，直到

一九五○年代中期，幾乎完全失去影響力。這種「進步主義教育」是建立在派克和杜威，以及其他創新教育學者著作的基礎上。

　　上述的解釋，比克雷明的解釋更能適切地說明，早期的進步主義改革運動何以範圍更大，而且恆久不變地被採用，因為戰後的進步主義教育學者是終極的反對者，時常進行激烈的批判。根據我博士論文的研究發現，這種現象不是一時興起，而是他們的觀點與美國文化的主題有個深刻的差異。戰前進步主義運動追求的是科學效率、權力集中、勞動階級的職業準備等，都是主流文化、美國中產階級文化的訴求方式，而戰後進步主義運動則是批判日漸嚴重的社會與個人關係的問題。

　　例如就在第一次世界大戰前幾年，一群放蕩不羈的人開始在紐約格林威治村興起，他們對文化抱持一種全新的探索態度和強調自我個性的表現。實用主義、精神分析學派、現代化藝術、無政府主義、社會主義、對於性的新態度和女性權利等，都是文化中的理性、美學和道德規範所面臨的挑戰。一些質疑美國世界觀的年輕人運動也開始萌芽了，包括質疑他們父母的進步主義觀點（Rosenstone, 1975, 113）。這些反文化的趨勢都在進步主義教育運動中找到表述的機會。整體而論，雖然進步主義教育學者很少是政治激進分子，或是社會上放蕩不羈的人，但是他們大部分是戰前的批判者，致力在進步主義教育中批判文化，這是八十年前先驗論教育學者所沒有明確訴求的。

　　杜威對這個運動有重要的影響力，雖然這種影響力仍有一些

138

不確定之處。他於一八九六年在芝加哥大學創立的實驗學院，就是實驗進步主義的典範。他的一些著作乃是因為這個計畫而形成的：《學校與社會》（*The School and Society*, 1899）和《兒童與課程設計》（*The Child and the Curriculum*, 1902），緊接著在一九一五年的《明日學校》（*Schools of Tomorrow*），是針對美國其他實驗學校所做的調查，以及他在一九一六年出版的最重要的教育哲學作品——《民主與教育》。但是，在這些年當中，杜威的社會和政治思想越來越與威爾遜式自由主義並行，而與更激進的文化批判漸行漸遠，由於他支持美國加入世界大戰，因而受到一些年輕跟隨者的猛烈攻擊，尤其是伯恩（Randolph Bourne, 1965,191-203）。正如我之前所述，杜威並不是一個浪漫主義者，當一些進步主義學者受到佛洛伊德學說和榮格心理學理論的影響，而開始在一九二〇年代探索全人教育議題時，杜威則嘗試傾向「兒童中心」這類本能衝動的概念。在一九三〇年代期間，杜威的政治思想開始變得更加激進，他投入「社會重建主義者」對美國資本主義的批判，但是推展這個運動已經遠離了「兒童中心」的立場。在進步主義教育的個人和政治因素之間的緊張情勢，是我們接下來要探討的主題。

歷經數個月的恐怖激戰，「維繫民主社會的世界安全」已澈底地被摧毀，之後世界大戰終告結束，進步主義教育運動有了重要的發展。當時主流進步主義已廣泛受到質疑，美國人著急地尋求各種方式來重申文化目的的使命感（Nash, 1970）。其中一種途徑就是轉向內在本身，跟隨心理分析論和藝術表達的方式，而

非社會改革的方式。紐約華德學校（Walden School）的創辦人瑙姆寶（Margaret Naumburg）寫到：

> 任何一種可能立即改變社會或經濟來拯救我們脫離文化僵局的嘗試，都已經變成非常遙不可及了，而且我現在覺得這種嘗試也是非常愚蠢可笑的……雖然個人無法直接對目前的社會和經濟做什麼，但卻可以為每一個年輕人做點什麼……（Naumburg, 1928, 40）

因此，出現一種新的教育模式，稱為「兒童中心教育」，由實驗（主要是私立的）學校團體所推動，在一九一九年產生進步主義教育協會（Progressive Education Association, PEA）。據卡倫（Horace Kallen）稍後的觀察，PEA 是第一個有組織地宣揚「自由紀律」運動的團體（Kallen, 1949, 264）。在那之前，少數宣揚同樣理念的教育學者一直都是孤軍奮鬥的，或是加入一個反對者的小團體。PEA 是非常不同的，它的領導者很清楚這一點。其創立者卡伯（Stanwood Cobb）宣稱：「我們唯一的目標就是改革整個美國的學校系統。」（*Progressive Education,* 1929, 68）但是，在瑙姆寶的評論裡指出，兒童中心的教育學者只有對教育方法的改革有興趣，他們主張：學校必須為了兒童而改變，而不是為了社會改革。他們在《進步教育》（*Progressive Education*）期刊中的文章，幾乎沒有談到社會議題，也難以發現他們把教育放在文化和社會的脈絡中來探討。

經濟大蕭條驚醒了很多知識分子，包括一些無法滿足現況的進步主義教育學者。孔茲（George Counts）在一九三二年參加 PEA 的大會，以他的演講主題「進步主義教育膽敢進步嗎？」震驚大會全體，這篇演講稍後出版成《學校膽敢建立一個新社會秩序嗎？》（*Dare the School Build a New Social Order?*）。一九三三年，由孔茲所領導的 PEA 委員會提出「對全國教師的呼籲」；另一位非常具有影響力的進步主義教育學者克伯屈也編輯了許多批判的文章，稱為《教育的新領域》（*The Educational Frontier*）。這些「社會重建主義者」就像他們的精神導師杜威一樣，反對自由放任的資本主義，呼籲一種深思熟慮的社會規畫活動。為了進一步發展他們的理念，他們在一九三四年開始出版一份具有激勵性的期刊——《社會的新領域》（*The Social Frontier*）。

大多數 PEA 的成員從未接納重建主義的激進批判，不過從那時起，在社會大眾的心目中，已經將「進步主義教育」跟無法接受的激進主義連在一起了。在一九三〇年代晚期，雖然經濟大蕭條持續著，但是美國社會大眾卻變得越來越防禦美國的「生活方式」，因為當時在歐洲正盛行法西斯主義和蘇維埃共產主義，這使得美國人越來越感受到威脅。PEA 著手推動「為民主而教育」的運動，這種轉變使他們處在兒童中心與重建社會立場之間的妥協境地，卻難以激勵人心。PEA 的哲學思想變得漫無目標，漸漸形成更加專業的疏離感，最後屈服於第二次世界大戰之後的保守派趨勢。

　　這就是有關進步主義教育的正統歷史。讓我們深思這個野心勃勃的運動，事實上，它最大的成功在於指出「教育的全人觀點批判」。如果我們把「兒童中心」和「社會重建主義」兩種主張，當作是整合的全人教育模式的兩項重要成分時，則進步主義教育就可被視為一種對美國教育的激烈挑戰，而非一種獨特但卻過時的教育流行趨勢。

　　進步主義哲學的中心是拓展教育的界限。教育不再僅被視為一種智能、道德和社會紀律的灌輸過程，而是促進人類整體發展的一個重要部分。尤金史密（Eugene R. Smith）是 PEA 的領導者之一，他宣稱：

> 教育不能只關心兒童期的任何一個階段或是一個部分，
> 而必須關注整個兒童與兒童的生活……你不能只觸動兒
> 童一邊的生活，卻沒有影響到他的另一邊……所以學
> 校必須考慮到人類完整的發展。（*Progressive Education,*
> 1926, 199）

　　這個主題是在所有進步主義教育學者的著作中所一貫堅持的。在拉格（Harold Rugg）的著作中，他強調人類的行動是「整個有機體」的反應，而非單獨是心靈或身體的反應（Carbone, 1977, 102）；普拉特（Caroline Pratt）也宣稱：

141

我們必須滋養一個完整的兒童，而非僅是他其中的某一部分。男人或女人都需要一個完整的個體，才有能力在我們這個複雜的文化中生存。（Pratt, 1948, 48）

上述教育學者所強調的「完整的人類」、「整個有機體」和（最常用的）「完整的兒童」，都傳達出全人教育概念的重要核心，就是人類經驗是一種聯合在一起的整體，是不應該被專制的文化界限所切割的。在克伯屈的一篇文章中，他指出傳統教育：

以學校本身的利益來決定學校的實務工作和技術。學校忽略其他的學習內涵，如個性因素、人格因素、情感上的適應……這些因素的影響力，沒有任何一項會像學校本身的利益一直持續下去的。（*Progressive Education,* 1930, 385）

對進步主義教育學者而言，這些經驗的層面正是鍛鍊智能非常重要的部分。瑙姆寶問了一個每一位全人教育學者都會舉手回答的問題：

假如兒童內在的生命沒有被允許在最寬廣的興趣和注意力的範圍中來活動的話，那麼根據現代化教育方法所組織完善的課程，要呈現什麼樣的學習內容來進行任何主題的教學呢？（Naumburg, 1928, 117）

What Are Schools For ?
Holistic Education in American Culture

　　兒童並不是一個脫離現實的有智能的人，他會受到生理的、情緒的、道德的、社交的，和自我表現所影響而採取行動。真正的教育就是要滿足個人在上述的每一項需求。瑙姆寶指出：

> 特殊化教育確實會偏向個人的某種不平衡的發展……教育的真正工作就在於發展我們天性中那些依舊潛藏著或是尚未完全發展的……在我們七歲大時，我們真正的本質大概只有百分之十受到注意。標準化教育和社會力量會更加降低這種比率，因而壓低我們天性中最活躍和最重要的部分。(Naumburg, 1928, 311)

　　這種信念所導致的一種推論，就是必須賦予「智慧」(intelligence) 這個概念一種全新的定義。抽象概念的思考方式不一定適用於每一種特殊狀況的孩子，也不應該被當作是智慧的唯一成分。如果我們這樣做的話，就是將成人的限制強加在兒童的生命上。瑙姆寶指出，直覺和情感層面的認知方式是無法透過智力測驗來測得的，否定它們的存在就等於是忽視個人的獨特性。這樣的觀點在一九八〇年代獲得迦納 (Howard Gardner, 1984) 和其他人的研究的有力支持。

142

　　進步主義教育者為了允許和培養個人可以表現出個性的所有層面，因此非常強調藝術創作。音樂、戲劇、寫詩、繪畫、雕刻和各式手工藝，都是很多進步主義學校的重要特徵，同時也是一九二〇年代《進步主義教育》雜誌中眾多文章的主題。在進步

主義學校裡，藝術占有最重要的地位，但是在主流學校中剛好相反，每週只有很少的藝術課程，學生必須按照指定的教學計畫來學習。進步主義教育者透過藝術的表現，來滿足學生的靈性發展需求。藝術被當作是個人開展生命的直接表現，能夠激發內在創意去探索世界的渴望。瑙姆寶寫到：「每一個兒童內在都有一種生命動力、一種潛在力量、一種重要的驅力。」（1928, 116）她就像其他大部分主張兒童中心的進步主義學者一樣，不會使用宗教術語來傳達她的概念，而是使用佛洛伊德理論、榮格學說和完形心理學等新概念，來強調人類發展最需要的是個體化的過程，而不是社會化的過程。

對於主張兒童中心的進步主義教育學者而言，教育的重點較多擺在兒童的個人發展，而非主題課程的內容。一個真正的全人教育模式當然需要同時關注兩個層面，尤其在一些引起較多爭論的文章裡，兒童中心的學者對於人類發展之社會化層面的主張，顯得非常的天真（這是杜威對他們的主要評論）。然而他們對於開展兒童生命的重視，是扭轉社會效率運動不可或缺的重要部分，並且也是杜威學派／重建主義者強調社會性發展的一個重要的補充。有時候重建主義團體批判得太過尖銳（孔茲曾一度宣揚進步主義社會價值中嚴格的教條），而且社會批判者對兒童中心教育模式的需要，就如同浪漫主義需要更熟練的文化覺醒一樣。

兒童中心教育模式重視學習勝過於教導，如果一個教育者不能理解學生學習型態中的節奏，那麼即使是精熟教育學的技術和課程內容，終究還是不得要領的。進步主義教育者注意到有關兒

童學習的第一件事，跟其他全人教育學者所發現的一樣，就是當 143
他們透過活動來學習時，他們可以學習得最好，比被動的接受還
要好得多。另外，他們也會自然而然地積極參與和尋找學習的機
會。普拉特指出兒童：

> 時常由他內在點燃的小小火花所驅使，主動去做事、去
> 看、去學習。你無法在任何地方發現一個小孩子安靜地
> 坐著和感覺無所事事，除非他生病了，或者是坐在傳統
> 的教室之中。（Pratt, 1948, 10）

普拉特和她的同事都像先驗論學者一樣，相信「教育不是
從書本而是從生活開始教」（Pratt, 1948, 201）。兒童會想要透過
個人完全參與活動，並且與環境產生互動來學習。博德（Boyd
Bode）是在俄亥俄州領導宣揚杜威思想的教授，他雖批評過度的
兒童中心教育模式，但是卻認同它裡面的這個要素：

> 傳統教育重點在於教導每一個科目，好像要訓練學生成
> 為研究某一種專門主題的專家一樣。如此，教導就成為
> 技術性，而非「人性的」……但是很少有小孩子要成為
> 數學專家；相反地，孩子想要學習更多和他居住的這個
> 美好世界相關的事物。當這個希望遭遇挫折時，最初的
> 熱忱就會漸漸地退卻，而成為單調乏味的例行公事。
> （Bode, 1927, 143-144）

博德寓意深遠地使用「人性的」這個形容詞，意味著教育應該是教導完整的個人。我在一九八〇年代中期訪問過全國各地的全人教育學者，他們也都強調學生「人性的」潛能，以及採用自然「人性的」學習方式。消極地背誦一些事實，或許對於某些特定的學習目的有其效用。但是，光是如此並不能讓個人的人性得到完全的發展。

兒童中心教育模式的另一個觀點是尊重個別差異。雖然有一些特質是孩子們所共同具備的，例如幾乎所有的孩子都需要參與有意義的活動。但是，我們也必須承認每一個學生都是獨一無二的個體，具有他們獨特的興趣、動機、感覺，以及學習型態和速率。

144

> 新的教育宗旨恰好與舊的對立。新的教育期盼能遠離制式化的產品……新的教育鼓勵每個人表現出個性基本上的不同類型和氣質，藉以尋求個人的發展。（Naumburg, 1928, 15）

所以教育的目的不是將成人世界的價值觀強加在兒童身上，而是要幫助他們發展出自己的潛力。

主張兒童中心的教育者對於個體個別性的重視，比較多是受到盧梭、裴斯塔洛齊、福祿貝爾和先驗論等的影響，受到杜威強調社會化的影響則較少（Graham, 19）。從多瑞（Milnor Dorey）在一九三〇年所發表的清楚訴求中，我們可以知道浪漫思想主義

極力主張要打破現代生活中喪失人性的壓制：

> 我們對於以總體、事物、宣傳計畫、社會和經濟分級、
> 標準化……來分析事實和看待人們，感到十分厭煩。我
> 們是在談人類——他本身就是一個目的，他的個體性並
> 不是社會的一個經濟因素。

多瑞讚揚愛默生的思想，他表示：

> 愛默生領悟到思想是從人類的興趣開展的，而不是與之
> 相反的方向……這正是今日我們稱為「進步主義教育」
> 的核心。（*Progressive Education,* 1930, 335, 336）

　　平心而論，杜威和其他社會重建主義者都根本沒有對「以總體、事物、宣傳計畫來看待人們」和其他類似的部分辯護過。但是，他們堅持直接與社會非人性的力量對抗，主張嚴謹的知識、團結社會的努力，以及堅定反對既得利益者的立場，必要時甚至甘冒個人的風險，以促進社會改革，光是懷著對兒童潛藏力量的信心和希望是不夠的。就我所分析的全人教育思想而論，社會重建主義者所說的「善於適應的」性格，並沒有解決道德、文化和社會對於更人性的、更民主的教育所造成的阻礙。如果有的話，我就願意認同他們。

　　進步主義教育運動反映出杜威和派克有關促進教育民主的思

想，雖然兒童中心和社會重建主義團體提出兩種不同的因應方式。前者較強調教室中的民主，而後者則以教育做為工具，試圖在美國社會建立起更民主的環境。我們可以看出一個整合的模式需要同時兼具這兩種要素。首先，如果他們在學生時代有了否定民主的經驗，我們如何期望他們長大以後能夠實際參與民主社會（Washburne, 1952, 40）。還有，誠如卡倫對於公立學校創立者之有關民主說詞的觀察：

> 沒有將學校當作是一個由自由的人們所組成的自我管理的團體。教學在他們的思想上只保留一種權威式教條的技術，以及學習完全服從正確的管理方式，還有令人滿意的古代的「自由文雅的藝術」（liberal arts）。（Kallen, 1949, 129）

其結果，正如拉格所指出的：

> 不但沒有造就出一個會思考、能夠認清公共議題和審慎地監督他們所選舉出來的人之言行舉止的公民，而且這些年輕人從學校離開之後，就成為適合宣傳計畫中的標準公民了。（Carbone, 1977, 134）

主張兒童中心的進步主義教育學者試圖以參與民主的模式，來取代權威教育的環境。

教師、學生或家長不再將學校當作一個只是按照計畫去
做事的地方……學校應該成為一個活生生的社會有機
體，而學生是其中一個重要的部分……發展出每一個個
體的價值感，促進每一個人對學校事務的完全參與，以
及引導每一個人進行思考，這些都是在推動許多課程和
教學激進改革上所必需的。（Aiken, 1942, 17, 19）

另一方面，僅僅賦予學生在學校中更多的自由和主動權，而
沒有引導他們建構出一個民主社會的願景，只是會讓學校永遠與
真正的社會問題脫節而已。孔茲在《學校膽敢建立一個新社會秩
序嗎？》一書中，稱進步主義教育者為「浪漫多情主義者」，只
想要保護兒童脫離殘酷的事實。相反地，孔茲呼籲教育者要重申
「革命者」的民主精神，為捍衛「人類的道德品質」而戰，起來
對抗資本主義的自私、剝削和特權。孔茲要求教師要直接打擊資
本主義，實在比大部分的社會重建主義者更加激進。但是，他們
支持他的觀點，也就是教育必須引導學生建立對提升民主社會的
願景（Counts, 1932）。

146

杜威嘗試將個人與政治連接在一起，「為了個人的發展」，
他表示：

教育必須促進一些形成社會團體和社區生活的因素，而
且必須努力對抗其他阻礙的部分。倘若我們承認教育是
重視個人潛力的發展，就必須誠懇地接受這個結論，就

是教育無法對現存的社會組織保持中立和漠不關心的態度。（Dewey, 1940, 291）

博德擴展了杜威的理念，他主張「民主需要培養一種對所有人類利益的敏感度，例如對個別差異的敏感度，因為個別的經驗是社會進步的來源」（Bode, 1927, 236）。對於杜威和他的擁護者而言，民主意味著社會進步的重建。為民主而教育，意味著教育人們負起引導社會改革的責任。在進步主義哲學的假設下，在現代化工業社會中進行快速改革是不可避免的，教育的基本問題是社會的價值觀和學校是否要與科技的創新同步發展。學校的目的是要維護不朽的、權威的社會秩序，以使科學與工業發展造福菁英階級，還是要激發批判思考和個人直覺，以使人們可以決定自己的命運。

博德評斷，任何嘗試將個人安排在社會所預定的位置之教育規畫，就是屬於「貴族統治的」。

貴族統治的精神可以展現在國王具有神授權力的教義中，也可以展現在憲法永遠不得改變的完美制度中，或是以 I. Q. 做為區分通才教育與職業教育的唯一條件……一個真正的民主社會將它的制度和實務視為一種手段，是會隨著經驗的發展來加以修正或將之丟棄的……教育的目的並不是在於將個人安插在社會的某一個位置上，卻是要賦予個人能力來創造自己的位置。（Bode, 1927,

32, 79, 234-237）

我們現在可以理解何以保守派的評論者（實質主義者和提倡社會效率者也一樣）為什麼會如此憤怒地攻擊進步主義教育了。他們聲稱進步主義教育學者為「反智的」（anti-intellectual），而且指責他們保留一九五〇年代對共產主義的憐憫，這是一種間接攻擊進步主義最具破壞性的信念：為了適應企業資本主義所造成的情況，美國文化必須進行有意義的改革。進步主義教育——包括兒童中心和社會重建主義兩派，都是建立在批判美國文化主要主題的基礎上（雖然有時並不明確）。

進步主義教育學者針對美國保守的新教教義有關人類天性的悲觀主義和道德主義的觀點，提出他們的看法：

> 教室仍舊以這種「將兒童無意識的形象當作是墮落的形體之觀點」來管理，教育工作將壓制和禁止當作是必備條件。（Kallen, 1949, 62）

雖然他們沒有經常如此直接地對抗喀爾文傳統思想，但是，主張兒童中心的學者對人類天性的立場，是非常清楚地建立在積極、甚至浪漫／靈性的觀點上。而社會重建主義者則支持杜威對於嚴謹知識超越所有宗教意識的信心。

進步主義教育學者更明確地表明反對科學簡化論的立場。克伯屈指出：

147

> 科學錯誤的方式期望我們去研究兒童，卻不要理會他的
> 個性；期望我們以一些片段的知識、獨立的技術、獨立
> 的習慣和其他類似的事來開始進行研究，而不是以「整
> 個的」兒童來開始。(*Progressive Education,* 1930, 383)

　　這就是人文主義心理學運動在一九六○年代所進行的批判。
不幸地，在一九二○年代，心理測驗運動依舊非常地盛行，社會
科學家和社會效率學者〔如桑代克和博比特（Franklin Bobbitt）〕
具有信心地預測所有的教育工作最後都會被量化和測量的技術所
主導。進步主義教育站在最前線來對抗這種科學簡化論主張。

> 我記得有一位專家驚覺自己年復一年用同樣的量表來測
> 驗兒童時，她對比奈（Binet）智力測驗的信心是如何下
> 降的。畢竟人類的智慧並不是固定在出生的那一刻，假
> 如能給予正確的培養方式，智慧是可以繼續發展的呀！
> (Pratt, 1948, 58-59)

148　　進步主義教育學者指出，經驗和智慧是每一個人可以開展、
探索和改造的。生命流動的本質沒有辦法透過僵化的量化研究來
加以描繪。
　　博德抨擊科學主義是一種保守的社會力量。他表示，科學不
能代替道德選擇，科學只是一種技術，用來蒐集我們已經選擇的
價值。若宣稱可以用「科學」來決定教育目標，就等於默默接受

這種社會現狀，或放棄道德選擇權。博德堅持主張教育是一種道德事業：「教育者最重要的一件事就是具備社會願景。」（Bode, 1927, 241）

進步主義對於民主的理念比美國主流意識型態還要更加開放。針對這一點，孔茲在《美國的文化之路》（*The American Road to Culture*, 1930）中有非常敏銳的分析，他指出美國人：

> 確信國家為了能夠製造出好的公民，應該要掌控學校；但是，他們所謂的好公民是指那些敬畏創國先賢之名的男女，接受美國政府的形式為幾近是神權所授與的，且能表現出誠實與高效率，但卻缺乏想像力，每天過著安分守己的文明生活。（Counts, 1930, 28）

甚至極少提出批判的華盧朋（Carleton Washburne），也闡述美國人抗拒進步主義教育的意涵，他表示「很多人實際上對民主沒有信心，他們害怕讓人們看見一個問題的所有層面……」（Washburne, 1952, 107）。

全人教育學者自從馬克路爾和尼夫之後，已經獲得與上述相同的發現，而進步主義教育學者卻突然獲得這樣的發現：雖然在獨立宣言與歷史課本裡面有富麗堂皇的民主辭令，卻在美國文化中出現一種抗拒完全展現民主價值觀的鴻溝。要讓菁英階級屈從於社會大眾，是一件不容易的事情。因此，所有階級中的大部分美國人寧可選擇質疑其充分自決的權力，特別是我們已經看到他

們不信任一些小團體——諸如黑人、移民者和兒童。教育者嘗試
賦予學生對自己的學習負起更大的責任，這樣的理念一直遭到公
立學校教育的忽視、抨擊或稀釋，而且遭到家長的反對。

149　　　進步主義教育者——甚至包括那些主張兒童中心的團體，都
對國家主義的文化主題很敏感，因為國家主義是透過忠誠運動，
以及伴隨第一次世界大戰而來的紅色驚恐（Red Scare）所促進
的。他們指出國家主義是個人表現與社會重建運動的潛在敵人，
他們提出一種不同於國家主義的觀點：

> 我們主張將重點放在個人的身上，並善用他天性中對所
> 屬團體的忠誠，以促進他來協助建立一個永遠值得付出
> 愛的國家，而非將重點擺在國家身上，只是要求他必須
> 對國家維持不變的情感，無論它的作為或是被利益者所
> 控制……誰在決定美國人應該抱持什麼樣的理念？……
> 「美國人」擅長採用聰明的呼籲為掩飾，來促成國家主義
> 的偏見，而「美國的理念」這個名詞就成為鎮壓、反對
> 真實的理想主義者的代表。（*Progressive Education*, 1925,
> 212-213）

激烈國家主義的基本問題在於管理者運用愛國者的口號來扼
殺異議者——任何異於管理者的意識型態，這是在一九五〇年代
所發生的事。華盧朋是公立學校的監督者，本身非常溫和穩健，
卻非常激昂地提出他的抗議，他表示反對進步主義教育的人是：

What Are Schools For ?
Holistic Education in American Culture

在一流的美國主義下齊步邁進的……任何老師或學生只
要脫離那些保守派所抱持的概念……就會被他們冠上
「破壞分子」或是「非美國式的」的帽子。他們沒有覺察
到自己對民主的不信任，他們竟然試圖壓制自由的思想
和自由的討論，他們自己才是危害美國理念最危險的破
壞分子。（Washbune, 1952, 107-108）

最後一項重點，是進步主義教育對資本主義的批判，不只
是因為它做為經濟理論的背景，而且也是支持美國世界觀的道
德和意識型態。這些都是工業資本主義用以培養汲汲營營和自
私競爭力的方式，而進步主義教育學者全部予以反對。拉格指
出，美國文化在本質上是「一種由獲取金錢報酬所支持的商業文
明」。而且從歷史的角度來看，資本主義急速征服這個大陸（昭
昭天命），卻用犧牲其他的品質，來做為酬賞利慾薰心之物質主
義的代價。「為了征服大陸而對個人的自由採取控制，要進行自
我培育簡直是不可能的事，對美學的興趣也降到最低點」（Rugg,
1939, 41, 128）。

《進步的教育》在一九三〇年刊出林德（Robert S. Lynd）〔著 150
名的中產城鎮（Middlctown）社會學研究的作者之一〕的文章，
他主張在美國文化中，賺錢已經變成「自我證明的儀式，一種文
化本身的目的」，因此窄化人們的職業生涯選擇和影響重要的判
斷（*Progressive Education,* 1930, 171, 172）。他將汲汲營營追求
財富，歸因於受到新教派道德主義的影響。就我的論點而言，這

真是意義深遠的評論。

這類的評論讓我們開始質疑資本主義是否是真正的「個人主義」。自私的追求財富能代表個人最完全的發展，或是個人獨特性的主張嗎？孔茲對於這個議題直接了當地表示：

> 過度關心個人的成功，和主張個人主義的社會組織是兩種非常不同的事實。實際上，美國人非常強調個人的成功，社會明確地界定個人應該努力的目標和標準，以做為個人成就的評斷標竿，因而形成一種最否認真正個人主義的主張。在這樣的情況下，尤其是這些理念和標準是十分窄化的，在美國這些……想要成功的強烈慾望，被證明是最嚴厲和殘酷的主人。（Counts, 1930, 120-121）

社會重建主義者在批評「個人主義」時，同時也否定資本主義對汲汲營營競逐名望與財富的重視，他們並不是在呼籲一些跟社會同質化類似的主張。這是進步主義教育的特性——重建主義和兒童中心浪漫主義，其指出美國文化如何阻擾個人的成長與自我表現。在這方面，他們顯然是屬於全人的教育思想。

社會重建主義者提供給全人教育理論一個激進的觀點。他們回應托克維爾的警告，那就是雖然理論上在一個非常開放的社會裡，沒有人應該被排除在競爭的機會之外；但是，工業主義卻會

引出一個新的貴族統治社會。他們指出美國文化贊同自私的競爭，且以不均衡的財富和權力來獎勵成功者，卻貶抑其他人，讓他們生活在勞役或貧窮之中。他們批評這是嚴重的錯誤，而且簡直就是不民主。

很明顯地，進步主義教育運動完全不能將它的理念注入美國教育主流中。儘管保守派在一九五〇年代曾發表宣言，甚至後來也有很多歷史學者跟進，但是，那些學者顯然一旦理解進步主義教育的反文化主題之後，美國文化和主流教育就斷然拒絕進步主義教育的模式（Nash, 1964; Williams, 1963; Zilversmit, 1976）。有一個真實的證據，就是大部分的教師訓練機構都繼續維持傳統的教學方法，甚至當代的調查研究〔例如，在一九三〇年代中期，對紐約州學校進行大規模的古立克研究（Gulick Study）〕中，也極少發現跟進步主義方式沾上邊的創新做法。

事實上，誠如我們已經領悟到的，守護美國文化的人已經下定決心要反抗進步主義教育到底。例如，拉格曾引進一系列社會研究的教科書，認為內涵真實的進步主義形式可激勵對美國歷史和社會的批判反思。但是，社會對此事的反應卻非常嚴厲。「殖民戰爭者之女」（Daughters of the Colonial Wars）的高階人員表示這些書試圖：

> 給兒童一個公正的角度，用以取代教導他真實的美國主義。所有過去的歷史都教導我們國家是非的觀念，這就

151

221

是我們要我們的孩子所繼承的觀點，我們沒有能力負擔
起教導他們成為公正的和讓他們自己做決定的代價。
（Carbone, 1977, 28）

　　這種令人吃驚的權威式的表述比較不像是反映出美國的真實
文化，倒像是右派的誇飾手法。或許它真的是反映出美國文化，
不過跟從「美國退伍軍人協會」（American Legion）、「全國製造
業協會」（National Association of Manufacturers）、「美國廣告
業聯盟」（American Federation of Advertising），和《富比士》
（Forbes）（譯註：美國著名的經濟雜誌）雜誌等所發出的批判很
類似。同樣地，根據其他的歷史學者的評論，《社會的新領域》
雜誌被一些相同的批評者貼上「紅色」或「馬克思主義」的標
籤（Gutek, 1970, 75）。我們再一次見識到資本主義和保守的國
家主義聯合起來對抗那些他們認為不服從的思想和表現。歷史學
家卡邦（Peter Carbone）推測美國人並不想要學校發展批判思考
和藝術的敏感度，像拉格這樣的理念對美國人而言，確實是「太
直接、具有太多的威脅而難以接受的價值觀」（Carbone, 1977,
168-171, 179）。我完全同意他的觀點。

　　進步主義教育，原意是自由、全人的進步主義教育，在找到
進入主流教育的途徑之前，其理念是完全被稀釋了。教育方式在
表面上做了一些改變，例如在教室裡允許學生隨意走動而不是固
定坐在椅子上，大概就是最多公立學校大膽嘗試接近進步主義改
革的做法。但是，若想要實際將學校當作是一個個人可以發展生

152

命潛能的實驗室，或者是整體社會可以實驗一些新價值觀的地方，就必須澈底改革哲學思想、課程設計、教學方法和公立學校的行政管理。雖然在一九七〇年代有這樣簡短的爭議所帶來的「教育危機」（參見第 8 章），但是，美國的學校還是尚未看到這樣的改革。

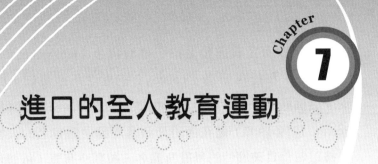

進口的全人教育運動

從一九一〇到一九五〇年代這段期間，進步主義教育成為美國全人教育模式的主要代表，此時很多歐洲的教育運動被引入美國，使傳統教育思想遭受全人教育的衝擊。「現代化學校」（Modern School）運動就是其中之一，這個運動的主要訴求是宣揚無政府主義和不受世俗約束的主張，但是它在第一次世界大戰之前的短暫風行之後，就宣告銷聲匿跡了。另外兩種影響力：蒙特梭利教育方法和史丹勒的華德福學校教育，卻逐漸緩慢地形成一股影響力，到了一九六〇年代以後，它們已成為美國主流教育以外的另一重要潮流。

◎ 無政府主義

二十世紀的一個短時期，很多歐洲社會還是由君權主義政府統治，社會由堅固的階級結構以及穩固的教會基礎來主導。為了對抗這種鎮壓式的社會秩序，勞工運動轉而求助於社會主義、無政府主義和反宗教的「理性主義」等被視為進步與現代化的

工具。無政府主義運動是由克魯泡特金（Kropotkin）、巴古寧（Bakunin）和托爾斯泰（Tolstoy）的理念所激發起來的，在西班牙這個最保守社會裡，獲得相當大的支持。法瑞爾（Francisco Ferrer, 1859-1909）是在西班牙激進運動中最有名的人物，他最後被以煽動具破壞性的暴亂為罪名，被判決有罪（依據可疑的證據），最後被處死。他在生命的最後幾年裡全部貢獻在教育工作上，從一九〇一到一九〇六年，他在巴塞隆納經營「現代化學校」（直到它被當權者所關閉），以及後來撰寫了無政府理性主義的教育理論。

法瑞爾的主張形成一種自由教育的思想，他的理念源自於盧梭、托爾斯泰、英國無政府主義者高德溫（William Godwin），以及法國和西班牙無政府主義教育學者的思想。他指出在西班牙和其他地方所建立起來的教育系統，都是由政府、階級和教會的利益所主導，菁英階級試圖透過學校教育來操縱社會大眾。

> 兒童必須學會去服從、去相信，並且依照社會主要的教條來思考……絲毫沒有考慮到任何有關促進兒童機能自發性地發展，或是鼓勵其自由地追求本身肉體、智能和道德需求的滿足。只在乎如何灌輸兒童現成的思想，以避免兒童想到其他不是維持現存社會制度所需要的思想……（Ferrer, 1913, 68）

無政府主義教育方法的核心在於支持全人教育浪漫思想對

「兒童機能自發性地發展」的信心。本質上，無政府主義是一種對現行社會制度的批判，這種制度會阻礙或壓制人類天性的自然開展。無政府主義是無神論者堅決要推翻教會的權力和「宗教迷思」的主張，他們認為人類自然的發展遠比靈性事物還更重要。這種理念並非是一種實證哲學對科學的信心，而是一種類似裴斯塔洛齊的徒弟（尼夫）的主張，以經驗為依據的模式。他們所抱持的信念是人們應該信任自己的觀察和判斷力，而非盲目地服從「共同意識」的權威。法瑞爾表示，教育不應該建立在社會的信念上，而是應該建立在獨立思考上。教育方法應該是以經驗為依據，將基礎建立在發展兒童心理與生理的需求上。學生應該擺脫學校的束縛，從教條和偏見中解放出來，並且能夠依照知識和經驗來決定自己的信念和價值觀。簡言之，教育必須促進個人的發展，而非鞏固社會的制度。

> 我們毫不猶豫地表示，我們想要人們能夠繼續不斷地發展。人類經常有能力摧毀和重建他們的周遭環境，並且更新他們自己……社會會懼怕這樣的人，所以你不能期待社會會建立一個教育系統來製造這些人。（Ferrer, 1913）

以另一層重要的意義而言，法瑞爾算是一位全人教育學者，他指出學校教育的傳統定義是學習學科知識和課本，卻忽視人類個性的完全發展。

155

> 對一個人的教育並不僅止於訓練他的智能，而沒有關注
> 到他的心靈與意願。儘管人有各種不同的功能，但是他
> 卻是一個完整和統一的整體。（Ferrer, 1913, 29）

這個主張反映出無政府主義教育者的全人教育概念——「統整教育」（integral education），即結合知識與實際動手做的技術。他們試圖教育完整的個人，以消滅社會階級中對個人的差別待遇。無政府主義者強烈反對專業主義的文化，而且深信所有的人都應該接受教育，同時在教育過程中兼顧生產工作和批判性思考能力的培養。這個現代化學校嘗試合併勞動階級和中產階級的兒童。此外，法瑞爾也反對社會對性別的差別待遇（他的性別主義用語受到誤解）；這個現代化學校裡平等接受教育的創新做法，確實震驚當時的社會。

法瑞爾表示真正的教育來自於學生自發性地參與這個世界，他的學校著重於「充滿活力的效果」，而非「令人厭倦的閱讀」。在他的教學方案中找不到成績、考試、獎勵和懲罰等成分。兒童能夠依照他們自己的興趣、能力和經驗來學習，而不是為了表現出大人們的期望。

> 我寧願要一個什麼都不懂卻能夠自由自在地生活，且具
> 有自發性的孩子，也不要一個在現存教育體系中獲得語
> 言知識和扭曲知識的孩子。（Ferrer, 1913, 73）

　　這就是無政府主義堅決放棄目前文化的教育哲學，這也就難怪西班牙領導階層會認為法瑞爾的理念深具威脅性；就跟美國主流文化反對它們類似。

　　全世界自由主義的知識分子都憤慨地反對法瑞爾的做法，他們所發出的咆哮聲，引起世人對法瑞爾理念的注意。法瑞爾的著作在美國只得到一小群知音的迴響：一個在戰前活躍於格林威治村的激進團體（本書最後一章會再提到），這個團體包括無政府主義者，如戈德曼（Emma Goldman）和柏克曼（Alexander Berkman）；藝術家和作家，如史提格利茲（Alfred Steiglitz）、貝洛斯（George Bellows）、傑克倫敦（Jack London）、辛克萊（Upton Sinclair）、斯蒂芬斯（Lincoln Steffens），和歐尼爾（Eugene O'Neill）等人；社會改革者，如桑格（Margaret Sanger）、丹諾（Clarence Darrow），以及煽動人心的《群眾》（*The Masses*）雜誌編輯伊士曼（Max Eastman）。這個小團體在一九一〇年組成法蘭西斯可法瑞爾協會（Francisco Ferrer Association），並且在一九一一年以法瑞爾模式為基礎，創立一所學校。艾弗瑞奇在他傑出的研究著作（Paul Avrich, 1980）中完整地描述這個運動。

　　當然，法瑞爾對他國家裡的高度保守社會所提出的批判，並不能直接應用在美國的社會中，因為美國沒有類似他們社會中之根深蒂固的菁英分子，其對整個社會大眾具有那麼大的支配力量。但是，即使是在比較民主的社會中，還是有一種明確的社會階級：一小群人從已確立的文化中獲取最多的利益，因此他們不

156

惜犧牲一切來維持文化的現狀，甚至犧牲人類的發展。無政府主義者跟全人教育學者一樣，非常反對這樣的犧牲，因為代價實在是太高了。

美國的無政府主義者確實對這個國家的主流教育進行非常激烈的批評。在紐約法瑞爾學校中的一位教師，指控公立學校：

> 存在的特別目的，就是為了要把我們的兒童製造成良好的公民。所謂良好的公民自然是指那些屈從於剝削者控制的人，他們在一種榮耀的盼望中，期望有一天自己也可以成為剝削者。當國歌響起時，這種人會摘下他的帽子，對國家肅立起敬。但是，誰會相信那些因為批評這塊土地而被關在監獄中的人呢？（Avrich, 1980, 77）

文化守護者駁斥無政府主義者的主張，正像對待所有的浪漫主義者一樣，把他們當作是愚昧的、感情用事的反叛者，認為其實這些人只是不能接受合法的權威，或是一個有組織的社會需求而已。我並不同意這種隨意的駁斥，好像保守派在冷戰時期對進步主義教育的揶揄，混淆了激進主義者本可提出有深刻見解的批判。就算這些淪為浪漫思想層次的憂慮者所批判的是社會中最敏感的一部分，但是這些文化守護者們幾乎從未提及何以他們的世界觀會讓這些反叛者感到憂心忡忡，他們藉著駁斥這些社會批判為「非美國式的」，以確保人們不會認真地看待這些批判。事實上，無政府主義者針對美國文化做了一些非常敏銳的批判。

　　現代化學校運動基本上是一個勞動階級運動，它斷然否定中產階級和保守派為瞭解決企業工業化所造成的問題，而提出進步的「社會效率」解決方案。紐約激進主義者非常活躍於促進勞工運動，在那些年裡，讓中產階級感到非常不安。舉例來說，一九一二年麻薩諸塞州的勞倫斯紡織廠發生大罷工，那些罷工者的子女受到法瑞爾學校成員的歡迎。無政府主義者深刻感受到現代化工業社會造成人類必須付出的代價，因此，他們完全質疑美國文化中的重要價值觀。無政府主義者是全人教育學者中最激烈的社會和政治批判者，他們就是與現實的社會環境格格不入。他們唯一追求的目標，就是完完全全地轉變美國的世界觀。

157

> 一個熱情、多元和自由開放的新世界……脫離這個了無
> 生氣的、以營利為目的的傳統社會……他們想像自己
> 正在迎接文化、社會和政治演進新紀元黎明的來臨。
> （Avrich, 1980, 115, 129）

　　但是，他們的理想當然被愛國者運動所粉碎，這是發生在第一次世界大戰期間以及之後的事。無政府主義者和激進勞工領導者都在「紅色驚恐」期間被圍捕了，他們不是被關在監獄裡，就是遭到驅逐。正如艾弗瑞奇所指出的，無政府主義的衰退有很多其他因素，諸如在俄國革命之後，與其他激進主義者產生嚴重的分裂。但是，我很懷疑即使這個運動仍舊持續進行著，會有任何希望可以在美國文化中獲得成功。法瑞爾學校於一九一五年遷

移到紐澤西州司戴爾頓（Stelton）的鄉下，繼續經營到一九五三年，但是歷經很多不同的校長之後，它已經喪失激進批判的焦點，以及與一九二〇年代中進步主義教育運動相關的主張。大約有二十個現代化學校遍布在不同的地點，但是大部分都只維持幾年而已，而且全部都在一九五〇年代末期倒閉了。不過，艾弗瑞奇發現，有很多他們的理念在一九六〇年代的自由學校運動中仍然繼續被發揚光大。

　　無政府主義學校運動是全人教育歷史上一頁簡短而豐富的篇章。這些教育學者們非常熱衷於獻身在開展兒童天性的努力上：「個人的關係才是最重要的事，人們應該被允許發展他們自己的潛能。」（Avrich, 1980, 229）他們正像所有其他的全人教育學者一樣，對於人類潛在完整的天性抱持著極度的信心，此乃他們非常熱切訴求的其中一部分。

> 如果兒童的天性本能，沒有被傳統的教化給敗壞了，反
> 而能賦予他們自由遊戲的權利，則我們將可以擁有一群
> 能夠在這地球上創造美麗新生活的男人和女人。（Avrich,
> 1980, 248）

158

　　顯而易見，無政府主義理念在這個新教派「國家主義－資本主義」的世界觀中，是沒有立足之地的。這個現代化學校運動已經廣被世人所遺忘了，並且這個由無政府主義者所夢想的「新世界」、「美麗的新生活」，只能期待未來某一天美國文化的轉變。

◎ 蒙特梭利運動

在第一次世界大戰之前，社會和知識大騷動的期間，美國教育學者也接觸到蒙特梭利（1870-1952）的研究著作。雖然蒙特梭利教育方法最初在一九〇九年所引爆的關注到了一九一五年已快速地消退，但其教育方法卻在半個世紀之後再度重現江湖，並且在一九七〇年代被廣泛地應用，被視為在美國教育中最有組織的、獨立的、非主流的教育運動。蒙特梭利是全人教育哲學思想最早的理論家之一，而且不像其他的全人教育方法——她的教育方法受到中產階級社會的歡迎，被完整地維護達八十年之久。今天在美國大約有三千所蒙特梭利學校。為了理解它成功的原因，我們必須謹慎地評估在這個國家中蒙特梭利運動的歷史。

蒙特梭利是首位進入義大利醫學院的女性，她在一八九六年以極高的榮譽畢業。她不但是一個開業醫師，也是精神病學和體質人類學的研究者。她的知識背景在所有領導教育的思想家之中是獨一無二的，她接受很多教育實務經驗的鍛鍊，並且具有治療個別兒童的興趣。這樣的學術背景讓她的教育理念大都來自於臨床觀察，而較少是從哲學或思想體系而來。她在治療收容機構兒童的那些年裡，簡直都與智能障礙、學習障礙、情緒障礙和少年虞犯整天混在一起，她開始相信兒童早期社會性和知識性的剝奪，比身體本身的缺陷更會造成這些兒童的障礙。她開始在義大利巡迴公開演講宣揚自己的理念，並且贏得了全國對她的尊稱：「代表不幸兒童的新運動倡導者」（Kramer, 1976, 82）。

她的努力終於在一九○○年有了成果，她受邀成為訓練教導這些特殊兒童的教師機構的首任主管。她的教育方法是建立在兩位醫學專業前輩研究的基礎上：伊塔（Jean Itard）和他的學生塞根（Edouard Seguin）〔伊塔是「亞維農野男孩」（wild boy of Aveyron）的老師；塞根曾在十九世紀早期治療聾啞和智能障礙的孩子〕。蒙特梭利的理念尤其受到塞根研究的啟發，塞根領悟到他能夠透過針對兒童的個別需求，而設計出具體的感官活動，並且最能對那些被稱為「白痴」的兒童產生影響，他反對「極大部分千篇一律的教育活動」，而且主張「尊重個人獨特的個性是身為老師的第一個考驗」（Kramer, 1976, 61）。

蒙特梭利實驗塞根所設計的感官課程教材，並且加以改造，最後發展成屬於她自己的教育方法。那些有缺陷的兒童被用這些方法教導之後，所產生的結果遠比預期的要好。他們不但學會讀和寫，而且時常表現得跟一般正常的兒童一樣好。參觀者都很佩服這種明顯的奇蹟，但是，蒙特梭利像塞根一樣領悟到，這種奇蹟實在比不上因為其中的教育實務被接受所帶來的重大啟示。如果將這種以感官為基礎的教育方法運用在教導正常的兒童身上效果會如何？蒙特梭利於是將她的醫療實務經驗轉變成為一種教育運動。在參與一項教育哲學（有關裴斯塔洛齊和福祿貝爾的特別探索）和實驗心理學的嚴謹研究，以及領導對學校進行人類學的觀察研究之後，她已經準備好要嘗試實踐她對正常功能兒童的理念了。

　　她在一九○七年獲得一個實踐理念的機會。在羅馬貧民區有一項住宅計畫，她被邀請去協助成立一個托兒計畫，這個計畫稱之為兒童之家——這是第一所蒙特梭利學校。蒙特梭利觀察這些孩子如何使用這些教材，因而建立起使用的原則和程序，其可供每一所蒙特梭利教室來運用。就像之前的成就一樣，她又再次獲得戲劇性的結果：那些原本生長在貧窮的環境中，看起來無精打采或具破壞性的幼兒（三至七歲），開始能夠非常專心地參與活動，並能對周遭環境產生喜悅的興趣，而且「爆發」出達到四至五歲的讀寫能力。來自義大利全國各地及很快地來自世界各地的教育者和社會改革者，都爭相來看這些「已轉化的」兒童，兒童之家很快就在超過十二個國家中建立起來。最後，這些教育方法也被擴大運用在適合較大兒童的需要上。

　　蒙特梭利於是成為全世界的名人，有絡繹不絕的訪客來求見，甚至有一些訪客推崇她為先知。就在此時，她開始從自己所從事的學術界和科學界中撤退，也從一群忠心的跟隨者們的包圍中撤退，卻讓她成為一位更有權威，甚至更具魅力的人物。蒙特梭利在宣稱她只會教導自己所發明出來的方法之後，就開始從事寫作〔在一九○九年以《科學的教育方法——兒童之家暨幼兒教育之實務應用》（*The Method of Scientific Pedagogy Applied to the Education of Young Children in the Childrens' Homes*）做為開始，本書於一九一二年在英國出版，名為《蒙特梭利教育方法》（*The Montessori Method*）〕，並且舉辦國際訓練課程來訓練

160

儲備教師。隨著在一九二九年成立的「國際蒙特梭利教育協會」
（Association Montessori Internationale, AMI），開始賦予蒙特梭
利運動世界性的權威領導趨勢。這種謹慎地從主流教育制度中脫
離出來的做法，有助於在教室中運用時，維持蒙特梭利所設計教
育方法的精髓。但是，它也產生了一些不利的影響，我們將在下
面繼續探討。首先，我們將探索蒙特梭利理念的發展，以及它們
在全人教育思想中的地位。

　　蒙特梭利的核心思想是兒童的自然發展，她深信兒童的發
展只要與一種有目的的、甚至神性的生命力量〔她用賀爾美
（hormé）這個字來表示〕相和諧，就能夠健康地形塑，以及開展
潛藏在人類內在的身體、心智和靈性的特質。儘管蒙特梭利受過
嚴格的科學訓練，她還是對指引人類發展之靈性力量的奧秘抱持
信心。在兒童外顯的行為與興趣背後，她相信：

> 必定有一個依照明確計畫在發展的個人靈性胚胎……教
> 育者有一件最緊急的工作要面對，就是認識這個未知的
> 兒童，並且將他從所有的束縛中解放出來。（Montessori,
> 1972, 109-110）

　　只要賦予恰當的滋養環境，賀爾美就會推動兒童開展他／她
的潛在個性、擴展他的能力、維護他的獨立性，以及創造出成人
的特性。兒童因為他們自己天性中的靈性本質，會自動自發地尋

求成長和學習。成人所謂的兒童的不良行為，皆因成人自己沒有
提供恰當的環境，或是以自己的錯誤偏見來誤導人類的發展所造
成的。在傳統的教育裡：

> 一個人用自己來取代神，想要以他自己的形象和相似性
> 來塑造兒童的心智，而且如果沒有讓一個自由的生物遭
> 受折磨的話，是無法辦到的⋯⋯這個人會打斷兒童正在
> 進行的事，迫使他們學習一些預定的事情，例如命令他
> 們停止學習數學，接著開始上地理課，以及其他類似的
> 情形；他認為引導兒童的文化很重要，結果混淆目的與
> 手段，且為了無價值的東西來摧毀一個人⋯⋯我們對兒
> 童的關注需要加以控制，並非依照我們的意願來「迫使
> 他學習事情」，但是，我們需要一直努力協助他維持內
> 在所點燃的火花，就是所謂的智慧。（Montessori, 1965,
> 54, 180, 240）

蒙特梭利提醒教育者，「我們不是外在肉體的創造者，更不
是靈性的創造者」，只要給予恰當的滋養，個體的成長就會自然
地開展；但是，如果不自然地加以扭曲和強迫他成長，個體就會
受到折磨。個體的成長必須被賦予自由來開展，蒙特梭利表示教
師必須跟隨兒童的步伐，依照他內在靈魂所蘊含的生命方向來加
以指引。

161

　　那麼教育者的工作就不是教導，而是提供一個適於開展兒童成長所需的學習氣氛，然後允許兒童在這個「預備環境」中自由地探索。

> 教育不是老師做了什麼，而是……一個發展人類自動自
> 發天性的自然過程。這個過程不需要聽從指示，但卻需
> 要由兒童從他自己探索環境的經驗中所產生的效力。
> （Montessori, 1973, 6）

　　蒙特梭利主張每一項教育實務都必須建立在以經驗為依據的知識基礎上，以及關注發展中兒童的需求和天分。她寫到：「為了教育，最重要的事就是認識接受教育的對象」（Kramer, 1976, 98）。蒙特梭利比發展心理學者——如皮亞傑（Piaget）——（順便一提，皮亞傑在他生涯早期曾活躍於蒙特梭利教育運動）更早幾年領悟到認知發展發生在不同的階段。兒童期的前六年是特別重要的階段，「吸收性心智」（the absorbent mind）的兒童能夠逐步將他周遭的環境「具體化」（incarnates）。「他不只會記得他所見到的事情，而且它們會形成他靈魂中的一部分」（Montessori, 1973, 63）。最初有關兒童具有這種吸收力量的一個實際例子，就是他能夠毫不費力地學會自己的母語。

　　在這個階段，感官教材是最有用的。幼兒不具備抽象推理的能力，他必須透過具體經驗和實際操作來學習。讀、寫、算可以在這個階段透過感官經驗來教導他們：摹寫字母卡、運用「活動

162

字母」（moveable alphabet），以及運用精美的彩色串珠（現在被廣泛應用的彩色木條的前身）來學習數字。最初蒙特梭利勉強在兒童之家強調這些知識技能，但是她後來被那些四到五歲兒童本身的興奮情緒所說服了，她發現如果能夠具體地呈現這些教具，這個吸收性心智時期的兒童就特別能夠發展讀、寫、算的能力。事實上，在整個人生的早期有一系列的「敏感時期」（sensitive periods），也就是這個心智極度能夠領悟特別的感官經驗（語言、色彩、音感、活動等等），以及社交上的習慣的時期。蒙特梭利的教材是根據這些敏感度來設計的，老師的角色就是很仔細地觀察每一位學生，才能確切地知道何時是開始使用每一種教材的最佳時機。

小學（六至十二歲）和青少年（十二至十八歲）都有他們自己的發展需求。在吸收性心智期過後，再嘗試學習那些基礎技能，例如學習外語，以及「強加力量在兒童乾涸的心靈上，都會導致兒童厭惡學習所有與知識有關的教導」（Montessori, 1978, 95）。

在蒙特梭利的教育方法中，因為基礎技能是在具體運思期階段精熟的，所以要讓小學生自由放鬆地發揮想像力。蒙特梭利「宇宙教育」（cosmic education）的願景涵蓋所有人類經驗的領域（歷史、神話、科技）和探索科學（整個宇宙本身）。教師使用自我調整的教材，來引導兒童更加覺察他們自己的生活環境。雖然小學生會開始進行抽象思考，但是這個時期的課程仍繼續強調有目的的活動，換言之，即實際動手操作。蒙特梭利說：

「手是人類知識的工具」，她主張人們是透過參與有意義的工作
——特別是需要非常專注地參與時，最能夠投入環境之中。學習
並非被動地接受抽象的文字，而是主動整合心智、身體和靈魂
（Montessori, 1978, 26）。

　　青少年期正處於具有強烈興趣探索知識的時期，應給予更多
機會讓個人探討有關社交的、道德的和性別認同的議題。蒙特梭
利很強調這一點，而且她提議給這個年紀的孩子一個「青年天
地」（erdkinder），這是一種自給自足的農村靜修生活方式，讓年
輕人可以親自體驗如何建立一個社區。那些傳統教育者努力要強
迫青少年學習的學術能力，蒙特梭利的學生早就已經精熟了，這
些學生能夠經常很自由地討論他們自己生活中更重要的問題。

　　看起來蒙特梭利似乎也主張讓學生完全自由地順著自己的本
能衝動來發展。但是，事實上她的思想遠比這個複雜多了，這個
精心預備的環境是一個非常謹慎、很有結構的學習環境。

163

　　　為了擴展兒童的發展，讓他能在自己的環境中自由地
　　　活動，以及探索直接與他內在組織相關的有組織的周
　　　遭事物，這個內在組織是依照自然法則來發展的。
　　　（Montessori, 1965, 70）

　　這個預備環境所具有的規則和程序，皆致力於激發兒童的
「常態化」發展（最理想的自然發展），尤其當個別的兒童偏離了

這條理想的道路時，不論他是實際表現出破壞行為，或只是不當地使用教材，教師的權威是：

> 支持這個失控兒童的需要，由於他短暫地失去平衡，所以需要一個強而有力的依靠，就像一個人快要絆倒時，需要緊握住某樣東西來保持平衡一樣。（Montessori, 1966, 191）

　　教師再次被提醒要教育的對象不是兒童的外在行為，而是這個「未知的兒童」或「靈性的胚胎」。這種區別在蒙特梭利的思想裡蘊含著一種壓力，造成她的著作很容易引起對立的解釋。她一方面極嚴厲地批評傳統教育方法將成人的意念強加在兒童人格的胚胎上；但是，另一方面她對於人類發展的觀點是：更具體地把這個責任交託於成人，評估兒童是否適當地增進他／她個人的發展。蒙特梭利深深地相信自由和紀律是密不可分的，她相信如果一個人違反自然的法則──亦即個人發展中的固有內在秩序或紀律，那麼就沒有人可以真正地自由。大人的介入只是要協助兒童有責任地行動，以及在預備好的環境中獨立行動。很有趣的是，這是正統宗教的觀點：一個人唯有透過特定的紀律才能獲得自由。我們因此知道蒙特梭利是一個虔誠的天主教徒，並不是一個浪漫的自由主義者。

　　這實在是一個非常脆弱的教育公式，也讓我們明白何以蒙特梭利的教育方法會被批評為兩種極端：太過自由與太過嚴謹。從

164

傳統教育的角度來看，開放的蒙特梭利教室或許顯得太吵鬧、沒有秩序，各種年齡的兒童混在一起學習，或者單獨一個人行動，沒有任何的協助，而且也沒有考試或成績；另一方面，對於堅持兒童中心的教師而言，又覺得這種教育方法太結構化、過於控制，以及太強調學術課程。甚至理想的蒙特梭利環境也很容易得到這樣的評論：蒙特梭利的教室情境——不論是雜亂的或是嚴格的，甚至比沒有經驗的或二流的教師的教室情境，更加令人印象深刻。

現在我們知道何以蒙特梭利運動會在美國如此戲劇性地興起、衰落和重新復甦。首先，「興起階段」：從一九○九到一九一五年，蒙特梭利運動造成很大的轟動，大家都熱切地討論這本受歡迎的著作——最暢銷的《蒙特梭利教育方法》；第一所蒙特梭利學校在一九一一年成立之後，在兩年內就幾乎有一百所學校成立；蒙特梭利教育協會由很有影響力的支持者所贊助，包括貝爾先生和夫人（Alexander Graham Bell）、威爾遜總統（President Wilson）的女兒、美國教育部長，以及各個「銀行家、律師和基金會的執行長」（Kramer, 1976, 180）。蒙特梭利本身在一九一三年十二月拜訪美國，這是一次慶祝成功的旅行，她的演講在像「卡內基音樂廳」（Carnegie Hall）這樣的地方舉行，吸引了廣大的聽眾；新聞媒體大篇幅地報導她的消息；學術界領導者、社會名流的款宴川流不息。她在一九一五年為了舊金山博覽會，再度重回美國，在舊金山有一所現代化的蒙特梭利教室，四周用玻璃牆圍起來，造成極大的成功。

　　蒙特梭利曾經同情中產階級進步運動，她提議社會改革可以像他們這樣運用科學來解決人類的問題。再者，教育本身可以勝任解決現代化世界的問題。如同她在後來的著作中寫到：

> 如果教育以科學方法來實施，我們就能夠有效率地降低這種將人們區隔開來的差異……而且也會更加促進世上生活的和諧。換句話說，文明能夠在人類本身產生改變，就像它能在環境中產生改變一樣。因此，教育能夠賦予人類神奇的力量……新的教育是一種沒有暴力的革命。在這種沒有暴力的革命成功之後，就永遠也不再可能有暴力的革命了。（Montessori, 1973, 181, 214）

165

　　這類的保證正是中產階級所需要的，以暴力之名來打擊在街上示威的無政府主義和社會主義。科學或是（很多類似的事物）「神奇的力量」將會排除社會改革的基本需要。蒙特梭利善於適應新環境的教育方式，非常出色地回應美國文化的需求，從教育中找尋解決社會問題的方法。

　　當一些熱心人士（如貝爾）領悟及歡迎蒙特梭利對傳統教育方法的激進批判時，顯然地，中產階級對蒙特梭利教育方法的興趣在於這個方法強調秩序，而且更重要的是她主張盡早學習的重要性。克萊默（Kramer）傑出的研究證實了此項觀點。根據報紙報導，有非常多的人前來參加蒙特梭利在一九一三年的演講。

大家都渴望聆聽蒙特梭利博士說明，她如何協助兒童快
速學習、很快變得有禮貌、能夠獨立自主，且令人喜
愛。（Kramer, 1976, 194）

有兩千個家庭為其子女申請進入舊金山示範教室，

他們渴望為其子女註冊，進入這個由世界知名的教育學
者所經營的班級，因為她的教育方法保證把他們的子女
轉變成如同一位熱心的新聞記者所說的：「具有完美的心
智和體能的兒童。」而且全部只要在四個月內就可以達
到。（Kramer, 1976, 216）

　　誠如我們在第3章中討論過的，主流教育在這些年裡追逐
「崇拜效率」，而且一個 NEA 的報告認可了蒙特梭利的教育方
法，因為它可以「事半功倍」（Kramer, 1976, 218）。看起來似
乎美國教育準備好全盤接受蒙特梭利的教育理念，或者更正確地
說，因為它自己窄化對這些理念的詮釋。

　　無論如何，在一九一五年之後，美國人對蒙特梭利的興趣快
速下降，而且大概有十五年的暫時平息。這其中有很多因素牽涉
在內。首先，蒙特梭利自己堅持使用她的教育方法和教材，加
上她日漸持重的先知態度，因此在學術圈和教師訓練機構中被
孤立起來，甚至遭受跟隨她的人的反對，這點是克萊默一再強

166

調的。直到一九六〇年美國蒙特梭利協會（American Montessori Society）成立之後，情形又改觀了。它成為教師訓練和學校認證的一個重要來源，對於學術發展和教育團體更具影響力。

其次，蒙特梭利教育方法與當時的教育理論趨勢不一致。社會效率運動極少運用到蒙特梭利個別化的教學設計，甚至她的教育方法也不夠「科學」（例如可量化），無法提供智力測驗者和課程規畫者來使用。另一方面，進步主義教育學者反對蒙特梭利教育太機械化、太窄化的重點，太重視認知技能而與社交生活脫節。克伯屈的著作——《蒙特梭利教育系統的檢驗》（*The Montessori System Examined*, 1914），或許是讓許多教育者遠離蒙特梭利教育的因素。瑙姆寶（我在上一章討論過的）和道爾頓計畫（Dalton Plan）的創始人帕克赫斯特（Helen Parkhurst）都是蒙特梭利教育者（帕克赫斯特是舊金山模範教室的教師，也是蒙特梭利最喜歡的老師之一），兩人後來轉向進步主義教育運動，並且發現更多可以發展他們原創理念與創意的空間。

最後一個因素是文化上的解釋。美國在第一次世界大戰期間和戰後一段時期，人們從所有令人歡欣的社會理論中醒悟過來，體會到理想幻滅了，並且引發反對歐洲的孤立主義，這種情緒一直持續到第二次世界大戰為止。因此即使另外兩個因素沒有出現，蒙特梭利運動還是會在戰後幾年裡，遭到極大的反對勢力。

然而，蒙特梭利在一九五〇年代末期，再次受到美國人的青睞，認為她的教育方法值得再次獲得重視，因為：

蘇聯發射人造衛星，強尼（Johnny）沒有艾文（Ivan）
（譯註：Ivan 是 John 這個名字的俄語）的閱讀能力強，
而且進步主義教育運動也受到責難，因為它過度強調
社會和心理調整，卻犧牲了有系統的發展認知技能——
讀、寫、算等。（Kramer, 1976, 230）

再一次，中產階級對於利用蒙特梭利教育方法獲得高效率、
加速學習，產生了極大的興趣。雖然蒙特梭利並沒有興趣促進這
種國家主義的競賽，就像她並未重視有關兒童的「產出」一樣。
利用她的教育方法當作是學術成就的一種捷徑，或當作是促進效
率及國家聲望的工具，只是承襲其教育方法的表面意義，而沒
有具備全人教育的精神。有趣的是，我們可以注意到墨索里尼
（Benito Mussolini）也在蒙特梭利的理念中找到他所想要的。墨
索里尼當然不要「一國的獨立思考者」，但是，為了建立現代化
工業國家，他要確保「每一個人都能夠有效率地讀和寫，就像他
必須看到火車準時開動一樣」，他也跟許多支持蒙特梭利的人一
樣有類似情形：

從未實際地理解蒙特梭利對「秩序」或「紀律」的真正
意義——卻只專注在所有乖巧、整齊的幼兒身上，他們
是如此地忙碌於工作和表現得那麼優秀。（Kramer, 1976,
282, 283）

在這裡所要傳達的重點，不在於美國的中產階級是不是法西斯主義，而是蒙特梭利理念有很多不同的詮釋，其中有些並不是全人教育理念的。蒙特梭利運動一九五〇年代在美國復甦時，確實融入了很多社會和教育理想主義，但是，我深信它在中產階級中的成功，大部分是由於它的學術成果，而不是因為它所具有的全人教育哲學思想的基礎。

無論如何，蒙特梭利的理念持續激發全人教育的思想。實證研究再次證實她對成長中兒童的觀察是正確的，就是成長中的兒童確實會在特定的階段開展潛能，而且每一個階段都有特別的需要。甚至在蒙特梭利運動本身的範圍之外，兒童早期教育的實務經驗也都大大地藉由她的觀點來加以修正，而主流教育學者也不得不在小學和中學教育中運用這些理念，很多全人教育學者和各種宗教教育者也深受他們的影響。在我訪問全國的全人教育學者當中，我發現為數眾多的人——甚至那些不是接受蒙特梭利訓練或不在蒙特梭利學校工作的人，他們都提到蒙特梭利是他們主要的靈感來源。例如瑙姆寶、帕克赫斯特、皮亞傑和艾瑞克森（Erik Erikson），以及很多人都深受蒙特梭利著作的激勵，促進他們探索人類本性內在的開展。

◎ 華德福學校教育

另一個教育先驅者是澳洲的思想家史丹勒（1861-1925），他的理念與蒙特梭利有很大的不同，但是在很多方面是更具挑戰性

的。史丹勒集結成冊的著作超過三百五十本，他曾經撰寫和演講
的主題範圍大到令人驚奇，其涵蓋各種不同主題，包括神學、歷
史、心理學、政治理論、農業、醫學和教育等。他的觀點來源主
要有兩個背景：首先，他是一個科學家和哲學家，他在那個時代
是一位非常精於學術著作的學者；其次，他是一位神秘主義者。
任何想要理解他理念的人，都必須同時考慮他的這兩項背景。

　　誠如魏爾森（Colin Wilson）所指出的，很多在十九世紀
晚期覺醒的歐洲人士，在面對科學主義和工業主義的勝利時，
體驗到一種情感上的飢渴，一種由「人類天性虔誠本能」所激
發的「深沈有力的渴望」（Wilson, 1985, 57）。史丹勒是少數
幾個回應這種飢渴的思想家之一。他屬於少數正統的哲學思想
家且勇於挑戰科學主義的一群人，如柏格森（Bergson）、懷德
海（Whitehead）、胡塞爾（Husserl）、梅洛—龐蒂（Merleau-
Ponty）、詹姆士（William James），和赫胥黎（Aldous Huxley）
等人。史丹勒因編輯歌德（Goethe）在科學上的著作，所以思想
深深受到歌德的影響。歌德反對物質主義，其觀點主張物質事
物是唯一的真實，而且也是固定自然法則的唯一「目的」，把自
然當作是「神存在的外衣……存在持續創造的過程當中」，他堅
持：「在獲得科學知識過程中的一種主觀的、個人的，及有意志
力的積極角色。」（Wilson, 1985, 37; McDermott, 1984, 37）費希
特（Fichte）的理想主義和布倫塔諾（Franz Brentano）的「指向
性」（intentionality）概念（是指有意圖的意識），也都有助於史
丹勒發展他的思想。所以當史丹勒質疑支持西方世界觀的思想基

礎時，他不是只是一個反知識分子而已，他更是一個接受過嚴謹訓練和見識廣博的思想家。

此外，他也是一個神秘主義者。他從早年就經驗到超越常人能覺察的靈異之眼，和對靈性事物的直覺，這些經驗是很難單從學術的觀點來評估其正確性的。懷疑論者嘗試評論，何以一個具備如此天分的思想家會長篇闊論這些神秘的事物，他們認為他如果不是一個精神病，就是一個騙子。幾乎沒有人會去思考或許他真的看過這些在西方科學物質主義世界觀的「共同意識」以外的真實世界。魏爾森的結論是雖然史丹勒有很多詳盡的宇宙論，可能是由一種很豐富的想像力所引發的，但是毫無疑問地，他稱得上是一位超越感覺的「天才占卜者」，發現精神層面的真實性，他可以比美其他西方的神秘主義者，如愛卡特（Eckhart）、伯梅（Boehme）、斯維東堡（Swedenborg）和布雷克（Blake）。

史丹勒在從事學術生涯中第一個研究之後，大約在一九〇〇年開始參與神智學運動，這是當時在西方尋求靈性的主要可能管道（在已建立的教會以外）。他被稱之為「新生的天才」，並且逐漸成為一個備受歡迎的演講者及活躍的歸信者。他在一九〇四年出版了《神智學》（*Theosophy*）（有一些學生認為這是介紹史丹勒理念唯一最棒的一本書）。然而，到了一九一三年，他就脫離這種運動，開始推動自己的運動，他稱之為人智學（Anthroposophy），他開始吸引一些信徒（和批評者），然後在瑞士的多納什（Dornach）建立一個總部。他的一位跟從者是德國司徒加特（Stuttgart）華德福—奧斯特（Waldorf-Astoria）香菸工

169

廠的老闆，其在一九一九年要求史丹勒為他的雇員推行正式成人
教育的活動，然後也為他們的子女成立一所學校。華德福學校是
全球運動的一個典範，今天在超過二十個國家中擁有超過四百間
學校，光在美國就超過一百所，而且數目持續在增加中。就某些
方面而言，這可能是所有嘗試過的教育方法中最激進的全人教育
方法。不過，在我們下這樣的結論之前，必須先瞭解史丹勒的理
念。

　　史丹勒教導的重點是西方科學物質主義太過於窄化，而且無
法包含宇宙所有的真實性。有一種靈性、超越感覺的（我們可以
再加上原型、超越個人的、超越宇宙的）真實性存在，只因為我
們不能發展我們潛在的能力去覺察到它，我們就將之視為「神秘
的」和難以理解的。

> 每一個人都可以依靠沈睡在他天性中的精神機能，來獲
> 取一種有關更崇高世界的知識。神秘主義者、諾斯替教
> 徒、神智學者——都談到靈魂和靈性的世界。對他們而
> 言，就像和我們用肉眼所見到的，以及用身體去接觸的
> 一樣真實……對於從未經驗過的人而言，這些寫作算是
> 一種奧秘；但是，這種隱密難以理解的知識，不再是一
> 個普通人的秘密。（Steiner, 1947, 1, 3）

　　史丹勒指出他所教導的也許會令人難以接受，他表示這些理
念不應該以信心來接受，卻應該接受經驗的檢驗來加以證實。他

認為靈性經驗與科學方法之間並無衝突——只要不是窄化科學的定義。史丹勒深信科學必須擴展到涵蓋超越感覺的現象；換句話說，它必須變成一個「靈性的科學」，慎重地考慮所有人類的經驗。在史丹勒的寫作中，他一再強調更進步的文明需要從一種物質主義的世界觀，激進地轉變到一種靈性的世界觀。

　　這種轉變首先需要的是一種完全不同的獲取知識的方法。物質主義的科學只知道什麼是顯而易見的靈性，例如機器的運作。史丹勒主張人類擁有那樣的知識並不算什麼，那是一種死的知識，西方文化搶先占有這種知識，只會讓人類生活中的靈性逐漸枯竭（Steiner, 1969, 9; 1967, 55）。一位華德福教師表示：

170

> 生命呼喚我們去理解它，但是主導十九和二十世紀的思想並不回應它的呼喚。（Barnes, 1980, 336）

或是誠如史丹勒所表示的：

> 人對於感官能夠教導我們有關自然現象這件事的想法非常專注……但是近代已獲得的所有有關自然世界的知識，卻都不能真正地引導我們認識人類自己。（McDermott, 1984, 315）

　　人智學教導我們：人類內在的生命——靈魂，係涵蓋人類存在最深奧的真理。每一個人必須發展他／她自己的靈性敏感度，

因為透過個人的靈魂，才能獲得靈性的覺察。屬世的知識必須與個人的靈性發展和諧一致。

史丹勒就像蒙特梭利一樣，將人類的發展視為一個內在的開展，沿著一系列不同的階段前進。雖然他們在發展的某些層面上有一致的看法，但是史丹勒的觀點比較少著重在感官知覺和認知成長方面，卻是更澈底地定位在光大內在的靈性本質。史丹勒表示，從出生到七歲之間，兒童的精力集中在建構他自己的肉體，這段期間主要是透過感官、模仿和活動來學習的，那是一種非認知的「非個人性的意識」（Harwood, 1958, 16）。在此時，提供給幼兒良好的精神和心理環境是非常重要的，因為這個肉體會將它的特質內化為兒童的基本性格，這是與蒙特梭利吸收性心智的觀點一致的。但是，史丹勒反對在這時教導認知技巧，他認為這麼做會分散身體發展所需的活力，而這時對幼兒來說最重要的發展任務是身體的發展。幼兒發展到長恆齒是一個重要的徵兆，顯示生命的力量已經完成這個階段的任務，並準備好迎接下一個階段。

從七歲到十四歲（青春期），「乙太體」（etheric body）會浮現出來，開始變得活躍，這種自我形成的力量會激發身體上沒有生氣的物質，使之充滿活力，史丹勒形容這種力量為精神的雕刻家。這是超越感覺生命本質的第一個階段，是所有生命形式所共有的，它是無法以肉眼看見或是加以衡量的，但是對史丹勒而言，它並不比肉體來得不真實。人類的發展在這個階段，大部分都已不再受到身體發展最初焦點的控制了，並且開始透過想像力

171

和感覺來經驗這個世界。這個階段的孩子特別容易受到神話故事和生動活潑圖片所啟發。

下一個七年的週期是「星體」（astral body）或是靈魂的浮現，青少年會開始覺察到自己的內在世界，靈性透過強烈的思想或意義的探求而呈現。在這個階段，人開始可以理解音樂的和聲與數學。人在這個階段會發展更抽象的思考能力，結果會發展出一種更加偉大的、超越當前的及個人的能力。最後一個階段大約在二十一歲時，此時自我會浮現出來，個體能夠實際覺察到他自己是一個靈體的彰顯，這樣的靈體是在真實性的律法之下的一個神性的極致表現，或許這就是柏拉圖嘗試以他的觀點來表達的「理念」（Ideas）範疇。

簡而言之，史丹勒視人性為身體（肉體和維生的力量）、靈魂（個人內在的生命）和靈性（極致的本質）的結合。他主張上述人類發展的每一個階段都獨立地存在著，雖然它們在每一個人裡面都是互相連繫的。如果忽視它們就會像物質主義一樣，是以一種不完整的、簡化的觀點來看待個人。

> 你永遠也無法解釋生命的感覺和自然法則的熱情，以及所謂的心理學方法……我非常瞭解或許很多人會以為，我所提出的只是我的幻想，或把我當作神經病。但是，所謂「理性」思考的方式非常不幸地永遠也無法描繪人類的真實面貌。對於這些事物，我們必須發展出一種全新的、更寬廣的合理解釋。（McDermott, 1984, 349）

　　華德福教育建立在這種對人類發展的觀點上，它運作的原則是個人靈性的開展。史丹勒主張一種「人類的具體知識」，換言之，即剛才概要提及的人智學的觀點：

　　　這是一種真實教育技術唯一可能的基礎，一種人類可以
　　　找到安身立命的教育技術，以及協助他們依照自己天命
　　　中的律法，來發展他們所有的力量，以達到生命的豐
172　　滿。教育永遠都不可以違反一個人的天命，但是卻可以
　　　促進一個人完全發展他自己的特質……最完整明晰的思
　　　想、最真摯深沈的感覺，以及最大的潛在力量和意志
　　　力。（McDermott, 1984, 341-342）

　　如此，個人的發展就絕不會被社會制度中的物質價值所阻礙。生命中文化或靈性的範疇包括藝術、文學、法律和教育，這些都「應該自由地開展和獨立地與其他的範疇並進」，也就是與政治和經濟的範疇同時進行（McDermott, 1984, 297）。

　　　因為政府會逐漸掌控教育，剝奪人類主動積極的奮鬥，
　　　讓人們成為獻身於政府結構中的一員……他會努力配合
　　　這樣的模式，因為這個模式早已經灌輸在他裡面了……
　　　現在聽到救贖被置於自由的靈性奮鬥之中，且必須獨立
　　　於政府，著實會令人感到不安。（Steiner, 1969, 108-109）

　　顯而易見地，史丹勒的教育方法與美國主流教育思想截然不同。他的觀點是：教育是一種靈性的偉業、一種個人成長的過程，教育如果由政府機構來掌控，這個偉業就會遭到破壞。他完全反對現代化工業社會對教育的定義。華德福教育像其他的全人教育方法一樣，以堅持學習的需求做為開始，強調必須將發展中的個人需求擺在社會目標之前。

> 我們不應該問：「一個人需要知道什麼才能有助於現存的社會秩序？」反之，卻應該要問：「一個人擁有什麼樣的恩賜？要如何讓這些恩賜在他裡面發展出來？」（Richards, 1980, 31）

　　事實上，史丹勒對於人類發展的思想可能是最包羅萬象的，在這樣的思想中，對於任何運動具有最「全人的」理解。史丹勒深信人類經驗的每一個層面，都是靈性的顯現，因此「整個人類的身體——不僅僅是頭腦而已，都是意識的一個工具」（Harwood, 1958, 20）。身體應該與智能一起被教導，或者實際上，身體應該在人生最初的幾年裡，在教導智能之前就被訓練了。史丹勒為此發展出「身體律動」（eurythmy）訓練，在華德福學校中甚至有更多知識教育是透過體能運動來完成的。在這裡要重述一個類似的主題，就是華德福教育方法主張生命本身會教導它自己：「讓兒童去觀察。在教導他們閱讀書籍之前，先教導他們覺察大自然。」（Richards, 1980, 57）

173

　　同樣的，華德福教育著重在兒童想像的、情感的和道德的經驗。學生不被視為一個等著被填滿資訊的空腦袋，卻是一個有感覺、有強烈意願的個體，有著獨特的個人學習型態。史丹勒教導華德福的老師，集中注意力提升自己的靈性敏感度，因為這樣他們才可能被兒童的靈性深度所感動。因此，華德福教師都是從一年級開始帶一個班級，然後一直帶到他們小學畢業為止。老師的目標就是跟每一個兒童建立一種個別親密的熟悉感，以幫助他們開展他們的靈性。史丹勒主張教育不是一種科學、不是一種專業技術，而是一種需要敏感性和直覺能力的藝術。

　　　為了描繪華德福教育的樣子，我們必須表示，它跟人們在其他地方談論教育事務的方式相當不同。華德福學校教育不是一種傳統教育學的系統，而是一種藝術——一種覺醒的藝術，喚醒實際存在於人類內在的本質。基本上，華德福教育並不想要教導兒童，而只是要「喚醒」……最重要的是，老師必須首先被喚醒，然後他才可以喚醒兒童和年輕人。（Steiner, 1967, 23）

　　他指出「賣弄學問」以及「明確地定義生命的理念」是一種愚昧的做法。但是教師必須欣然接受這種開展成長歷程的「生命形成的力量」。

　　根據理查斯（M. C. Richards）的看法，史丹勒所謂藝術的意義是一種創造的過程；一種對於個人開展內在生命，所抱持的開

放態度和表現方式。

> 它涵蓋一種看待兒童的特定方式、對生命的一種感覺、
> 對於連繫內在形塑過程與外在表現之間的一種直覺……
> 在兒童面前興起一種敬畏的感覺，正像一個人聽到發自
> 他耳朵裡面所形成的一首詩。（Richards, 1980, 69）

對史丹勒來說，藝術並不是一個令人愉快的轉換、一個課程的裝飾，而是生命自己的本質。在他的自傳中，他引述一位朋友所說的話：

> 人們幾乎完全不瞭解存在人類靈魂中創造力量的真正重
> 要性。他們不瞭解人類的創造力，正是宇宙創造大自然
> 力量的一種同樣的表現。（Wilson, 1985, 72）

174

華德福教育方法重視教育規畫中每一個層面的創意活動，甚至傳統上做為學術課程的主題，也要透過一、兩個創造藝術來進行教導。然而，史丹勒並不打算以藝術代替科學，卻是以藝術的和靈性的敏感性來教導知識技能，這種沒有限制的求知方式，能夠充分地探測到「整體人類經驗的極致」（Harwood, 1958, 11）。

華德福教室甚至比蒙特梭利教室更制式化，沒有「兒童中心」教育者所提供的那樣寬廣、開放的環境；每一天都有明確的架構要學習和固定的教學計畫；學生並不能自由地進出，或是隨

意在教室中走動。史丹勒像蒙特梭利所堅持的一樣，就是人類的
發展（如同他所理解的）需要一個特別安排好的環境。幼兒有強
烈活動的慾望，需要一套固定的社會秩序和一些規律的儀式做為
他仿效的對象。小學年紀的兒童需要一個強而有力的成人楷模，
做為他們模仿的對象，做為道德權威的來源、一套實踐的規則；
青少年需要堅持理念的成人來激發其思考出自己的理念。賦予兒
童過度的自主權，是「自由」理念的一種偏見，實際上會損害一
個人獲得像成人所擁有的自由一樣的能力。史丹勒主張兒童需要
秩序和安全感，以建立自尊的基礎和受到他人的尊重。其他類型
的全人教育則認為這種教育方法沒有必要那麼死板和約束，他們
認為華德福教育者就像蒙特梭利教育者一樣，當他們維持學習時
刻的喜悅時，大部分時間都能成功地發展學生的主動性。教師與
學生之間的關係顯然是其中的關鍵因素。

　　因為華德福教育方式完全建立在靈性的架構上，所以它是一
種激進的全人教育方法。教育實務的指導方針並不是從社會的優
先順序，也不是從一些相關的目標而來，或是從心理科學對兒童
的研究結果而來的；教育者被要求要信賴這個隱藏起來的來源，
最初是完全地顯現在個人的本質裡。因此，華德福教育方法迴避
這個非常基本的理由——客觀的科學，這是現在唯一能說服美國
教育學者更重視兒童發展需求的方法。誠如前文所述，蒙特梭利
運動早期獲得影響力的理由之一，就是社會大眾尊崇它為一種教
育的新科學。如果美國人能領悟到人智學世界觀是一種科學的方
法時，它將更能引起較大的文化轉變。

175

　　不幸的是，就像任何建立在難以理解的基礎上的教育方法，史丹勒的教育方法蘊含某種迷信的傾向，且華德福運動在很多方面，甚至比蒙特梭利運動更加與主流教育隔離。這一點可以確保它的完整性，但是也限制華德福教育者重新評估，以及按照新知識和經驗來修正課程和教育方法的意願。史丹勒最初的願景是非常了不起的，但是，它也是非常明確地建立在一種特殊的文化和歷史背景上，或許在我們這個時代會有不同的方法可以實踐他的願景。史丹勒自己強調華德福教育並不是一項完備的運動，但卻是一種更廣泛的教育改革的典型。在觀念上，華德福教育者並未將教育的目的設定在應用已確立的教育方法或課程。史丹勒批評任何標準學校課程為「扼殺人類真實發展力量的工具……我們不應該再以為課程存在的目的，就是為了把它當作課程來教導」（Steiner, 1969, 46）。

　　誠如史丹勒所表達的，華德福教育方法的目標在於激勵成人與兒童兩者的獨立個性。每一所學校都由教師、家長和學生所組成的團體來運作，以及應該將他們獨特的價值觀和理念具體化。理查斯聲稱，當她在美國各地拜訪華德福學校時，看到「存在成人和兒童之間的關係，是一種真實的人類關係」，那裡極少用到等級制度、制訂權威的決策，或存在任何專業的高傲與冷漠。她表示，華德福教育者具有完整的個人與專業發展，因為他們跟從史丹勒的信念，也就是他們所教導的就是他們的為人。理查斯將華德福教師與一般公立學校的教師相比較，她認為華德福教師有如一位藝術家，表現出對兒童和他們靈性開展工作的喜愛；反過

來說，公立學校的教師則是一位被大型的、非個人的學校所聘用的雇員。當然，也有很多公立學校的教師非常認真地投入他們的工作，這裡的重點不在於個人，問題在於這個系統的結構很容易讓人感到灰心喪志，而不能激勵出像華德福教師那樣的奉獻精神（Richards, 1980, 32, 53, 118）。

176　　　史丹勒的世界觀在很多方面都是一種對美國主流文化強而有力的批判。瑪莉亨利（Marry Henry, 1993）已指出華德福教育確實呈現出全人教育反文化的世界觀。

> 這是我一再重述的一件事，不只是在這裡，也對我自己
> 說：在史丹勒／華德福教育中所激勵而呈現的一些事，
> 並不是從主流文化而來。（Richards, 1980, 84）

　　　根據理查斯的觀點，這裡所指的一些事就是一種「純潔無邪」——一種對個人內在創造力量的信心、一種可以觸及存在其他人心中清晰的人性。這種超越共同意識之限制的能力是非常重要的。在美國文化中：

> 我們可以說因為我們普遍相信競爭，所以我們的公立學
> 校是充滿競爭的……我們在公立學校學習的過程是固定
> 不變的、加重利益薰心的、焦慮的和不信任的。我們被
> 鼓勵無窮地擴充學習範圍，就好像成長永遠都是用大小

　　來加以衡量的⋯⋯量化、消費和競爭，這些都是物質主
　　義哲學的自然結果。（Richards, 1980, 144, 180）

　　關於「物質主義」，史丹勒並不單指科學的簡化論而已，還有在西方文明之下的基本世界觀，他認為美國文化乃是最極端的一種表現形式（Steiner, 1967, 33）。西方文明最嚴重的問題是推崇經濟、科技和經驗的知識層面，卻懷疑神話的、超越宇宙的和靈性的經驗。換句話說，這個基本的爭議並不存在資本主義和一些社會主義之間，或是存在愛國主義和無政府主義之間。真正的問題存在於全心全意地追求物質世界與關注個人內心世界之間；前者是可以被衡量和控制的，後者是必須加以尊重、仔細思考和細心滋養的。它也存在於社會紀律和靈性開展之間，前者利用經濟和政治力量強行實施，其目標是促進經濟發展和國家榮譽；後者是存在於每一個個體心中，渴望朝向個人的整體性，以及平安地在生命的軌道上運行。任何運用史丹勒神秘教導和華德福學校教育方法，來對美國文化進行澈底分析的特殊批判，都是非常明確而有力的全人教育思想。

教育危機：
一九六七至一九七二年

　　美國社會最容易在一九六○年代的歷史中找到對文化的批判。當時爆發幾個主要的社會運動，讓一九六○年代持續成為一個充滿抗議和反抗的十年歷史。這是首次有為數眾多的人們開始質疑美國社會世界觀的重要基礎。懸而未決的社會問題以及物質主義和工業主義所存在的問題，似乎都一起呼求更激進的解答。

　　教育運動興起的背景是社會的騷動不安，但到了一九七○年就被視為一種「危機」，公立學校教育遭到來自四面八方嚴重的抨擊。公立學校自從在一八三○年代形成遍布全美的學校系統之後，從未遭到如此全面性的考驗，因為社會上興起一股重新省思所有教育理論與實務觀點的渴望。學術觀察者帶著對傳統教育思想的質疑，加入年輕激進分子的行列。教師也開始抨擊教育，這種情形在以前是非常少見的，但是，卻在一九六八到一九七二年之間達到一個驚人的高峰，而且全國各地也陸續爆發學生的抗議活動。全國各地的學校開始組織起非主流的和實驗性的教育計畫，而且「開放的」學校忽然間開始興盛起來，一夕之間公立學校教育完全遭到摒棄。根據一位觀察家指出，在一九六七年大約

有三十所開放的學校；在一九六七到一九七二年之間大約有超過五百所開放學校成立（Graubard, 1974）。企業基金會、政府機構、非正式的學習網絡，及各大學也提出計畫來研究，以及不斷提升新的學習管道。

178

這個危機最初是發生在一九六七到一九七〇年之間，當時一群激進的教育學者將一九六〇年代的社會批判應用到公立學校身上。他們受到一群社會批判者的激勵，包括顧德曼、亨利（Jules Henry）和弗里登伯格（Edgar Friedenberg），並且頗受尼爾（A. S. Neill）在英國實驗的夏山（Summerhill）學校的影響。重要的激進批判學者——如霍特（John Holt）、高素（Jonathan Kozol）、柯霍（Herbert Kohl）、賀登（James Herndon）、丹尼森（George Dennison）、伊利契（Ivan Illich）、波茲曼（Neil Postman）和魏恩加特納（Charles Weingartner）等人，他們檢視公立學校教育之社會、文化和政治基礎，有些研究發現這些基礎已經非常地腐敗，因此他們呼籲將全部的公立學校廢除。

這些激進主義的作者強而有力地表達他們的理念，產生對社會批判的影響，也激起強烈的道德憤慨，以及積極參與推動學校重視兒童的經驗。他們的著作通常較缺乏嚴謹的推論，比較多是慷慨激昂的批判，而且平心而論，他們有時真的寫得太過誇張了（舉例來說，他們對於兒童中心派的處境言過其實）。但是，姑且不論他們的寫作是多麼缺乏學術素養，他們確實誠摯地傳達出對國家的教育和美國社會所感到的極度痛苦，例如先驗主義者的批判傳達出他們個人對於文化的挫敗感，以及對文化中整體性的渴

望。如同之前少數作者所做的努力，他們的言論揭露了學校生活中毫無人情味的情況，進步主義教育和科學的教育理論假設學校應該是有人性的，並且他們的批判直搗公立學校教育肩負社會目的的核心問題。

這些激進的批判集中在幾個主要的議題上。最基本的是，這些文獻資料指出學校主要關心的重點在於控制大部分的學生，至於學生的學習和發展則是擺在其次；學校組織是一個巨大的官僚體系，充滿了瑣碎不重要的規則、規定的角色與任務，以及死板的作息程序，這都是為了促進組織的順利運作，而不是為了兒童或成人自動自發的學習及充滿喜悅的成長。

> 考試、成績、依照老師的便利來安排座位、簡化的教科書、公共喊話系統、裝監視器的走廊、封閉的教室、出席紀錄、懲罰、負責監督曠課或逃學的檢查員，所有這些做法都是屬於高壓與控制的環境。這樣的環境並沒有顧及到兒童正常成長的需要，或是有些成長能力已受損之人的特別需要。（Dennison, 1969, 102）

這些激進批判者指控這種學校環境持續存在我們的社會中，並不是如主流改革者所聲稱的，只是官僚體系中意外產生的副產品。其實，官僚體系結構本身的運作就是一種深思熟慮的選擇，反映出文化的優先順序。

179

在傳統學校的學生，不久之後就會從上百種不同的方面
中，發現學校並不是站在他這邊的，學校的運作也不是
為了他的好處，而是為了社會和國家；除了利用他來達
到它的目的以外，它對他並沒有興趣；學校裡面的大人
做事的所有理由中，學生的幸福、健康和成長顯然是最
不重要的部分。（Holt, 1972, 88）

在這樣一個組織裡，決策的制訂並不是採用民主的方式，而
是專制獨裁和等級制度的體系。課程、教科書、規則都是由遙遠
的無名氏〔賀登說是由「無人」（Noman）〕來決定的，而且完全
不顧學生的興趣、需要或學習型態，以及個人的互動關係，政策
制訂者將這些決定強加在老師與學生的身上。

所以嚴格地說起來，那些決策就好像是由死人所制訂
的，他們並沒有讓我們這些活人參與決策。所以，我們
決定我們不必對他們任何人負起任何責任。（Herndon,
1971, 102）

這些激進的文獻呼籲對學校行政進行全面大檢修，以由父
母、老師和學生參與的民主決策過程，來取代等級制度的官僚體
系。

我們很容易發現「全職行政人員」的做法是不好的，尤
其是在學校裡，我們常常會說他們到底在做什麼？……
假如學校的運作是依據民主的理念，學生就會對這些
決議同表支持，因為他們自始至終都在發展決策和引
導校務運作的程序上扮演著主要的角色。（Postman &
Weingartner, 1969, 153）

有少數非主流的學校承襲了夏山學校的決策模式，他們在一
個公開的會議中，讓每一個人參與制訂學校政策，包括每一個兒
童都有投票權。

批判者也將矛頭指向課程內容的界定──這涉及到哲學的
問題：「什麼樣的知識是最有價值的？」──是同樣的獨斷、死
板，以及摒除學生和老師的參與。學校教育大部分都是在記憶
和背誦「正確的答案」，卻很少進行批判性的思考、運用知識
來解決問題、實驗或是探索。霍特的《兒童怎麼會失敗》（*How
Children Fail*, 1964）是最早研究這方面的著作，他以充分的證據
來證明學生所付出的努力大都是在滿足老師的需求，而不是為了
獲得任何重要的領悟。有一個男孩解釋他為什麼願意接受這樣一
個荒謬的數學解題方式，他聳聳肩表示：「嗯，那就是這個學校
的運作方式。」

180

說明白一點，他早就不期待學校是合理的。他們告訴你
這些事實和規則，然後你的工作就是將他們告訴你的做

法寫在紙上，永遠不要在意它們是否有任何的意義。
（Holt, 1964, 144）

成績好壞就完全取決於這些「正確答案」上。評量方式是毫無人性的、權威的和量化的，是建立在學習目標「封閉的」定義上，而不重視個人獨特的發展潛力。那些不能適應學校日常慣例的學生就算是「失敗」的，不管他多麼富有創意和直覺力，以及多麼能適應真實生活中的情境。激進主義批判者觀察很多學生在剛入學時是非常靈敏、具有好奇心的；但是，不到幾年之後，由於他們的想法、興趣和需要都被忽視，他們就開始變得對什麼事情都無動於衷，頭腦也變「笨」了。霍特觀察到教室情境形成一種非常害怕犯錯的氣氛。

大部分待在學校的時間裡，一點都不會感到害怕、焦慮和緊張的兒童是非常少見的，連多數成人都會對這種緊張的氣氛感到吃不消。（Holt, 1964, 63-64, 142）

他描述一個景象：有一個老師駁斥一個嘗試提出自己觀點的兒童，他說：「注意！吉米，我確定我們不想要聽到任何錯誤的答案。」高素也同樣指責這種類似的情形，他覺得那些經驗豐富的老師好像在對自己說：「我無法表現出自己具有任何學問，除非我能澈底壓制和粉碎人類智力的火花，或兒童的獨立自主性和創造力。」（Kozol, 1967, 14）

激進主義分子另一個批判的焦點是學校的科目太過抽象與簡化，離學生在這個世界上所面對的現實問題與道德議題太遙遠了。柯霍寫到學校：

教導「客觀的」知識和它所推論的結果，教導學生要服從權威；他們教導學生要避免衝突和尊敬在虛假歷史中的傳統；他們教導平等和民主，卻同時瓦解學生的權力和控制教師們。大部分他們所教導人們的，都是要他們對自己的思想和感受保持沉默，最糟糕的是，他們教導人們要偽裝自己的想法和感受。（Kohl, 1969, 116）

181

高素稱學校教育為「我們生命的道德乙醚」，因為它會悶熄個人真正的同情心，以及培養出一種不合群的、汲汲營營追求成功的競爭態度。舉例來說，這種教育方式讓中產階級的專業人士可以心安理得地開車經過都市貧民區，然後回到他在郊區的舒適大房子中；並且也能激勵軍事部門的官員高談闊論「超越死亡、超越殘骸，這些話似乎意味著，他們幾乎沒有想到流血和痛苦的事」（Kozol, 1975; Holt, 1964, 169; Holt, 1972, 266-267）。換句話說，現代化工業社會已經喪失社區的真實意義，及任何對人們之間真實關係的關心。雖然學校教育不是導致這些現象的主要原因，卻是促進現代生活中疏離感的一項重要動力。

不只是學校的課程內容，還有學校隱含的社會結構，這種「隱藏的課程」也會導致將個人的經驗與必需的角色行為區分開

來。學生或許可以在公民課程中接受有關民主制度的教導，但是，他們從學校的經驗中所學習到的卻是他們必須服從權威，以贏得讚許和必要的證書，因為「正確答案」的來源永遠是屬於權威人士的。學校強制與分級的管理方式就好像是監獄一樣，是一間「澈底的公共機構」，採用一種幾乎不受管束的力量來掌控那些囚犯的生命。這種激進的觀點記載於一本小書〔巧妙地取名為《美國教育的危機》（*The Crisis in American Education*）〕中，是在一九七〇年由麻薩諸塞州的瑟谷學校（Sudbury Valley School）所出版的。

> 學生沒有言論自由的權利、沒有持異議的權利、沒有參加和平集會的權利、沒有對抗指控者的權利、沒有隱私的權利……年輕人在他整個成長的過程中，承諾在教育機構中奉獻出時間，但他就像是囚犯一樣，個人應有的權利完全沒有被承認。（Sudbury Valley School, 1970, 31）

正像許多進步主義教育者一樣，激進主義者也質問美國人，透過這種不民主的教育方式來支配兒童，要如何期待教出具有民主素養的公民呢？

他們進一步表示，這種權威的環境會在美國教育中製造一種我所謂的「文化的專家主義」，一種神聖的「專家」知識和行為。教師本身成為這個權威系統的手下，他們學會如何團結一致

182

來維持他們的專業地位，以及一起對抗批判和改革。在這個過程中，他們犧牲與學生之間的人際互動關係。高素以他自己在公立學校裡的經驗證明這一點，他曾遭到極力的勸阻（從同事和行政主管而來的一樣多），不要與學生發展非專業的關係。有一位老師甚至告訴他：「如果你成為他們的朋友，你就無法再教導他們了」（Kozol, 1967, 115）。對於這一點，丹尼森提出最強烈的批判。

> 公立學校憑什麼認定它自己只是一個教導的地方，而且將如此嚴格的限制強加在人與人之間的關係上。我們相信有一個環境是為了成長而設立的，並且相信兒童和我們之間的關係是學校的重要核心……教師必須成為他們真正的自己，而不是只是扮演教師的角色。他們必須教導兒童，而不是教導「課程」。畢竟，兒童渴望學習與生活息息相關的事物，老師千萬不要只是以專業的角度或一些技巧來回應他的需求。（Dennison, 1969, 8, 79）

丹尼森就像史丹勒一樣，主張教師是一位藝術家，因此應該培養自我覺察的能力和個人的成長，不要只是重視教導的技術。實際存在老師與學生之間的人性衝突，例如像管教與控制這樣小的爭議，其實是無關緊要的。丹尼森、霍特和其他批判者都主張，成人應該有一種「自然的權威」，為了讓年輕人有一個管道可以進入更浩瀚的未知世界，他們必須非常小心謹慎地運用這種

權威，不要變成一種毫無人性的暴力。但是，師生之間真正的衝突在傳統學校環境中是不被允許的。

> 公立學校教育中的官僚體系是如何大大地扭曲了兒童與
> 成人之間自然的關係！……沒有一個老師單單只是做一
> 位老師，也沒有一個學生只是一位學生，將他們連結在
> 一起的生命意義，是教育過程中的必要條件，但是它確
> 實在公立學校中被毀滅了，因為每件事都被標準化了，
> 每一個人都在擔任他的角色中銷聲匿跡。（Dennison,
> 1969, 118-119）

183　　　最強而有力抨擊這種精神上疏離的，是由顧德曼和伊利契所提出的言論，他們抨擊文化的專業主義本身。他們最終的目標是讓學生遠離學校而投入社區，直接親身體驗社會的真實性，並跟成人建立直接的互動關係（事實上，自由的和非主流的學校特徵之一就是他們通常會運用每天的遠足、田野研究、實習，和運用學校的店面）。但是這個策略無法擴大運用範圍，除非美國人能壓倒他們對專業主義的信仰。這是伊利契在《廢除傳統學校教育的社會》（*Deschooling Society*）一書中主要的論點。

> 健康、學習、尊嚴、獨立和創造力都無法受到比學校成
> 果更多的重視，而這些卻都是學校所宣稱的目的……
> （Illich, 1970, 1）

這種情形導致「逐漸無法充分發展自信與社會信賴」，其最後的結果是讓管理學校的社會菁英永遠控制年幼的、貧窮的和軟弱的人。批判者質疑一種普遍的想法，即認為年輕人應該留在學校，因為成人的世界對於他們而言，太於過複雜或太危險了。反之，他們主張年輕人天生渴望學習與這個世界有關的事物，他們也有能力透過積極參與來學習。但是，這種論調卻遭到美國社會的菁英和官僚心態的阻擾。

批判者指出學校這種非人性的、官僚的結構，非但不是什麼脫軌的情形，反而是美國文化價值觀的自然結果。他們指出學校的威權控制和精神疏離，都直接與整個社會的不平等和種族偏見有關。對他們而言，公立學校明顯地不是在實現自由主義改革者促進平等機會的盼望；而是透過順利地將年輕人放置在他們「可能的命運」中，來實現保守的「社會效率」計畫。他們表示學校教育只會讓美國社會嚴重的財富分配不均更加惡化。富有的社區能有比較好的學校；貧窮社區的學校建築則常破爛不堪，並且難以鼓舞奉獻教育事業的士氣。再者，少數民族兒童所處的學校充斥著種族偏見，從教科書到學校職員的態度都可以看到這種偏見。公立學校一直存在著貶抑少數民族次文化經驗的情形，且這種情形持續發生在一九六〇年代中。

批判者指出，所有這些發生在美國教育中明顯的問題，是直接由工業社會中非個人的、官僚體系的態度所導致的結果。工業社會教導個人要遵從組織行為和標準化的消費主義。毫無例外地，促進學校成就基礎的獎勵需要標準化的證書。學校是用以促

184

進更大的社會目的，即分出失敗者和優勝者（他們是服從且有效率完成學校作業的人）。兒童透過學校教育，學習參與競爭的方式，以獲得夢寐以求的身分地位；養成不甘接受失敗的態度；也變得對其他人的命運漠不關心。學校用成績、IQ 和考試來「牽引」學生，顯示「學校的目的並不是教導」，學校的目的是區分出綿羊和山羊（Herndon, 1971, 96）。

激進教育者極力撻伐官僚體系與階級分明的社會是錯誤的──並不是在理論上和意識型態上的錯誤，而是在人性的角度是非常錯誤的。為了社會效率而將年輕人加以控制和分類，就是在摧毀人類的靈性。

> 一天七個小時，把你約束在一個你無法自己作主的地方，你的成功或失敗完全取決於其他人一天一百次的計畫、虛構和奇想，將你固定在這種地位。在那裡，你大部分的真實願望不僅被忽視，而且被活生生地處罰，沒有一件事是為了本身而做，卻是為了未來幻想出來的誘因而做──或許你可以做得到，也或許你做不到，但是不管如何，這兩者都可能傷害到你。（Herndon, 1969, 197）

這個問題如同霍特所指出的，就是因為學校為了發揮分類、監禁和灌輸愛國主義與價值觀的功能，不能成為學習和探索、成長和醫治的地方。霍特觸及到我在此研究中主題的結論：

> 這個特殊的系統裡到底有什麼東西，導致人性化的改革
> 如此脆弱和不平順？……我認為答案是再清楚不過了，
> 而且我們也可以看得出來，如果我們不調轉我們的方
> 向，全部的義務教育學校永遠也不會成為人性化的機
> 構，而且大部分他們的基本目的、工作和使命都不會是
> 人性的。（Holt, 1972, 261, 253）

因為這些批判是如此關注到人類的發展和個人的成長，所以我認為他們是全人教育思想的一部分。像盧梭、裴斯塔洛齊，及他們的徒子徒孫、一九六〇年代的激進主義教育學者等人，都是人道主義者，他們深信人類的天性基本上是良善的，他們變得邪惡並不是因為管教不夠；正好相反地，卻是因為他們的天性被過度壓制與剝奪。尼爾在《夏山》（*Summerhill,* 1960）中強烈表達這個立場。身為完形治療師和無政府主義者的顧德曼，也教導這種對人類心理與情緒的基本信任。他的學生丹尼森寫到：

> 我從閱讀這些內容裡，受到一個簡單真理的激勵：教育
> 的功能不是依據我們的能力來加以控制，或是依據我們
> 的意志來教導，卻是依據我們的自然本性和自然的體
> 驗。

根據丹尼森的說法，這代表信賴：

185

這些原則——即我們與生俱來的人際互動性、我們與生俱來的理性、我們與生俱來的自由思考、我們與生俱來的好奇心與喜好（以維持活力）。這個具體的意義就是，我們必須在官僚體系的囤積之下，拯救個人脫離現在黯淡無光的情形……（Dennison, 1969, 252, 253）

激進主義教育學者之所以遭受到強烈的抨擊，是因為其浪漫的思想、「多情」的捍衛人類的天性，反對可能會使人窒息的社會力量。批評者指出個人的本能並不是永遠都令人滿意，而且無論如何，個人從一出生就無可避免地會受到社會的影響。但是，根據我所閱讀過的資料，大多數的激進批判者並未說過因為兒童的本能是對的，所以成人應該讓他們為所欲為。他們並不像批評者所指控的，告訴成人應該「放棄」所有的責任，讓兒童自己長大。他們所說的——就是文化守護者所聽不進去的，亦即教育者應該更關心人類的潛能——這些是受到傳統學校壓抑的。舉例來說，霍特寫到：

人們——尤其是兒童，或許不僅具有比我們所料想的更偉大的學習能力，而且也具有自我治療的力量。我們的工作就是學習更瞭解這些力量，並且學習去創造一種讓他們可以有機會運用這些力量的情境。這或許是他們可以教導我們的其中一件事，假如我們不是一直都忙著教導他們。（Holt, 1972, 77-78）

傳統學校教育阻礙人類獨特的能力，他們用所謂的客觀工具來篩選出自我實現的學生，這些工具就是成績、IQ 和能力測驗；預先被界定為比較沒有能力的學生，就得到與之相應的對待，然後他們就表現出與之相稱的行為來。在激進主義的著作中指出，很多「愚笨的」學生當他們被當作獨特的個體來對待，而不是將他們貼上分類的標籤時，他們就有非常耀眼的發展。如果兒童實際上具有比文化觀點所願意承認的、更偉大的學習、成長和自我探索的潛能，那麼激進主義的批判就不只是「浪漫的」思想，而是完全正確的！主張社會或學校不應該壓制人類的潛能，是一種對保守喀爾文教義信念的激烈批判，該信念主張人類最偉大的力量僅限於少數幾位被揀選的人；這種主張也對階級分明的社會提出嚴正的挑戰，因為這樣的社會是追隨喀爾文教義的信念的。

這就是為何文化監督者會很害怕激進主義者，並且為何他們會永遠反對全人教育方法的真正理由。一位保守的批評者指控：「他們強烈譴責資本主義的邪惡，並且期望建立平等主義的價值觀，這樣的做法最後會瓦解我們社會中的很多機構。」（Troost, 1973, 5）

這是再清楚不過了：保守的道德家－資本主義的世界觀對於促進民主和個人發展，並不像對維持社會秩序那麼有興趣。甚至於他們比較喜歡資本主義的邪惡，而不是任何非主流的世界觀！這位作者透過妥善地衡量，指控激進主義教育學者鼓勵：

> 與吸毒、性、暴力和犯罪等相關的尋求刺激的行為……
> 熱衷開放教室的人,透過放縱學習者個人、透過提升他
> 們的選擇、透過放棄文化得之不易的標準,來努力瓦解
> 我們的文明。(Troost, 1973, 3, 188)

這即是喀爾文資本主義文化完全不信任人類的天性和自動自發的特質。「文明」(就是現在由經濟和政治菁英所領導的社會秩序)必須從人類天性裡未被馴化的本能中被保護。就像激進進步主義的批判曾遭到指控為「紅派」和「共產主義」,而被掃除一樣,一九六〇年代的激進派批判也被貼上「吸毒、性、暴力和犯罪」的標籤而遭摒棄。這些指控完全是不恰當的和被人所誤解的,但是,他們確實讓中產階級感到恐懼。

事實上,激進主義本身對於「瓦解我們的文明」也感到極度的痛苦,這是他們直接在學校裡親自體驗到的。但是,他們深信這些所謂的「愚行」、尋求刺激的行為問題、少年犯罪和反抗行為,都是人類發展遭到壓制的徵候。柯霍主張,「紀律和行動方式的問題與教師的權威角色有錯綜複雜的關係」(Kohl, 1969, 77)。像這類傳統教育責怪學生的問題,只要在學習環境更加民主的情況下,以及在人們之間的關係是個人化與真誠的情況下,而不是階級分明的結構,通常都會消失無蹤的。這是在非主流學校中的教育者所普遍發現的現象(Gold & Mann, 1984),也是我經常從受訪的全人教育者那裡聽到的陳述。這對社會政策有非常大的含意:如果我們真的要暫停「瓦解文明」,我們應該緩和個

187

人生活的系統化與標準化，不應該再疏離他們了！

所以這些激進主義的文獻資料並不只是呼籲要稍微修補一下課程內容或座位安排而已，而是對傳統學校教育本身的概念提出強烈的批判。雖然只有霍特、伊利契、瑞瑪（Everett Reimer），和其他少數人提議完全廢除公立教育，但是，整個運動強烈要求從基礎上改革起，反對只是做做表面功夫而已。這種自由學校運動是激進主義表達異議的一種方式——雖然他們在這裡明顯地分裂成兩派：「適應新環境的」與激進的教育學者。很多自由的學校教育者只是「退出」這個系統，來獲得自由。但是到了一九七二年，他們之中有越來越多的社會激進主義者提醒他們的同儕，記得他們有更廣大的目的。葛巴德（Allen Graubard）寫到：

> 為了創造具有真實人性與自由的教育，我們必須在一個創造真實人性和自由的社會秩序的過程中……教育改革的真正問題是社會的、政治的、經濟的和意識型態的。（Graubard, 1974, xi, 35）

高素（1972）在其激烈的批評中，譴責富裕的自由學校逃避不平等與貧窮這兩項真正的社會問題。我們可以理解，激進主義者受到很多自由學校教育者對政治漠不關心的干擾。但是，葛巴德和高素並不是批評他們的同事不認同這個激進的分析，只是指出他們沒有完全活出這個真正的意涵。這種存在個人自由與社會

改革之間的緊張情勢，持續存在於今日的自由學校運動之中。

無論如何，美國主流社會並不認同激進主義的分析。根據一位作者指出，甚至在自由學校運動的高峰期，學生人數達到大約一萬名，也只占全部學校學生的四百分之一。他表示激進主義／自由學校運動是「注定要失敗」，因為它是一個政治上的批判，而不是教育學上的批判。他的詮釋證實了我的觀點：

> 教育的基本目的永遠是在傳遞文化，而很多非主流派的
> 目的都是要改變文化。（Rosenfeld, 1978, 486-489）

激進主義的批判和自由學校運動就像其他全人教育方法一樣是反文化的，因此才被美國社會和教育所拒絕。

無論如何，一九六○年代的社會騷動確實震驚了文化的守護者，因此，他們再一次轉向他們最喜歡的補救措施：教育改革。美國學校的問題受到激進主義批判者的激烈撻伐，最後被視為一種危機，因此在接近一九七○年時，美國主流社會決定必須進行某種改革以回應當時的社會騷動。這其實是一種長久不變的保守回應方式──要求更有效率、更好的學術成果，和更有紀律，其已在一九六○年代中由柯南特和阿德勒（Mortimer Adler）所提出了，他們嘗試以更有挑戰性的課程，或是更嚴格的教師訓練來增強這個系統。但是大約在一九七○年，出現另一個團體，我們可以稱他們為主流自由主義者，他們以較緩和的方式表達對社會

和教育的異議，還具有強而有力的影響力，而他們的改革理念包括開放的教室和「精選的公立學校」。這個團體的代表人物是薩伯漫（Charles Silberman）、費勒史東（Joseph Featherstone）、方蒂尼（Mario Fantini）、韋伯（Lilian Weber）、羅傑斯（Vincent Rogers）、貝隆（Vito Perrone）、巴特（Roland S. Barth），和尼魁司特（Ewald Nyquist）。這些學者大部分都沈浸在杜威的進步主義教育思想中，並且在令人沮喪的一九五〇年代之後，繼續維持這個運動活躍的光輝，現在他們獲得機會可以發揮對公立學校真正的影響力了。

開放教室運動將全人教育引進很多美國的學校。開始的時候，它由一種強烈的信念所啟發——即傳統教育實務是沒有人性的，因此必須要改變。例如，薩伯漫宣稱：

> 經過長時間參訪公立學校教室的情形，如果不被其到處摧殘的景象所驚駭，是不可能的事——摧殘自發性、學習的喜悅、創造的快樂、自我意識……教室裡普遍存在著不信任的氣氛，以規定來掩蓋任何最小的生存觀點，每天教導學生他們不是有價值的人類，而且當然也不是有能力管理自己的個體。（Silberman, 1970, 10, 134）

189

自由主義者在這個觀點上與激進主義的分析相當接近，他們指出課程改革在十年前就已經開始形式上的推動了。

我們認為光是重新改寫數學，或英文，或科學計畫，或
是全部重新改寫也是不夠的。光是將電視擺在教室中、
安裝活動牆，或是成立教學團隊，也是不夠的……或許
事實上，專心致力於技術、計畫和「事物」上，會更加
嚴重地抵制最基本的問題，我們深信問題的本質在於忽
略人性。（D. E. Armington, in Nyquist & Hawes, 1972, 65;
cf. J. Featherstone, ibid., 94）

　　自由主義改革運動支持激進全人思想對人類發展的觀點，在
此教育危機上深具重要的歷史意義。

　　或許我們可以將開放教室的做法視為全人教育的方法，因為
它是以對自然開展人類發展的信心做為出發點的。根據尼魁司
特的看法，「尊重和信賴兒童也許是開放教室基本上最重要的原
則」（Nyquist & Hawes, 1972, 10）。巴特列出二十九項「有關學
習與知識的假設」，讓很多教育學者運用。其中第一條是「兒童
天生具有好奇心，不用成人的介入就會開始自己探索」。這些作
者指出，他們深信唯有真正提供一個能夠滋養兒童情緒福祉和自
尊的學習環境，才能協助兒童發展。而傳統學校教育並沒有提供
這樣的環境。根據巴特的說法：

在美國的教室中，僅存在發展不完全的情感和情緒層
面……我們繼續在言語或肢體動作上，顯現出不自在、
害羞和壓抑情感的表達。（Barth, 1972, 18, 53）

他將這種情形歸因於教室中瀰漫著不信任的氣氛，老師在教室中將精力投注在維持秩序和控制學生的事務上，學生就會一直處在這種持續焦慮的情況下：「因此，老師和兒童之間傳統的關係，本質上就是一種不斷抗爭的敵對關係。」（Barth, 1972, 89）

自由主義者就像激進教育學者一樣，呼籲老師以個人的整體性來表現，開放自己的自發性，以及在教室中表達自己誠摯的情感。他們要求老師放棄他們「病態的專業精神」。費勒史東、薩伯漫和其他學者皆強烈抨擊教育「制度」裡自私的教師訓練和頒予證書的做法。簡言之，開放教室顯然不只是另一個主流教育試圖借用一些人文主義的做法來提升學習效率而已；相反地，它實在具有促進人類全人發展的真實影響力。

然而，這個主流的自由主義並沒有引用一九六〇年代的激進主義文獻，或蒙特梭利或是華德福模式，他們卻從英國發現一個全新的教育模式。從前只有少數的美國人知道英國有許多小學在進行開放教室〔或是「綜合活動日」（integrated day）〕實驗——直到一九六七年，當英國的普勞頓委員會（British Plowden Commission）十分肯定地提出這個實驗的報告時，費勒史東就在《新的共和國》（*The New Republic*）中發表一系列的文章，向美國人介紹它們。到了一九七一年，美國陸續有一連串的書刊文章都在推銷這種教育方法，於是它變成教育機構、研究者，和學校教職員努力追求的模式。

這些教育學者首次運用心理學家皮亞傑的發展觀點。皮亞傑龐大研究的基礎是人類的智能在不同的階段開展，而且（特別在

190

早期的階段中）當人們透過活動、有意義的互動，並結合身體、
情緒和認知來參與這個世界時，可臻於最佳的學習狀態。在本質
上，皮亞傑已經針對自裴斯塔洛齊以來全人教育思想的核心概
念，給予一個以經驗為依據的認可：「教育」不能被限定為一種
枯燥乏味的訊息傳遞，教育是創造一種可以激勵探索與發現的
環境。誠如費勒史東所指出的，「正規學校只訓練兒童來考試，
非正規的學校反而教導更多重要的事情」（Featherstone, 1971,
40）。當英國和美國同時宣揚開放教室時，他們將皮亞傑的研究
運用在教學實務上，其結果是一窩蜂的學生能夠自由地選擇到不
同的活動區域，這種教室情景在某些方面很類似蒙特梭利的「預
備環境」。其實這並非是一種巧合，誠如我們在前文所述，皮亞
傑本身曾深受蒙特梭利的影響。

191　　　　但是，很明顯地，自由主義者的開放教室方法是屬於一種
「適應的」全人教育運動。自由主義者正像一九六〇年代的激進
主義者一樣，非常關切個人最理想的成長；但是，與他們所不同
之處，是自由主義者冀望個人的成長能夠透過教育改革來促進，
而不必透過激烈的社會改革。自由主義者最關注如何發展出能創
造更人性化教室的技術，他們不像激進主義者企圖對美國文化進
行大翻修；他們不相信學校的問題是反映出根深蒂固的社會問
題，而只是「不小心」（如薩伯漫的主張）所產生的結果而已，
或是一種善意的錯誤所導致的結果。雖然他們偶爾在危急關頭，
會將矛頭指向社會問題，但是，這些作者並不認同激進主義者批
判大部分的美國社會是「全部錯誤的」（all wrong），賀登有一次

就曾提出這樣的看法。事實上，他們經常向中產階級的擁護者再三地保證，他們與激進主義者是非常不同（Silberman, 1970, 141; Nyquist & Hawes, 1972, 3-4; Barth, 1972, 12-13）。

羅森費爾德（Rosenfeld）指出，自由主義改革者以他們自己的改革方式來解除教育的危機，而非採用激進主義者的提議：

> 他們有效地去除政治色彩的改革，並且學校在本質上維持和上一個世紀的一樣……改革永遠都只是集中在改進技術、促進效率。這種改革並不把目標放在教育系統的基礎上。（Rosenfeld, 1978, 487）

我同意自由主義者「去除政治色彩」的改革，確實會放鬆美國人把激進主義看得那麼嚴重的態度。「教育改革」這個萬靈丹再一次將注意力從反對美國文化之更嚴厲的批判上轉移開來。誠如我已指出的，開放教室運動本質上不是保守派的做法，它的目標並不是像公眾學校和主流進步主義運動明顯地在追求社會順從和社會效率。事實上，名副其實的保守派把主流自由主義者和激進主義者混為一談，都把他們當作是社會的破壞分子，由此可知，開放教室運動確實包含許多真正的全人教育成分。如果自由主義者真的阻礙了激進主義教育者的改革努力，那是因為他們假想美國文化是民主和人文的，並且存著對美國文化可能會接納他們理念的信心。這就是「適應的」模式對全人教育所造成的威脅，因為實際上美國文化並不歡迎全人教育的理念，而適應的模

式通常會導向注定要與美國文化妥協的方向。

192 　　這種現象確實發生在一九七〇年代中期以前，甚至當它的一些擁護者瞭解到，開放教室的方法已經被當作是最新的教育改革萬靈丹時，它已經被輕率地運用在現存的學校架構上（Nyquist & Hawes, 1972, 89）。於是，它面臨與裴斯塔洛齊和派克理念同樣的命運：因為它在與主流教育的期望妥協之後，理念就會被稀釋了，直到它淪為誇張可笑的教育方法，然後就會遭到嚴厲批評為毫無成效（Raywid, 1981）。誠如霍特所主張的，重視開展每個兒童個性的教育方法，基本上是與公立學校區分優劣和促進社會效率的使命不一致的。因此，當研究顯示開放教室與所謂傳統的教育目標沒有重大差異時，就開始敗壞這個教育方法的名聲了，它的下場就像之前所有嘗試進入主流教育的全人教育思想一樣。如索爾所指出的，保守派的力量在一九七〇年代一再重複施展他們對教育和社會的控制，並且非常有效地挫敗一九六〇年代的社會抗爭活動。社會效率和國際經濟競爭所需要的是較高的成就分數，而不是人類的全人發展（Shor, 1986）。

　　美國教育在一九七〇年代中期沒有對它的危機做出任何大的讓步，就平安地度過大部分嚴重的危機了。這個「回到基礎」（back-to-basics）的運動，強調考試成績、「任務時間」（time-on-task），以及其他對兒童生活所採取的卑劣控制，繼續在整個一九八〇年代掌控教育的氣勢。在過去二十年裡的教育「改革」並不想讓學校變得更人性化與民主化，或是讓學習變得更有意義、更快樂或更有自發性；它的目的只是想要提高考試成績、改

進「文化素養」（就是每一個美國人必須知道的），以及重建社會紀律而已。正當主流進步主義運動重申美國文化反對激進主義對都市工業主義的不滿時，自一九八〇年代興起的教育「改革」，也嚴厲地回應那些在一九六〇年代脅迫文化的批判。

當時教育制度確實引進一種創新做法：「精選的公立學校」，精心設計一些非主流或吸引人的學校來消除社會上對主流教育的批判。像這樣的教育計畫，在一九七〇年大約有一百所，今天已經達到數百所了。儘管這種非主流學校運動在推動全人教育方法上，曾經是歷史性的開端（例如，數個蒙特梭利方案被引進公立學校裡，雖然都有妥協的威脅存在），但是，大部分「非主流學校的理念最後都從激進主義的理念，轉變成以保守的態度來回應當地學校的問題」（Barr, 1981）。事實上，大部分非主流教育方案都是為了被退學的學生而辦理的，或是針對可能被退學的學生而設計的，它們主要的目的是為了讓學校維持令人滿意的環境，讓感到不滿意的學生留在這個系統中，而不是為了要解決導致這種差異的基本問題；它們的目的是把製造問題和破壞的學生踢出正規學校，因此教育事業才能夠繼續有效率地進行。還有，故意成立吸引人的學校也是快速解決都市系統中種族偏見的一種便利方式。

結果，雖然非主流教育方案（常常是）能夠反映出更個人化的、民主的、社區的與學生的需求，但是，它們通常還是贊同傳統的教育目標：學術和職業技能，以及傳遞文化的價值觀。因此，它們大部分不會構成全人教育運動。假使它們以前能構成全

193

人教育運動，我相信它們就不會吸引那些政治和教育領袖的注意了。公立的「精選學校」是向著教育迫切需要的地方分權，踏上充滿希望的一步。但是，它們並不是一種本質上的教育改革，它們最後還是成為認真重新思考教育目標的另一個替代品。

　　激進的教育批判就像在一九六〇年代的騷動一樣，已經消退而進入歷史了。很多美國人在過去十年中的某些年裡喪失對社會制度的信心，他們樂意考慮這條激進社會改革的陌生路線。但是，就像從前在危機時代所發生過的一樣，文化守護者再次向美國人重申美國文化歷久不衰的神話，以及再一次斷然拒絕全人教育學者以「人」為中心的教育願景。

促進人類潛能的教育

在一九六〇年代眾多的自由主義運動和社會改革運動
中，興起了「人文主義」心理學，以及人類潛能運動。馬斯
洛（Abraham Maslow）、羅吉斯（Carl Rogers）、梅（Rollo
May）、波耳斯（Fritz Perls）、弗洛姆（Erich Fromm），和一些
其他的理論家等人的著作，普遍被用做為對佛洛伊德心理模式和
行為主義心理模式之學術批判。多年來，不同的心理學家——如
阿沙吉歐力、榮格（Carl Jung）、勒溫（Kurt Lewin）和完形學
派、存在主義和現象學的思想家，都主張人類的心理比主流的心
理學派所能提供的更加複雜、有活力和創造力。他們主張人類的
本質並非僅是由粗俗的物質需求所驅使，而且也會積極主動尋求
社會性、愛與意義。這些理論家當中的一些人發展出治療方法
〔例如，莫雷諾（Jacob Moreno）的心理劇，或是波耳斯的完形治
療法〕，讓團體中的成員一起合作來追求完整性和意義性。人文
主義心理學的理論與實務，同時反應出一種深沈的渴望，這種渴
望大體上並未在競爭的、個人主義的文化中加以實現。一小群專

業主義技術陣容很快就轉變成一種反文化運動，其運作中心是人文主義心理學協會和日漸增加的心靈調劑中心，例如北加州的伊撒冷（Esalen）中心。

　　自然地，這種關注人類發展的治療法很快地就移到教育。林哈（George Leonard）在一九六八年從一位新聞記者轉而投入人類的潛能運動，他寫了《教育與狂喜》（*Education and Ecstasy*）這本書，熱切地描述擴大人類潛能的願景，並且堅決主張這是教育新模式的基礎。這本書就像很多因這個運動而產生的文獻資料一樣，是不顧史實且批評不當的。林哈似乎對於在他之前的教育爭議者，和他們對抗主流文化的奮鬥毫無所知。不過，這本書仍然是一部重要的著作，它宣布一項新教育運動的誕生。

　　羅吉斯在一九六九年出版了《學習的自由》（*Freedom to Learn*），此書成為人文主義教育運動的主要讀本之一。羅吉斯倡導「當事人中心」（client-centered）的心理治療法，是建立在信賴和無條件接納個體、治療者與當事人之間同理的瞭解，以及個人的真誠和一致性的基礎上。他把這些原則轉換成人文主義教育理論，主張真正的學習需要完整個人的投入，包括感覺、憂慮和創造力；人類的本性渴望成長和完整，但是需要一個能夠激勵探索和自我發現的情感支持性環境；並且每一位學生和每一位老師都應該被尊重為獨特的和珍貴的個人，不應該用外在死板的目標來強迫他們表現出受束縛的角色行為。他強烈地質疑傳統教育的假設。

196

如果我們的社會所面臨到的挑戰，是讓人頭暈眼花的科學、科技、溝通和社交關係的改變，我們便不能再依靠過去所給的答案，卻必須信任應付新問題的過程……這並非只意味著教育的新技術，而且……是一項新的教育目標。（Rogers, 1969, 303, 304）

當然，誠如我們在本書前面幾章中所見的，這個新目標並不全然是新的。即使如此，羅吉斯仍提供一個比林哈更完整和特別的教育理論。他也承認他的理念必然不會被美國教育所接受。

我所描述的態度……可能是個人最不可能持有的，或是可以承諾他自己要成為學習的促進者，除非他對人類這個有機體和它的潛力具有深刻的信賴。如果我不信任人類的本質，我就會用我自己選擇的資訊來填塞他，唯恐他走上自己錯誤的道路。（1969, 114）

羅吉斯在這裡一針見血地指出，不被接受的原因在於我們的社會所形塑的等級制度、權威的和控制教育的官僚體系。這是同時受到科學的簡化論和喀爾文神學論的影響，美國的教育是建立在這樣的假設上：兒童的發展必須受到控制，以確保一個有秩序的社會。羅吉斯和一般的人文主義心理學只是強調一個觀點——他們最重要的主張是人類本質的自然展開可以而且應該被信賴。

197

因為他們的這個主張或許可以將他們歸類為盧梭的浪漫思想。
但是，他們心理治療的經驗和研究，賦予這個思想一個全新的
面向。正如康姆斯（Arthur Combs）所提出的：「我們正生活在
今天一個擁有對人類能力的自然本質和潛力賦予新觀點的世界
裡。」（Roberts, 1975, 296）

　　最有說服力來宣揚這個觀點的人之一就是馬斯洛。他主張人
類發展會自然渴望向著「自我實現」（self-actualization）發展，
亦即達到個人心智、道德和靈性最高的潛能。他著名的「需求階
層」（hierarchy of needs）理論，解釋何以大部分的個體都無法達
到這種狀態：當較低層次的需求，如肉體或情緒的滋養沒有得到
適當的滿足時，就會妨礙更進一步的發展。馬斯洛的思想普遍反
映在人文主義心理學和一九七〇年代的教育運動中，一貫地堅持
每一個人都需要被尊重、激勵和支持他／她繼續地發展。誠如馬
斯洛所指出的：

> 我們談到一種自我內在的天性是非常不可思議的，不一
> 定會被覺察到，必須去探索、去發現，然後發展它、實
> 現它、教導它、培養它……〔一位老師應該〕協助個人
> 發現他已經有的，而非強化他或形塑他或教導他成為預
> 先定好的樣式──那是有些人根據先驗（a priori）原則
> 所預設的樣式。（Roberts, 1975, 37）

布朗（George I. Brown）在他頗具影響力的著作《為人類學習的人性教學》（*Human Teaching for Human Learning*, 1971）裡，以一種更強烈的語氣來表達類似的觀點。

> 我們深信個人的獨特性是一種珍貴、有價值的事物，而且也相信由於政府或任何政府機構壓制、禁止或扭曲每一個人巨大的潛力，這種舉動不論對個人或對社會而言，都是邪惡的和浪費的。（236-237）

布朗著作上的副標題是「融合教育入門」，這個名詞跟「情感性的」、「整合的」，和「人文主義的」教育一起簡要地描繪出全人教育歷史上的新頁。由學術界的心理學家、教育專家和一小群教師共同組成的一個人文教育協會，在一九七〇年代期間和一九八〇年初期舉行幾次大會，並且出版一份期刊。這個運動強調學習的情感層面，並且首次引起社會大眾對目前已廣泛重視的學生自尊議題的注意。這個運動也發展出「價值澄清」（values clarification）的概念，是一種協助兒童辨識自己感覺和信念的技術，而不是一味灌輸他們應該相信的信念。這些觀點在一九八〇年代同時變成公立學校躲避宗教保守派攻擊的避雷針；此外，它們也為現在有名的「情緒能力」（emotional literacy）的教育觀念奠立了基礎，這項觀念引起全國性的注意，被當作是輔導藥物濫用、暴力，和其他青少年問題的良好輔助方法（Goleman,

198

1995）。這似乎也證實了人文主義心理學者和教育學者所一貫堅持的看法：健康的人類發展需要重視兒童的情緒需求。

在人類潛能運動中，那些尋求整體性的人無法滿足於單獨重視情感的發展。對他們而言，自我實現也包括靈性的發展，此意味超越一般意識的狀態。因此，興起一種特殊的反文化運動，引發對亞洲及內在靈性修養的濃厚興趣，以及對腦部和意識科學研究、LSD 迷幻藥和其他精神藥物等研究產生極大的興趣，舉凡人類學的、神學的，或心理學的文獻資料，都向未知的真實性開啟一個新的視野。追尋這種探索的作者有威爾伯、塔特（Charles Tart）、韋漢（Frances Vaughn）、渥許（Roger Walsh），及弗洛森（Marilyn Ferguson）。卡斯塔尼達（Carlos Castaneda）、坎伯（Joseph Campbell）、鈴木大拙（D. T. Suzuki）、瓦茨（Alan Watts），和赫胥黎等人的著作還激勵與支持追求更高的意識覺醒。這種運動在很多重要方面是我在第 4 章中所描述的後現代全人教育運動的開端。

羅斯札克摘述它的重要意義如下，並且以我的觀點，這是當代針對新興反文化運動的最佳詮釋：

> 我們這一代的任務就是成為……漸進改革的開路先鋒。
> 即使那些無法想像我們在演進過程中處境的人，也一定
> 會承認我們在從都市—工業主流所掌控的死亡枷鎖中
> 解脫時，必然會遭遇到極大的挑戰。我們可能必須從
> 事各種社會運動，至少其中的情感性改革將促進我們的

199

目的。這條道路不可避免地會向著精神的方向前進。
（1975, 239）

羅斯札克很清楚地指出，全人教育對現代文化的批判跟其他
呼籲自由或是社會激進改革的不同之處。一種「敏感度革命」
——就是一種意識的轉變、用來定義真實性之文化知識論的根本
轉換，被視為是最主要的以及一種「內在精神」的革命，需要社
會上每個人的積極投入。羅斯札克指出社會的（即系統的和制度
的）改革也是必需的（這大概是非常多靈性追尋者和全人教育學
者所忽略的），但是他肯定表示我們沒有進行足夠的社會改革。

「超個人心理學」這個專有名詞，過去被許多學者運用在
這個運動中（現在還是一樣）。在一九七〇年代中期，出現一
種「超個人教育」的運動，而且在這個年代的末期，這群持不
同意見的學者成為首次實際採用全人（holistic）教育（譯註：
國內有學者主張用「整全的教育」）這個名詞的團體。一本由羅
伯茲（Thomas Roberts）所編撰的出版於一九七五年的教科書，
涵蓋這個運動早期的宣言。伊撒冷學院的創立者墨菲（Michael
Murphy）主張：

在西方世界中仍然抱持的主流知識態度，並不像其他文
化一樣尊重超越存在的本質。相反地，近來西方文化越
來越重視科學、社會秩序和控制自然界。在美國，我們
似乎寧願選擇征服月球，也不願以內省的經驗和人際的

關係來探索這個世界。這種態度在我們的教育系統中比在任何地方還更加明顯。（Roberts, 1975, 439）

心理學家克拉克（Frances Clark）在同一本書中提出類似的觀點，他表示在超越個人教育中，「學習並不是為了要獲得或是傳遞知識，而是要發自內心地參與這個開展的過程」（Roberts, 1975, 499）。

這樣的主張讓超越個人教育方法被指控為反知識主義。這些宣言及全人教育學者從以前到現在所發表的很多類似的宣言，都讓那些批評杜威和進步主義教育的評論家過足了批評的癮頭！但是，假如我們再一次回顧過去，思考這個議題中的文化脈絡，它就不再只是一個沒有腦筋的浪漫主義思想反對冷酷無情的現實主義者了。我們目睹一種文化的分裂：以現代化對後現代化方式來理解這個世界。保守派捍衛「基本技能」和「每個兒童都需要知道的」核心知識，以及傳輸的傳統學習方法，他們受到一種世界觀的感染，這種世界觀受限於對真實性採取理性的、經驗的和邏輯的概念。

他們不是錯誤的（當然，從熟悉知識的長者那裡獲取正確的知識，確實對學生而言是非常重要的），但是他們的知識論是太過片段了，也太過封閉真實性的廣闊層面。事實的真相遠超過他們所願意接受的，兒童確實可以透過「發自內心的開展」來領會這個世界，尤其是在一個富有支持性和激勵性的學習環境中。每

200

一個全人教育學者都認同這個觀點。課程理論家多爾在澈底探討後現代知識論之後，提出以下的主張：

> 當這個全新的、敏銳的秩序形式降臨到學校教育時，師生之間的關係將會澈底地改變。這些新關係較少發生在知識豐富的老師傳遞知識給無知的學生的過程裡，但是卻更常發生在團體中的每個人一起參與、互相探索相關議題的過程中。（1993, 3-4）

在此要提醒讀者記得約翰米勒的教育「導向」（見第4章）。因此，從內心「傳輸」的位置來看，批評全人教育是一種反知識主義，實在是完全荒謬至極的；然而從轉變的立場來看，現代社會對知識的理解與評量方式才是在萎縮人類的心智能力，實在是非常不恰當的！反之，探索和開拓這些能力正是人文心理學和超個人心理學的使命，並且最終成為全人教育運動的使命。

再一次，羅斯札克扼要地表達出這種反文化的願景。他特別在《人／星球：工業化社會中創造性的破壞》（*Person/Planet: The Creative Disintegration of Industrial Society*, 1978）中論及教育觀點，他在該書中強調「人格主義者」（personalist）教育遺產的重要性，以及跟我一樣同時強調政治的基本層面和靈性／心理的層面（雖然他並未深入回顧教育歷史及進行理論的文獻分析，但是他的研究是一種非常重要的開創性努力，能夠重申反文化學

者所遺失的傳承）。羅斯札克在該書很多傑出的章節中，描繪出全人教育的本質。

201　　　這就是我們所要引領進入生命和學校的：一個完全未探索的、非常難以預期的獨特個性。教育就是去開展這個個性——以最靈敏的方式來開展……首先，我們必須讓兒童來教導我們：他們是誰？我們應該把我們與兒童相聚的時間，視為一種非預期的快樂巧遇，深信在這些兒童的內心某處，有一種呼喚的聲音，這些聲音想要被找到和陳述出來……教育者的任務就是維護自我探索的權利，反抗所有強加在兒童身上的外在世界力量，因為這些勢力就是要將兒童變成更像那些已經「成功的人」一樣。（1978, 182, 183）

◎ 自一九八〇年開始的全人教育

在一九七九和一九八〇年裡，超個人／全人教育運動的成員聚在一起舉行大會，他們宣告發起一種「人性的革命運動」（human revolution），並且聲稱全人教育運動「非常有可能是在我們這個時代裡最重要的一個運動」（Harris, 1980a, 1980b）。羅斯札克曾在其中一次集會中演講，其他做過演講的人有林哈、皮爾斯、葛蓮（Beverly Galyean）、坎菲爾（Jack Canfield）、法迪

曼（James Fadiman）、莫達克（Maureen Murdock），和其他曾活躍於人類潛能運動的學者們。這群人形成一個全人教育網絡，並且出版了兩卷會議紀錄。我們或許可以將這些活動視為全人教育基本宣言的大會，且這些演講者都是開創全人教育偉業的先賢們。但是，這種美麗的光景僅是曇花一現而已，大部分的參與者後來都逐漸離去，轉向其他的研究領域。

顯而易見地，主流社會並不將這個運動看作是非常重要的（假如真的有任何在這個人類潛能反文化圈子外的人注意到的話）。美國雷根總統的全國教育卓越委員會（National Commission on Excellence in Education）在一九八三年發表重要的報告——《國家在危機中》，將社會大眾對教育的關注，推向一種與「人性的革命運動」所冀盼的完全相反的方向。這個報告幾乎十分明確地限定全國的兒童一定要（以羅斯札克的話來說）「更像那些已經『成功的人』一樣」。從那時起，教育的每一項重要的改革努力都是基於這項假設。甚至當一群主導教育改革的學者們——大部分是杜威派的自由主義者，在一九八七年聚集在一起討論「為明日的學校教育」時，他們完全忽略了探討人文／超個人心理學和全人教育的文獻資料和理念（Sergiovanni & Moore, 1989; R. Miller, 1991, Summer）。

在這段期間最引人注目的宣揚全人教育的學者是皮爾斯，他在著作《神奇的兒童》（*Magical Child*, 1980）和《促使神奇的兒童成熟》（*Magical Child Matures*, 1986）兩本書中，強調簡化論

和物質主義的世界觀會傷害到有機體的需求和人類發展的靈性潛
能。

> 人類的心智－大腦系統被設計的功能，是與它現在運用的
> 方式有很大差異的，它其實具有更寬廣的功能。在我們的
> 基因中被建構出一種驚人的創造能力，而且隨時準備被開
> 展，我們心靈內在的能力也同樣的奇妙，並且在我們自出
> 生時就具備表達這種能力的驅動意志。（1980, 3）

皮爾斯檢視現代化對分娩、養育子女和教育的簡化模式，他
得到這樣的結論：我們的文化是有系統地在耗盡人類的靈魂。他
警告這種以科技來操縱和控制大自然的努力，會使我們喪失體驗
大自然的感覺，並且阻斷我們投入一種生生不息和演進的活力。
我們的工具、機器、科層化社會制度，和大小通吃的國家政府，
都已經變成我們的主人了。粗鄙的知識和社會效率會決定我們的
文化和個人的價值觀。皮爾斯對此深表遺憾，這是多麼可怕的浪
費人類的潛力。

上述皮爾斯的研究被許多不同的心理學家所引用，他主張人
類自出生時就具有一種強烈的渴望要領會這個世界，確實地，人
類渴望與環境在情感上和心理上產生一種深刻的連繫。就像馬斯
洛的觀點一樣，他也指出生理與情感的安全感是實踐內在驅力所
必須具備的要素。能夠感受到被保護和滋養的兒童，才能擁有一
種「開放的智慧」，以及才能全心地探索新的經驗。但是，在這

個文化中的大部分兒童，都被丟進「這個充滿焦慮和可怕經驗的學校教育裡」，喪失這種與環境連繫的意義。皮爾斯宣稱：

> 我們的學校教育所製造出來的下一代，越來越表現出震驚的、殘缺的、暴力的、侵略的、懷敵意的、混亂的、反抗的，和絕望的舉動，並且我們的社會組織也崩解地越來越快速。逐漸地，我們所反映出來的答案是把這些悲劇越來越快速地強加在兒童的身上。（1980, 207-208）

皮爾斯在《促使神奇的兒童成熟》一書中，擴大對有機體／全人主張的範圍，進入一種顯然是靈性的立場。他論及一種浮現在青少年期的「後生物的」（post-biological）發展，能引發一種「發自我們內心充滿活力、生氣勃勃、有爆發力的創造力」（1986, 24）。他也提到一種「較高的自我」（higher Self），是做為人類發展的真正目標，能夠賦予所有有機體的、知識的，和社會性開展的意義。他還宣稱，文化的規範只是提供一種「偽發展的模式，將我們推回到身體的與感覺動作的低層次，當作這是我們唯一的潛力」（1986, 147）。皮爾斯的研究工作很明顯地代表在一九八〇年代興起的全人的後現代主義，他的著作提到很多重要的觀點。

另一個在早期對超越個人教育文獻具有同樣重要與類似貢獻的是阿姆斯壯（Thomas Armstrong）的著作《閃耀兒童》（*The Radiant Child*, 1985），他引用了許多靈性的傳統思想，包括最近

203

的超個人心理學和榮格的理論。阿姆斯壯主張「童年時期在更明顯可見的本質以外，有隱藏的一面，乃是兒童本質確實存在的一面，需要受到更多的重視」（頁 3）。兒童生命的靈性層面是完整性和直覺認知的來源，這些都未受到我們文化的重視。「教育意味文化適應過程，在很多情況下，也意味著關閉兒童對更深奧真實性的覺察」（頁 133-134）。阿姆斯壯並非要以一種頌揚兒童天真無邪的浪漫思想來處理這個主題——卻是以一種非常謹慎、平衡的和學術的研究來探討人類發展的領域，這是主流科學與教育所完全忽略的部分。

　　在一九八〇年代中期，「全人教育」這個專有名詞已經在人類潛能／新時代運動中被廣泛使用，但是並不是很有系統地呈現出來，直到兩位都叫作米勒的學者出現。我們兩人的著作其實並沒有互相關聯，起先也沒有發現彼此的研究，後來我們卻共同發現這個用來形容我們正在研究的這個教育方法的專有名詞。當我在大學時，深受馬斯洛和羅吉斯的啟發，且獲得現象學心理學的碩士學位，我接著攻研美國教育異議的歷史，並以此撰寫博士論文（後來逐漸形成本書）。另一個米勒是安大略教育研究協會的約翰米勒，他個人對於瑜珈和冥想練習非常感興趣，並將之運用在《憐憫的教師》（*The Compassionate Teacher*, 1981）中。當他與人合著一本有關「課程觀點」的教科書時，他在其他的著作中發現全人教育思想，如卡普拉在《轉捩點》中所呈現的，提供一個最寬廣的架構來全面理解教育的觀點。之前我們兩人都沒有注意到這個全人教育網絡的大會或出版品，雖然我們都曾引用過從

204

這個團體中出現的全人教育文獻資料。

在一九八八年，我們兩人同時獨力完成並出版自己的著作，試圖界定全人教育為一個獨特的運動。約翰米勒在加拿大出版《全人教育課程》，而我的新期刊《全人教育評論》（*Holistic Education Review*）也首度在美國出版。我們在幾個月之內，忽然發現了彼此和另外十幾位教育學者——這些人都是因為支持人類潛能之反文化運動而互相認識的。有一部分的教育者嘗試將特別靈性的教導〔例如蘇菲派（Sufi）的傳統思想或是庫里辛那穆提的研究〕運用在教育實務上。一個相當大且活躍的團體正運用最近的研究結果到各種領域中，如全腦學習、加速學習和多元智慧等；他們在一九八〇年代後期舉行一些大會來推動這些理念。少數老師運用超越個人心理學的技術——諸如引導學生進行想像、冥想和瑜珈練習。他們中間有些人是屬於進步主義者、華德福和蒙特梭利教育團體，他們一致認同有關整體論所興起的文獻。

剛昂（Philip S. Gang）是屬於蒙特梭利團體的成員，他發現蒙特梭利的原則與全人世界觀之間有一種密切的關係，因此，很快地就採用了「全人教育」這個名詞，並且自從一九八〇年代中期起，成為最積極宣揚這個運動的人，不僅在美國，也在世界各地努力地推動。剛昂在《全人教育評論》的序論〈新時代的全人教育〉中，列舉出一些「二十一世紀思想家」〔諸如：波爾斯、林哈、卡普拉和富勒（Buckminster Fuller）等人〕的主張，這些人主張「在下一個二十五年中，會有一種橫掃所有參考架構的改

變。這種改變將從機械—工業化時代開始，逐漸轉變成資訊—太陽能時代」（1988, 13）。剛昂列舉威爾伯的例子，並且討論支持這個概念的「『新』科學」，這種「典範轉移」已經開始發生了，而且他觀察到教育在這種文化轉變過程中，擔任一種重要的角色。剛昂主張教育應該建立在以下的原則上，「以促進人類前往更完整的道路」：

> 賦予兒童一種宇宙的願景，讓所有的有生命和無生命的本質交互連繫，且聯合成為一體。

205

> 幫助學生綜合他們所學習的，並且發現所有原則中的相互關係。

> 準備學生面對新時代的生活，藉著強調一種全球化觀點和人類共同的利益。

> 賦予年輕人能力去發展一種和諧和靈性的感覺——這是建立世界和平所必需的。（Gang, 1988, 14）

在剛昂之後，有一篇文章傳達出一種類似對全人教育的領悟。身為一位學校改革顧問，並且曾擔任過環境教育家的克拉克（Edward T. Clark, Jr.）在〈找尋新的教育典範〉（The Search for a

New Educational Paradigm）中，指出「現在正興起一種系統的生態世界觀」，並且這種新的典範「代表引導教育的背景脈絡中的一種主要的轉變」（Clark, 1988, 19）。他逐一探討何以全人教育觀點能夠改變我們用來領悟知識、思想、學習、教導、課程，和管理學校的方法。克拉克強調唯有考量這整個背景脈絡（新興的全人教育典範），才有可能在教育的本質上產生重要的改革。他強調我們無法將「新酒」倒入被淘汰的有關人類天性和事實假設的「舊皮囊」中。

　　因為剛昂、克拉克、我自己和其他同行之間的對話，而促成在一九九〇年六月在靠近芝加哥的一個修道會中心，舉行一場八十個全人教育學者的集會。這個集會的主題是「芝加哥教育宣言」（The Chicago Statement on Education），學者們共同宣布：

> 整體論強調一項富有挑戰性的事業，就是創造一個堅固的、公平的，與和平的社會，並且能夠與地球和它的生命和諧共融。這項工作包括一種對生態的敏感度，深刻地尊重本土的和現代化文化，以及地球上各種不同的生物。整體論藉著頌讚我們內在的潛能：直覺、情感、身體、想像力，和創造力，以及理性的、邏輯的，和語言的，來尋求擴大我們看待自己的方式，以及我們與世界的關係。〔Published in *Holistic Education Review,* 3 (4), Winter, 1990, p.65〕

芝加哥大會也促成創辦 GATE—— 教育改革全球聯盟
（Global Alliance for Transforming Education），剛昂正是這個聯
盟的督導。在接下來的幾年裡，GATE 每年都舉辦年度大會，並
且發行立場聲明書，標題為：《教育二〇〇〇年：全人教育的觀
206　點》（*Education 2000: A Holistic Perspective*）。我自己是撰寫這
篇宣言原始草稿的人，我非常慎重地將教育放在文化的脈絡中來
探討。

> 我們深信我們的主流文化價值觀與實務，包括強調企業
> 的競爭、大量消耗超過能夠維持平衡的資源，以及忽視
> 人類真實互動的階級科層制度等等，皆已經破壞生態系
> 統的健全狀態，以及人類最理想的發展狀況。

《教育二〇〇〇年》還宣布了十項全人教育的原則，並由參
加一九九一年的 GATE 大會成員所共同簽署：

1. 我們堅持教育最主要的目的，實際上也是最基本的目的，就
   是滋養人類發展的內在潛力。
2. 我們呼籲每一位學習者——不管是年輕的與年長的，都要被尊
   重為獨特的和有價值的……每一個人都擁有與生俱來的創造
   力，具有獨特的身體、情感、智能，和靈性的需求與能力，
   並且擁有一種無限的學習能力。
3. 我們證實這些由最有洞察力的教育學者已經主張數個世紀的
   觀點：教育是一種經驗的事件；學習是個人主動並結合多方

面的感覺,與世界所產生的互動⋯⋯。

4. 我們呼籲教育過程中的整體性,並且呼籲進行教育制度與政策的改革,以達到這個目標。整體性意味著每一項學術原則僅是提供一種對這個豐富、複雜和整體生命現象的不同觀點而已。

5. 我們主張⋯⋯教育者能夠成為學習的促進者,這是一種有機的、自然的過程,而不是一種可以被要求證實的成果。

6. 我們呼籲在學習過程中的每一個階段,給予學習者做出真正有意義的選擇的機會。

7. 我們呼籲一種教育的真正民主模式,賦予所有公民能力,以有意義的方式來參與社區生活和這個地球的生存。

8. 我們深信我們每一個人,不論我們是否理解,都是一個全球化的公民⋯⋯我們深信這正是教育的契機,去培養一種對人類重要差異經驗的欣賞能力⋯⋯。

9. 我們深信教育必須從對所有生物之生命的深刻尊重態度來開始進行播種和有機的耕耘。我們必須重新振作一種人類與自然界之間的關係,去滋養而非剝削這個自然的世界。

10. 人類最重要的、最有價值的部分是他/她的內在、內省的生命──自我或靈魂⋯⋯我們深信教育必須滋養靈性生命,使其健康地成長,而非透過持續不斷的評量和競爭來加以破壞。

（GATE, 1991）

做為參與此盛會與發表此宣言的人之一,我和其他全人教育學者一起共享這種歡欣鼓舞的心情。我在芝加哥大會之後,寫下

這樣的感想：「我們很多人懷著激動的情緒來迎接這個教育新時代的誕生，這是一種世界性的運動，將會完全重新定義現代化學校教育的基本假設。」（R. Miller, 1990, Winter, 52）然而，做為一個歷史學家，我在過去這些年來重新衡量了我自己的過度熱情（R. Miller, 1993, December），而且這種感覺似乎也變得越來越清晰，在一九八八年之後，第二波全人教育的浪潮與一九七九至一九八〇年的「人性的革命」團體，同樣蘊含一種對文化改革的不切實際的期望。剛昂在芝加哥大會中的演講，引述最近倒塌的柏林圍牆，使一種對靈性感到興趣的明顯浪潮洶湧而至，以及一種對環境危機興起的覺醒，皆在在證明「工業社會已經開始瓦解了，並且讓我們正在努力定義的新文化有發展的管道」。他繼續宣告：

> 早期的典範轉移已經發生了好幾個世紀，而且幾乎沒有被社會大眾所接受。但是在當今這個壓縮的時代裡，那些靈性靈敏的人可以覺察到這些改變，並且迫使他們不得不參與這個浪潮。（Gang, 1990, 55）

但是截至目前為止，近代歷史都沒有證實這個宣告。在一九九〇年代中期，全人教育運動是由幾百位教育者和自由寫作的夢想家所組成的一個鬆散網絡。在這個微小和邊緣的團體之外，當《目標二〇〇〇年》的技術專業治國的願景主導教育理論與政策時，《教育二〇〇〇年》的崇高原則變得完全沒沒無聞。

208

雖然最近幾年來，蒙特梭利和華德福學校運動呈現穩定成長的現象（甚至很多公立學校也選擇採用這些方法），並且儘管在很多創新的公立學校中也出現「全語言」（whole language）、「合作學習」（cooperative learning）和多元智慧等教育方法。但是，這些發展僅可以被視為教學策略的改革，而不是反文化典範的發展；換句話說，誠如克拉克所指出的，一些新酒實際上是不能倒進同樣的舊皮囊中的。直到目前為止，全人教育的文獻幾乎沒有獲得大部分教育者、政策制訂者，或教育專業人士的關注，而且實際上，主流派的傳播媒體和所有的社會大眾也都沒有看見。在《全人教育評論》的高峰期，大約只有二千位讀者（《全人教育評論》在最近幾年裡已成為一份專業學術的期刊，共發行給大約一千二百個圖書館和學者們）。

　　或許後現代時代真的已經來臨了，但是，事實所顯現出來的似乎是這種從現代到後現代的過渡時期是緩慢而艱難的。不論全人教育學者受到多少超驗意識潛力的啟發，或是他們對人類發展和整體性的願景有多少，依舊主導社會大眾的大眾傳播媒體就會提供同樣多的消費主義文化、競爭性和個人主義，來抵銷全人教育學者的努力。雖然很多人在現代生活中體驗到靈性上的空虛，為數眾多的人還是選擇轉向傳統的宗教信仰，但是這些信仰非常嚴重地妨礙後現代的思考；諸如：守信者（Promise Keepers）、基督徒聯盟（Christian Coalition）、愛家基金會（Focus on the Family），和其他傳播福音運動的影響力，仍然比整個超越個人／全人教育的反文化運動更具影響力〔社會學家

雷保羅（Paul H. Ray, 1997）相信大約有百分之二十四的美國人口是「文化創新者」（cultural creatives），他們信奉「轉變的」（transformational）後現代價值觀。他樂觀地預見這個族群會逐漸增加，但是，目前還是明顯可預期他們是未來的少數族群〕。再者，主流的現代主義文化在最近幾年裡，重新以一種報復的手段來掌控教育政策，有關這一點，我們將在下一章中加以討論。

　　所以，身為一位歷史學家，我必須十分謹慎，避免過度強調人類潛能運動的影響力。正如在本世紀早期的無政府主義者和進步主義教育學者，他們覺得自己受到歡迎來進入一個「新世界」，結果證明他們的想法是錯誤的。過去二十年來全人教育者的夢想，或許原來只是一個被孤立的浪漫思想團體的歷史，而且大部分終將被遺忘。不過，因為我十分認同整體論的原則和全人教育的理念，因此，我無法自主地相信這樣的結果意味著一種人性悲劇性的失落。我唯一能做的，只有盼望我在本書中所描述的這些教育異議的支派，實際上是後現代文明中首度展現的一種微弱、短暫的光芒，能在未來的五十年或一百年中，逐漸地取代企業／工業時代。

209

目標二○○○年：
巨大機器大獲全勝

　　美國柯林頓總統在一九九四年的演講中，宣布全國的學校都 211
必須被評估是否具有「一項高標準：我們的兒童正在學習能幫助
他們在全球化經濟中競爭和成功所必需的事物嗎？」經過我們在
本書中的討論之後，這些話如果不是讓人感到很痛心，就是讓人
深深地感到心神不寧。過去兩百年來，一群教育者和社會思想家
已經指出人類創造力和想像力令人振奮的潛力了，這些正展現在
超越現代化工業文化的範圍之外，他們懇求現代化社會將我們兒
童的靈魂從機械的、社會效率的計算控制，和經濟的簡化論中解
放出來。因此，我們人類的最高目標——智慧、憐憫心、民主社
會、和平，才有可能得到實現。但是，在這裡卻有世界上最有權
力的和引人注目的公眾人物，堅決認為年輕人應該僅被視為企業
資本主義貪婪機構用來謀利的原料。

　　自從一九八三年出版《國家在危機中》之後，政策制訂者、
商業領導者、學術界，和大眾傳播媒體，都重新積極地進行駕
馭美國教育的運動，將教育轉向經濟體系的價值觀：生產力、

效率、可信度、標準化，和理性管理等。學生一向被當作是教育系統的「產品」，他們的知識和創造力就被「公司國」挪用做為「知識資本」。美國聯邦政府定義「目標」、「標準」和「結果」，並且命令所有的年輕人必須在預定的年齡達到某種特定的程度。為了達到這個高峰，柯林頓的《目標二○○○年》計畫提議設置一個精細的科層組織，以監控和實施這些教育所要求的目標。

近幾年來教育改革努力的浪潮，迫使我們再問一次：學校存在的目的是什麼？教育民主學院（Institute for Democracy in Education）的伍德（George Wood）非常中肯扼要地指出「這種用立法來促成卓越的運動，主要考量的是美國的經濟，而不是我們兒童的生活」（Wood, 1992, xviii）。《全人教育評論》的編輯肯尼也闡述他對這種趨勢的看法，依照《國家在危機中》和強有力的改革運動顯現出：

> 學校的功能不是引導學生發展其人性的真正本質，以及發展成具有獨特價值觀、靈感和生命目標的獨立自主的思想者；學校的功能也不是協助學生發展對自己工作的意義感、對自己生活的目的感，或對人性責任的道德感。然而，這個指標運動不僅假設人類資本的概念適用於教育上，並且人類思想本身是人性從政府權力中保留的精華元素，受到美國憲法保護的一種自由的來源，憲

法也是一種公眾的資源。這份報告聲稱政府在「所有層
級」中所具有的權利，可以為了達到預定的經濟目標而
形塑兒童心智的發展。（Kane, 1995, 63, 62）

　　我們在這本書中已經提到，主流文化在一八三〇年代原先是
如何把國家的學校教育塑造成可以達到其目標的式樣；在一九〇
〇年代初期，又如何藉著運用「科學管理」來增強教育系統的；
並且如何持續以嘲弄和駁斥來抑制教育異議對其簡化論和進步教
育運動所造成的最嚴重挑戰。而在一九九〇年代中，這個「巨大
機器」再次以日益增加的全球化經濟競爭的挑戰為藉口，讓政府
居於完全掌控兒童學習目標、過程和結果的邊緣。就如同在一個
私人企業中，因為產品必須完全符合標準化的規定，所以無法忍
受普通成員之間的異議和重要差異。由此可知，資本主義、國家
主義和實證主義在美國現代文化中是如此地根深蒂固，雖然這是
公然違反民主的教育做法，但是卻被整個社會所接納，視為完全
正常的現象，社會只是偶爾會表示一點不滿而已。

　　無論如何，這種不滿的意見也應該被聽見，因為它基本上已
經引起對現代化教育所採取的方向感到憂慮的質疑。針對布朗森
在一八四〇年代的警告所產生的迴響，讓這些目標和標準化的做
法引起人們極度不安，也造成人們對民主社會的存續感到憂慮。
根據主張在家教育的費爾迦（Patrick Farenga）的觀察，這種做
法「完全是自相矛盾的論調」。

213

因為如果我們確實是生活在一個自由和民主的社會中，
為何我們的政府卻強制人民接受任何的學校義務教育。
而且在（《目標二〇〇〇年》法案的）第三條目標中，卻
迫使我們向教育／政治綜合體所設的強制管理心智的管
道低頭……（1995, 214）

卡圖（John Taylor Gatto）是一位在公立學校服務三十年經
驗豐富的教師，並且榮獲一九九一年紐約州年度教師獎。他在最
近的著作和全國巡迴演講中也提出如同上述的觀點。他深信這種
重視成果導向的教育和國家標準，是一種非常根深蒂固的邏輯表
達方式，也是一種非常反民主的做法，政府為了馴化美國社會大
眾，而透過教育將他們變成一群容易駕馭的、願意順從社會和經
濟菁英的人民。

學校誠如它被建立起來的目的，是一種維繫社會操縱模
式的重要支持系統。迫使大部分的人成為這個金字塔中
的底下階層，這個金字塔窄化學校成為攀登控制頂端的
工具。學校是一種讓這樣的金字塔社會秩序變成似乎是
無可避免的技倆，雖然這種假設是導致美國革命的一種
基本誘因。

卡圖宣稱現代化學校教育的基本目的是：

機械式的、反人性的，並與家庭生活敵對的。人們的生活雖然會被機械式的教育所控制，但是他們將一直以社會病態的各種武器來加以反擊：毒品、暴力、自毀、冷漠……（Gatto, 1992, 15, 24）

卡圖誠如在他之前各世代的教育異議者一樣堅持主張：真正的教育、有意義的教育必須在年輕人與他們的社會環境之間有一種基本的互動關係。像這樣控制片段知識和理性管理學校的運作方式，並不是為了年輕人的學習或是他們的社會環境著想，而是完全顧慮到社會操縱者和管理者的利益。卡圖藐視政府將全球經濟競爭視為一種教育實務基礎的做法。

全球經濟並不關切社會大眾對有意義的工作、負擔得起 214
的房子、能實現個人抱負的教育、足夠的醫療照顧、乾
淨的環境、誠實可靠的政府、社會和文化的更新，或完
全的公平等等的需求。所有全球經濟的野心都是建立在
生產力的要求及與人類共同真實性疏遠的舒適生活上
……

卡圖指出我們可以發現一種有意義生活的地方：

在家庭中、在朋友之間、在四季的推移、徜徉在大自然
裡、在單純的社交禮儀和儀式中、在好奇心中、在慷慨

解囊中、在憐憫心中、在為他人服務的過程中、在應該
有的獨立和隱私中，以及在所有來自於真誠的家人、朋
友和社區中的免費和不昂貴的事物中……（Gatto, 1992,
16, 17）

　　換句話說，國家經濟力量所造成的消費迷惑力，使我們漠視
生活中真摯的事物，並且也對人類教育真正應該有的樣子感到
漠然。其他批評標準化做法的人則指出，即使全球化競爭可算
是一個值得重視的問題，但是政府以這種藉口來控制兒童的學
習，還是一種不合理的荒謬舉動。前美國教育部長豪伊（Harold
Howe）舉出證據表示：「學校不是主要經濟轉變的基本原因，
也不是我們國際競爭能力的決定者。」（Howe, 1997, 83）夏濃
（Patrick Shannon）引述其他研究來指出：「學校教育和經濟之間
的相關性一直都是非常低的，此外，學校教育也無法保證學生能
夠有一個比較好的、穩定的就業機會，或者是更高的薪水，因為
無論學校的標準或學生的成就如何，經濟都不能確保實現這些古
老的保證。」（Shannon, 1995, 193）伍德在針對全國成功的公立
學校所做的傑出報告中，指出「國家在危機中」運動完全是一種
錯誤的引導。

　　我們顯然沒有能力繼續維持這世界最高的生活水準，因
而就將此怪罪於學校教育。我們沒有設法解決或是預防
貪婪所導致的儲貸金融機構危機、缺乏決心和沒有節制

地揮霍所導致的國家債務，以及用鼓勵槓桿收購來代替
資本投資的稅政，我們卻將矛頭指向學校，來尋求解決
我們自己在經濟上的這些危機……

當然，胡搞學校教育是不能解決我們的經濟問題的。在
我們國家的歷史上從來沒有，且在其他任何的工業國家
也沒有因為提高學校教育成果，就能促進經濟生產力
的。嚴格地說，我們所用的方法應該要反過來：那就是
「增加經濟生產力才會促進學校的成果和成就」。（Wood,
1992, xix, x）

215

教育哲學家諾丁斯（Nel Noddings）也贊同上述的觀點。
她宣稱教育指標的政策會「轉移我們應該對重要基本問題的關
注」，她指出：

我們無法藉著強迫每個孩子達到一定的學術要求，來消
除貧窮。更合理的看法是，我們或許可以主張先消除貧
窮，就會有助於教育改革，以及降低高壓政策的需求。
當兒童的生活在身體上、物質上，和情緒上都有安全感
時，很有可能他就會比較熱衷於接受和社會脈絡相關的
良好教育，包括文學、科學和歷史。（Noddings, 1997,
29）

　　她接著強調這種教育會尊重學生的個別差異、性向和興趣，並且也會提供給學生不同的學習模式和內容，而不是「一種窄化、格式化的課程設計，缺乏學生會真正關心的內容」。誠如諾丁斯在其他著作（1992）中已經清楚表達的，這種關心的關係是良好的教育，以及建立豐富的生活與道德的生活之基本要素；學生能夠真正學習和具體落實在生活中的是他們所關心的事，而不是學校教育以嚴格控制的手段強迫他們吸收的內容。受這種專制的指標所驅使的教育，會導致學生在乎那些無關緊要的事，甚至變成只是一種義務而已。

　　近代教育家莫菲特（James Moffett, 1994）批評指標運動與政治投機主義和政治作秀有更大的關係，勝過任何對教育、知識、真正教育品質的真正關切。

> 這些政治人物並不精通教育的實際過程，也沒有涉獵過教育方法，他們真正想要緊緊抓住的只有一件事，也就是他們所思所想和所講的都只是為了他們自己的工作——守住基本獲利的成果，最好是可以很快看到考試成績的表現。只要花一點點的錢和傷一點點的腦筋，只要宣稱設立更高的指標，你就可以變成一個教育總統……布希和柯林頓所倡導的指標運動，暗示著學校之所以會在大部分的評量上表現不佳，是因為它們的標準太低了。良好的教師永遠具有高的標準，但是在實施指標運

216

動的過程中，卻被這種外在的考試方式所阻擾了。《目
標二〇〇〇年》的提倡，為了標準化本身，犧牲掉老師
的標準……「能力證明」只對學校有益，而不是對個人
有益，而且形成更多教育問題，而非解決問題。我們的
公民沒有義務要向學校或是政府來證明他們的能力。
（Moffett, 1994, 120-121）

莫菲特在上文提出了兩項重要觀點來反對能力指標的做法。
第一項觀點是以經驗為依據的：當教師被規定要按照指定的教
材、指定的課程表來教學，以配合考試的要求時，教師就沒有
辦法好好地進行教學了，而且這些考試只是為了要評量學生背
誦脫離現實情境、片段資訊的記憶力而已。當教學過程變得標
準化之後，教師就會變成非常有效率的「沒有技巧」（Shannon,
1989），根本就沒有別的辦法來回應學生的不同興趣、個性和學
習型態；此外，課程不斷縮減有關世界整體性的內容，卻變成由
專制的「單位」依照科層組織的便利性來安排課程內容。很多深
思熟慮的觀察家對當代學校教育提出同樣重要的批評。例如，伍
德的評論：

這種運動所產生的不幸結果整天瀰漫著校園，學生整天
反覆練習題目，而這些題目是設計來準備應付嚴格考試
的。教師已依照國家規定的課程標準來規畫課程與教學

活動，這些課程遠超過教科書的難度。事實上，任何不是直接從教科書而來的或出現在國家規定的測驗上的內容，都會極力遭到勸阻。（Wood, 1992, xxi）

　　教師面對這樣殘忍無情的責任，被迫刪除或忽視課堂討論、與大自然或藝術創意有關的活動。在討論過程中，學生可以學習對教師所教導的課程進行批判思考；透過創意活動，學生可以一種更有意義和整體的方式來內化和整合知識。教育哲學家格林評論：「那些指出目標二〇〇〇年的人對藝術的忽視，是與強調容易管理的、可以預測的和可評量的理念互相符合的」（1997, 57）。誠如卡圖預先的警告，強加能力指標和考試或許真的會有成果，但是絕對沒有辦法促進學生學習到更多的事物，只會促使他們變得更容易被管理，卻領悟得更少了。

　　莫菲特的第二項觀點是：「民主社會的公民沒有義務證明他們的能力」，這種主張不是以經驗的角度，而是以道德的觀點來論述的。在今天的政治氛圍中，這是非常少見的觀點。這個巨大機器的文化所抱持的觀點是公民實際上必須擁有值得被接受的各種證書。《目標二〇〇〇年》的計畫緊緊地纏住「學校到工作」（school-to-work）的法規，尤其導致產生「工業認可技能的證書，能夠保證高品質的基準點，這種標準是建立在《目標二〇〇〇年》所訂定的技能標準之上」（Farenga, 1995, 218）。費爾迦批評這是「社會控制的一種方法，而且職業的僱用是依照個人的成就表現來決定的，也就是年輕人在學校中被迫參與的表現」

217

（1995, 218）。在一個類似的脈絡裡，IBM 的主席郭士納（Louis Gerstner）是強力支持標準化教育的人，他已經向採用符合要求標準的政府或社區，揚言要重新設定企業能力（以及工作）的標準。

這種藉著官僚制度、菁英制度，和粗鄙的經濟力量來運作的社會，正是全人教育學者多年來所抗爭的對象。這種社會遠離有關人類本質的有機體或靈性的概念，對人類事務的管理——從整體到細節都是採取理性的角度，是非常粗陋的做法，且帶來極大的傷害。就重視財產或是階層制度的價值觀（見第 4 和第 9 章）而論，這是一種簡化論的控制方式，雖然符合對人性發展較低層次的觀點（例如，人類對安全和權力的渴望、保護自我利益），卻以更有靈性和生態敏感度的天資做為代價，這些天資包括有創意的想像力、直覺的洞察力、與大部分人類和生物環境形成有意義的連結。人類發展中有更脆弱和不可思議的潛能，只有在賦予個人內在力量來開展時，才能夠完全顯露出來。有機的傳統文化會尊重這些力量，並賦予意義和文化認可的表達方法，讓個人透過藝術、儀式和典禮來開展這種內在的力量（Cajete, 1994; Mahdi, Foster, & Little, 1987; Mahdi, Christopher, & Meade, 1996）。然而，因為這些有機的力量有它們自己的生命形式，它們無法完全被預測或加以控制，所以它們會受到社會理性的操縱和標準程序所抑制。以全人教育的觀點來看，這會造成人類潛能極大的損失。

　　全人教育永遠為擁護這種價值觀和生命力量的完整性而戰，
這種生命力神奇地在人類的心靈裡充分地提升，這種力量不論是
在特殊的宗教信仰架構（「神性」、「靈魂」、「神」），或是心
理學的概念（「原型」、「自我實現」），或者是最近興起的全方
位生物學和物理學的觀點（「自我組織」、「隱含的秩序」）中，
都能得到理解。誠如肯尼和本章所引述的其他作者，都清楚地表
達對教育標準化做法強而有力的反對，共同打擊這種對人性的誤
解。人類的心靈不但沒有被視為一種個人特質的神聖核心，而且
還被視為是一種好像是煤礦或是鈾礦的自然資源。這個心靈，是
感情、憐憫心、愛和藝術鑑賞力的深奧來源，卻一點也沒有被挖
掘。

　　雷夫金（1991）以一種廣泛的歷史分析為基礎，指出現代化
的時代已經被「商品化」的自然界所推動：每一樣東西從農田到
電磁波譜，到基因密碼，都被私有的經濟利益所利用，而背後卻
有政府的強大軍事力量所支撐，其最終目的是為那些少數控制這
些利益的人製造更多的財富。由於提出《目標二〇〇〇年》，我
們現在已經到達將人類靈魂本身定義為一種經濟資源的地步，並
由「公司國」所擁有和管理，以達到增加生產力和利潤的目的。
很難想像這樣一小群浪漫、反抗和神秘的團體，在被主流文化忽
視、嘲弄了兩百年之後，能夠戰勝由聯邦政府、大眾傳播媒體，
和跨國企業所聯合起來的力量，這些力量現在仍掌控龐大的資源
和大部分人類的生計。我們似乎已進入一個社會控制的時代，遠
超過羅許、緬恩，或是哈里斯最瘋狂的期望了。

　　無論如何，因為這個指標運動是如此極端地強調菁英主義、簡化論和技術專家治國的觀念，或許會激起社會強烈的反彈。左右派都有少數批判者站出來反對這種強調結果和標準的國家目標。自由主義者非常痛恨政府以這種拙劣的手段來侵擾教育的過程；進步主義者也提出抗議，指出民主的重要價值觀如多元化、對話和完全的平等，已瀕於岌岌可危的處境（R. Miller, 1995a; Clinchy, 1997）。這種指標運動很能夠代表一種重要的文化危機：如果這不是象徵歐威爾現象（Orwellian）的社會效率時代，或許可算作是一種「日落效應」（sunset effect）：當日光顯得最耀眼的那一剎那，正是它要消逝的前一刻。一個瀕於消逝的文化，以最引人注目的方式來展示它重要的特質，就在它要滑進衰微境界的前夕所做的最後掙扎。這種試圖將兒童心智商品化的努力，或許是現代化過程中所要嚥下的最後一口氣。

二十一世紀的教育

當我們思索美國文化中各種教育異議的困境時，一些重要的議題就隨之浮現。雖然反文化教育學者在教育方法和哲學觀點所著重的有很多不同之處，但是他們仍然共享這種我稱之為「全人的」新興世界觀的重要元素。如果二十一世紀能目睹這種根植於更有機的、生態的和靈性的世界觀之後現代文化的興起，那麼我們可以期望教育政策和實務也能夠有戲劇性的改變，將很多全人教育學者已經宣揚兩個世紀的全人教育原則納入教育的版圖之中。

強調人類整體的經驗

全人教育學者強調人類生活的所有層面根本上是互相連繫的。他們強調教育必須尊重一種動態和互動的支持性關係，這種關係是處於知識、情感、身體、社交、美學／創意，和每一個人的靈性特質之間的。兒童不會只有靠著頭腦來學習，而是透過他們的感覺、心思、想像力，和身體來學習。單獨強調理性的知識、經濟的成就、競爭力，和完全順從的社會角色，會造成不平

衡的發展。在現代工業時代裡接受「良好的教育」意味著受到良好的管教,這種教育方式是與開展個人本身的創造力、洞察力,和自我實現是互相疏離的。全人教育呼籲重新重視我們生活中有機的、潛意識的、主觀的、藝術的、神話的、原型的和靈性的層面。這些不僅能賦予我們生命活力,而且也是我們能藉以認識這個世界的「多元智慧」。

強調意義重於資訊

全人教育試圖驅散現代化時代中簡化論的陰霾,強調人類最終無法透過事實、公式、統計和其他片段的資訊來認識這個世界。知識最重要的是一種蘊含個人、社區和自然界的關係;每一件事都會被放在意義(或多元意義)脈絡中來加以理解。誠如社會和文化關係會改變,脈絡也會改變,並且意義也會逐漸演進。知識並非是靜止不動的,它是流動的。認知的過程需要進行一種持續的對話、質疑和好奇的態度,以及一種對新經驗的開放態度;認知是一種道德與靈性的努力。我們在賦予這個世界的意義中,定義我們與這個世界的關係,並且按照那些關係來行動。

透過經驗來學習

在我們的文化中,「教育」意味等同於傳遞權威的知識,主要是透過寫好的教科書來傳遞。相反地,全人教育主張教育需要每一位學習者與周遭的複雜世界產生積極的互動。誠如杜威非常強烈主張教育並不能被當作是為了生活的「準備」,而是「教育

即生活」！教育是生長、探索和一種廣闊的視野。教育是一種有意義的經歷，由興趣、好奇心和個人的目的所維持。誠如發展心理學者所指出的，兒童並非是被動地接受知識，他們建構知識，並且在一種民主的環境中，我們被賦予重新建構知識的能力。因為學校以降低兒童對世界的好奇心和神秘感來設計「課程」，這個課程是按照標準課程表來進行的，所以會摧毀學習的最重要精神。

🎩 強調社區與民主

現代化學校教育的目的在於促進「社會效率」：個人的競爭（根據原子論的社會觀點，乃是無可避免的），乃是透過理性的管理來確保經濟的目的。相反地，全人教育嘗試建立合作式的民主社區。全人教育思想的基本原則就是合作，是一種比競爭更加自然和健康的社會互動狀態。自我實現不是一種封閉的唯我個人利益，卻是個人與他人所產生的一種重要的關係。一個充滿憐憫和參與的社區，能夠賦予社區中所有成員能力，藉著與良師益友、同儕和家人一起合作，來實現他們的目的。我在本書中，區別出「激進的」和「適應的」兩派全人教育學者的差異，前者慎重地強烈質疑一種抑制民主參與的政治和經濟結構，後者則避免意識型態的衝突。但是，適應的全人教育學者同樣也忠於民主社區的理念，並嘗試將社區建立在一種個人的和地方的層級上，尤其是要從學校和教室開始這種民主的理念。

221

一種有機的或靈性的宇宙觀

根據全人教育學者的觀點，人類的生命遠比十九世紀科學所描述的機械法則，具有更偉大的意義和目的，也比任何宗教派別或文化的意識型態更加偉大。以種種的限制和對人類潛能的偏見，來取代可以激發人類生存活力之不可思議的力量，真是一種不幸的錯誤。國家和經濟系統的需求、職業或社會階級所強加的角色、人們將彼此區隔成不同團體的偏見，這些都阻礙重要人性特質的發展，這種特質尋求透過每一個人的生命來表述。全人教育是建立在對生命極度尊重的態度上，以及對於生命未知（而且永遠也無法完全知道）的來源所保持的虔敬，無論是宗教的、心理學的、生態的，或是哲學的名詞對這個偉大奧秘的描述，全人教育的方法都試著回應這樣的呼籲，而不願將之形塑成文化或意識型態的樣式。有很多宗教全人教育者（如史丹勒和蒙特梭利）主張人類的靈魂需要透過不同的教養方式來加以滋養；也有很多自由主義的教育學者（如尼夫、法瑞爾、尼爾、顧德曼、霍特等人）主張鼓勵兒童自發性地表達生命的力量。這些教育方法都不是永遠正確的：全人教育的藝術在於從這些不同的方法中，謹慎地選擇適合個別兒童、社區和歷史環境需求的教育方法。要做到這一點，誠如凱斯勒（Shelley Kessler, 1991）所指出的，就需要教師放開心胸全心地投入教育工作。

◎ 進入二十一世紀

在未來的年代裡，上述這些教育原則真的能夠往下紮根嗎？全人教育學者已經證明自己很難預測文化的變遷。他們時常忘記他們對人類潛能的期望和激勵人心的願景，是與現代化時代的社會和文化的現實性非常不一致的。文明的基礎是建立在一種將人類的心智與大自然分開的認識論上；建立在獎勵貪心和侵略行為的經濟系統上；建立在推崇菁英主義和不平等的社會秩序上——這樣的一種文化將不會接納整體的、超自然的，或生態智慧的形象。如果這個巨大的機器在二十一世紀依舊獲勝，那麼這些形象必將受到更嚴重的排斥。

現階段，顯然全人教育思想（約翰米勒教育模式中的「轉變」導向）對教育政策和實務的影響比其他導向較少，其他的導向目前正主導社會大眾的注意力。像貝內特和郝斯奇（E. D. Hirsch）這類的保守派理論家，正代表教育的「傳輸」觀點，強調學校教育的核心必須是道德與知識的訓練。對他們而言，在西方文明的「偉大鉅著」（great books）中，明確地賦予知識論的權威，以及教育者的責任就是確定年輕人能夠循序漸進地學到這個知識體系。貝內特和郝斯奇兩人的著作都是最暢銷的，他們對管教、權威和秩序的重視，重重地擊響美國文化之弦，就好像是主流文化的捍衛者試圖找回他們自一九六〇年代的騷動中所失落的感覺。對他們而言，對付我們這個時代社會和文化困境的解決之道，是又回復到這種備受時間考驗的真理上，而不是對後現代時

222

代中的不確定感進行測試。宗教基要主義的持續復興，是一種在不確定的年代中渴望明確和確定感的變動過程。同時，世俗和宗教的保守力量仍舊在美國社會中保有一股強大的力量。

正當保守派試圖重新宣揚現代化初期和之前的價值觀時，當代社會另一個主要的部分也同樣在慶祝知識分子和企業家充沛的現代化力量，他們都一直在激勵我們變得更加現代化。這種對進步、個人主義、功利主義和促進科學化的信心，通常被稱做為「技術專家治國論的」（technocratic）心態。自從十九世紀初期起，它的擁護者就運用每一種新的科技革新來重新設計整個社會組織，諸如發明蒸汽機、電力、汽車，以及現在的電腦，不但促使人類逐漸否定傳統的忠誠和價值觀，也戲劇性地改變人類與大地之間的關係、個人與他們家庭和社區之間的關係。技術專家治國論者將這些改變視為無可避免的情形，並且鼓勵我們跟隨這些改變的速度，以及運用它們來創造更多的利益。今天很多教育改革者都一致宣稱，科技是所有重要改革的關鍵，他們展望未來，期盼所有年齡層的學習者都可以透過個人的電腦，或是透過視訊會議，來與遠方的同學和教師進行互動。這種無遠弗屆自信滿滿的現代化教育願景，反映出一種「執行」導向的教育方式，不但無法穩固傳統的價值觀，也無法引起對這個世界複雜性的生態／靈性覺醒。

誠如孟福對這個「巨大機器」的描述，它結合前現代化文明的權威階級制度和現代化文化的技術官僚政治。當社會產生足夠的企業家力量可以維持科技的進步時，政府就會試圖強行實施社

會紀律和秩序。今日結合道德保守派和高科技自由導向的教育政策，是《目標二〇〇〇年》和標準化計畫的重要根基。目前，這兩種教育觀點顯然已穩固地在社會上確立了，或許在未來幾年裡，它們會澈底地控制教育政策。

但是，我有理由相信這種理性管理的、階級制度的和本質上是簡化論的社會，是無法維持非常久的。第一個理由，就是沒有任何科技的魔力可以克服完全的生態極限：地球沒有足夠的資源來持續供給無數的民眾，以滿足他們在工業社會中所期望維持的生活水準。儘管生態學家提出有關於溫室效應、土壤耗盡、物種滅絕和雨林遭到破壞等警告，為企業辯護的人士依舊辯稱，這些警告是言過其實的或甚至是不正確的，但是，非常明顯地，全球企業資本主義者是無法無限期地掠奪生物圈的。在一些要點上，無法取代的資源將會被耗盡；同樣地，將會沒有足夠的地方來處理垃圾，或是解決有毒的工業廢物。文明將會被迫或許是最令人不愉快地去適應這個非常難以居住的世界，人們在這種簡化論世界觀的驅使之下，努力控制大自然來獲取立即的利益，卻忽略這種舉動所帶來明顯的長期結果。但是，所有這些警告都無法迫使他們停止破壞地球。

第二個理由，是政府這個巨大機器所具有的力量或許不像它所顯現出來的那麼嚇人。人類的靈性在這種簡化論的文化中備受折磨，就會以破壞性的徵狀來回應這種痛苦，因而抗拒社會的管理與控制。誠如皮爾斯和卡圖所指出（以及很多其他的全人教育學者們也都同意），有越來越多的兒童是生活在嚴格的、被迫

的，和整齊劃一的控制之下，他們也被迫遵照一種毫無意義的例
行公事來生活，因此這些兒童越來越顯現出一種與人群疏遠的徵
兆，例如「注意力缺損」、藥物濫用、暴力和虛無的退縮行為。
簡化論的文化再一次試圖要忽視這些結果（「只要說不要」），並
且甚至不承認這些靈性上的問題。保守的簡化論者只想要藉著在
家庭和學校裡嚴格管教兒童，而且繼續蓋更多的監獄，來對付那
些活躍的反抗者。自由的簡化論者則想要聘請更多學者專家來修
補這個系統的裂痕。這兩種方式都是將「政府這個巨大機器」視
為解決之道，而不是把它當作是一個主要的問題來源。這個文化
愈努力達到愈高的社會效率，人類的靈魂就會產生越來越多的抗
爭。社會為了鎮壓這些反抗勢力，就需要一個真正的警察國家。
但是，誠如我們目睹東歐所發生的事件，我們知道其實沒有可以
保證萬無一失的社會控制。

　　整體論成為人類靈性對於深刻無意識文化的一種終極反叛，
其最大的渴望就是呼籲整體性。直至目前為止，全人教育思想已
向現代化社會呼籲喚醒更多具有高度敏感度的靈魂尋求者和神秘
主義者，這些人無法忍受一種毫無意義和機械式的文化，他們並
不滿足於做個商品和娛樂的消費者，他們也不透過毒品或暴力來
反抗文化，這些尋求者寧願堅守著希望，盼望能夠實現文化的轉
變。就像一八四〇年代的先驗主義運動一樣，今日的全人教育思
想家不僅只是呼籲權力的重新分配，或是建立一個更好的福利系
統，他們同時還質疑一些重要的文化假設、價值觀，和主導世界
觀的優先順序。羅斯札克在二十年前所主張的「敏感度革命」，

224

和伯曼的「世界再現魅力」（the reenchantment of the world）都是在尋求人類的整體性。這些努力開拓人類大部分的精神層面，卻已飽受引導地球生存方式的一種極度理性的、功利主義的，和機械式導向的壓制。

　　我在本書中試圖重新評估提出各種不同主張的教育學者的重要性，這些學者並未在主流教育實務工作中受到重視。過去兩百年來，他們的理念被視為「浪漫思想」，因為它們與科學的、工業的，和國家主義的文化之教育目標背道而馳。事實上，我不得不下這個結論：全人教育將很難被採用或是實施在量化意義的評量上，除非後現代時代能夠掩蓋現代化時代。後現代時代是建立在一種更有機的、生態的和靈性的世界觀上。這種過渡期不會快速地發生，或是像全人教育思想家所夢想的那麼順利，沒有任何「人類的革命」是一蹴可幾的。無論如何，美國文化的主題已逐漸無法提供一個可以持久的宇宙觀。在一個逐漸更加緊密連繫的世界中，人們是透過溝通、貿易，以及更重要的是共享生態命運來互相連繫的，因此現代化有限的遠景正逐漸地變得更加危險與狹隘了。現代化極力主張競爭和物質主義的慾望，逐漸變得越來越明顯地要求控制大自然和人類的天性，最終會導致蔑視人類的潛能、玷污大地，甚至可能摧毀地球上所有的生命。

　　我們掉入一個在不同世界觀之間的困惑與驚恐的深淵中。是否文化發展的過程會向著一種對現存世界的複雜和奧秘性的敬重，而以更有意義、覺醒的方向前進？抑或是反而會帶領我們進入一個精心籌劃和嚴密控管的社會制度中，完全消耗大自然的美

225

麗與活力？未來的情形尚未完全明確。現今這個世代必須為世界
的未來做出重要的抉擇。全人教育的願景堅持著希望，盼望一切
還不會太遲。一個全新的世界觀可能會為我們創造出一個新的現
實世界。轉變的過程是有可能發生的！

Aikin, Wilford M. 1942. *The Story of the Eight-Year Study*. New York: Harper.

Albanese, Catherine L. 1977. *Corresponding Motion: Transcendental Religion and the New America*. Philadelphia: Temple University.

Alcott, A. Bronson. 1938. *The Journals of Bronson Alcott,* edited by Odell Shepard. Boston: Little, Brown.

Alcott, A. Bronson. 1960. *Essays on Education by Amos Bronson Alcott,* edited by Walter Harding. Gainesville, FL: Scholars' Facsimiles & Reprints.

Alcott, A. Bronson. 1972. *Conversations with Children on the Gospels* (1836). New York: Arno/New York Times.

Allender, Jerome S. 1982. Affective Education. In *Encyclopedia of Educational Research* (5th ed.), edited by H. E. Mitzel. New York: Free Press.

Archdeacon, Thomas J. 1983. *Becoming American: An Ethnic History*. New York: Free Press.

Arieli, Yehoshua. 1964. *Individualism and Nationalism in American Ideology*. Cambridge: Harvard.

Armstrong, Thomas. 1985. *The Radiant Child*. Wheaton, IL: Quest Books.

Arons, Stephen. 1983. *Compelling Belief: The Culture of American Schooling*. New York: McGraw-Hill.

Avrich, Paul. 1980. *The Modern School Movement: Anarchism and Education in the United States*. Princeton, NJ: Princeton University.

Barlow, Thomas A. 1977. *Pestalozzi and American Education*. Boulder, CO: Este Es Press/University of Colorado.

Barnes, Henry. 1980. An Introduction to Waldorf Education. *Teachers College Record* 81(3).

Barr, Robert D. 1981. Alternatives for the Eighties: A Second Decade of Development. *Phi Delta Kappan* 62(8).

Barth, Roland S. 1972. *Open Education and the American School*. New York: Agathon.

Bateson, Gregory. 1979. *Mind and Nature: A Necessary Unity*. New York: Dutton.

Bercovitch, Sacvan. 1975. *The Puritan Origins of the American Self*. New Haven: Yale.

Berman, Morris. 1981. *The Reenchantment of the World*. Ithaca, NY: Cornell University Press.

Bernstein, Richard J. 1966. *John Dewey*. New York: Washington Square Press.

Bestor, Arthur. 1953. *Educational Wastelands*. Urbana: University of Illinois Press.

Bestor, Arthur. 1955. *The Restoration of Learning*. New York: Knopf.

Bledstein, Burton W. 1976. *The Culture of Professionalism: The Middle Class and the Development of Higher Education in America*. New York: Norton.

Bode, Boyd. 1927. *Modern Educational Theories*. New York: Macmillan; reprinted by Vintage Books.

Bohm, David. 1980. *Wholeness and the Implicate Order*. London: Routledge and Kegan Paul.

Bourne, Randolph. 1965. *The World of Randolph Bourne* (Lillian Schlissel, Ed.). New York: Dutton.

Bowers, C. A. 1993a. *Education, Cultural Myths, and the Ecological Crisis: Toward Deep Changes*. Albany: SUNY Press.

Bowers, C. A. 1993b. Implications of the Ecological Crisis for the Reform of Teacher Education. In *The Renewal of Meaning in Education: Responses to the Cultural and Ecological Crisis of our Times*, edited by R. Miller. Brandon, VT: Holistic Education Press.

Bowers, C. A. 1995. *Educating for an Ecologically Sustainable Culture: Rethinking Moral Education, Creativity, Intelligence, and Other Modern Orthodoxies*. Albany: SUNY Press.

Bowers, C. A., and David J. Flinders. 1990. *Responsive Teaching: An Ecological Approach to Classroom Patterns of Language, Culture, and Thought*. New York: Teachers College Press.

Brown, George Isaac. 1971. *Human Teaching for Human Learning: An Introduction to Confluent Education*. New York: Viking.

Butts, R. Freeman. 1978. *Public Education in the United States: From Revolution to Reform*. New York: Holt, Rinehart & Winston.

Cajete, Gregory. 1994. *Look to the Mountain: An Ecology of Indigenous Education*. Durango, CO: Kivaki Press.

Callahan, Raymond E. 1962. *Education and the Cult of Efficiency*. Chicago: University of Chicago.

Capra, Fritjof. 1976. *The Tao of Physics: An Exploration of the Parallels Between Modern Physics and Eastern Mysticism*. Boulder, CO: Shambhala.

Capra, Fritjof. 1982. *The Turning Point: Science, Society, and the Rising Culture*. New York: Simon & Schuster.

Capra, Fritjof. 1996. *The Web of Life: A New Scientific Understanding of Living Systems*. New York: Anchor/Doubleday.

Carbone, Peter F., Jr. 1977. *The Social and Educational Thought of Harold Rugg*. Durham, NC: Duke University.

Channing, William Ellery. 1900. *Works*. Boston: American Unitarian Association.

Channing, William Henry. 1880. *Life of William Ellery Channing*. Boston: American Unitarian Association.

Church, Robert L., and Michael Sedlak. 1976. *Education in the United States*. New York: Free Press.

Clark, Edward T., Jr. 1988. The Search for a New Educational Paradigm: The Implications of New Assumptions About Thinking and Learning. *Holistic Education Review* 1(1), 18-30.

Clinchy, Evans (ed.). 1997. *Transforming Public Education: A New Course for America's Future*. New York: Teachers College Press.

Conn, Sandra. 1986, September 15. Education's Failure Stirs Small Business Ire. *Crain's Chicago Business*.

Cott, Nancy F. 1977. *The Bonds of Womanhood: "Women's Sphere" in New England 1780-1835*. New Haven: Yale.

Counts, George S. 1930. *The American Road to Culture*. New York: Day.

Counts, George S. 1932. *Dare the School Build a New Social Order?* New York: Day.

Cremin, Lawrence. 1961. *The Transformation of the School*. New York: Knopf.

Cronin, Joseph M. 1973. *The Control of Urban Schools*. New York: Free Press.

Curti, Merle. 1968. *The Social Ideas of American Educators* (1935). Totowa, NJ: Littlefield, Adams.

Dahlstrand, Frederick C. 1982. *Amos Bronson Alcott: An Intellectual Biography*. East Brunswick, NJ: Associated University Presses.

Daly, Herman E., and John B. Cobb, Jr. 1994. *For the Common Good: Redirecting the Economy Toward Community, the Environment, and a Sustainable Future*, 2nd ed. Boston: Beacon Press.

Del Prete, Thomas. 1990. *Thomas Merton and the Education of the Whole Person*. Birmingham, AL: Religious Education Press.

Dennison, George. 1969. *The Lives of Children: The Story of the First Street School*. New York: Random House.

Dewey, John. 1938. *Experience and Education*. New York: Macmillan.

Dewey, John. 1939. *Intelligence in the Modern World: John Dewey's Philosophy*, edited by Joseph Ratner. New York: Random House.

Dewey, John. 1940. *Education Today*, edited by Joseph Ratner. New York: Putnam.

Dewey, John. 1957. *Human Nature and Conduct* (1922). New York: Modern Library.

Dewey, John. 1966a. *Democracy and Education* (1916). New York: Free Press.

Dewey, John. 1966b. *Lectures in the Philosophy of Education* (1899; Reginald D. Archambault, Ed.). New York: Random House.

Doll, William E., Jr. 1993. *A Post-Modern Perspective on Curriculum*. New York: Teachers College Press.

Dorrance, Christopher A. (Ed.). 1982. *Reflections for a Friends Education*. Philadelphia: Friends Council on Education.

Downs, Robert B. 1975. *Heinrich Pestalozzi: Father of Modern Pedagogy*. Boston: Twayne/G. K. Hall.

Downs, Robert B. 1978. *Friedrich Froebel*. Boston: Twayne/G. K. Hall.

Duberman, Martin (Ed.). 1965. *The Anti-Slavery Vanguard: New Essays on the Abolitionists*. Princeton, NJ: Princeton University.

Edwards, Newton, and Herman Richey. 1963. *The School in the American Social Order* (2nd ed.). Boston: Houghton Mifflin.

Eisler, Riane. 1987. *The Chalice and the Blade*. New York: Harper & Row.

Elkins, Stanley M. 1968. *Slavery* (2nd ed.). Chicago, University of Chicago.

Emerson, Ralph Waldo. 1965. *Selected Writings*, edited by William H. Gilman. New York: New American Library.

Faler, Paul G. 1981. *Mechanics and Manufacturers in the Early Industrial Revolution: Lynn, Massachusetts 1780-1860*. Albany: SUNY Press.

Farenga, Patrick. 1995. Unschooling 2000. In *Educational Freedom for a Democratic Society: A Critique of National Educational Goals, Standards, and Curriculum*, edited by Ron Miller. Brandon, VT: Resource Center for Redesigning Education.

Featherstone, Joseph. 1967. *Schools Where Children Learn*. New York: Liveright.

Ferrer, Francisco. 1913. *The Origin and Ideals of the Modern School*, trans. by Joseph McCabe. New York: Putnam.

Finser, Torin M. 1994. *School as a Journey: The Eight-Year Odyssey of a Waldorf Teacher and His Class*. Hudson, NY: Anthroposophic Press.

Fox, Matthew. 1983. *Original Blessing*. Santa Fe, NM: Bear.

Fox, Matthew. 1988. *The Coming of the Cosmic Christ*. San Francisco: Harper & Row.

Fox, Matthew. 1991. *Creation Spirituality: Liberating Gifts for the Peoples of the Earth*. New York: HarperCollins.

Froebel, Friedrich. 1893. *The Education of Man* (1826; W. N. Hailmann, Trans.). New York: Appleton.

Gang, Philip S. 1988. Holistic Education for a New Age. *Holistic Education Review* 1(1): 13-17.

Gang, Philip S. 1990. Our Challenge. *Holistic Education Review* 3(4): 54-56.

Gardner, Howard. 1984. *Frames of Mind: The Theory of Multiple Intelligences*. New York: Basic Books.

GATE (Global Alliance for Transforming Education). 1991. *Education 2000: A Holistic Perspective*. Atlanta, GA: Author.

Gatto, John Taylor. 1992. *Dumbing Us Down: The Hidden Curriculum of Compulsory Schooling*. Philadelphia: New Society Publishers.

Geertz, Clifford. 1973. *The Interpretation of Cultures*. New York: Basic Books.

Geiger, George R. 1958. *John Dewey in Perspective*. New York: Oxford.

Glenn, Charles Leslie, Jr. 1988. *The Myth of the Common School*. Amherst: University of Massachusetts Press.

Gold, Martin, and David W. Mann. 1984. *Expelled to a Friendlier Place: A Study of Effective Alternative Schools*. Ann Arbor: University of Michigan.

Goldman, Eric. F. 1966. *Rendezvous With Destiny: A History of Modern American Reform* (1952). New York: Knopf.

Goleman, Daniel. 1995. *Emotional Literacy*. New York: Bantam Books.

Gordon, Thomas. 1989. *Teaching Children Self-Discipline: At Home and at School*. New York: Times Books.

Graham, Patricia Albjerg. 1967. *Progressive Education: From Arcady to Academe*. New York: Teachers College Press.

Graubard, Allen. 1974. *Free the Children*. New York: Vintage.

Greene, Maxine. 1965. *The Public School and the Private Vision*. New York: Random House.

Greene, Maxine. 1997. Art and Imagination: Reclaiming a Sense of the Possible. In *Transforming Public Education: A New Course for America's Future*, edited by Evans Clinchy. New York: Teachers College Press.

Griffin, Clifford S. 1960. *Their Brothers' Keepers: Moral Stewardship in the United States 1800-1865*. New Brunswick, NJ: Rutgers University.

Griffin, Clifford S. 1967. *The Ferment of Reform*. New York: Crowell.

Griffin, David Ray. 1992. Introduction to SUNY Series in Constructive Postmodern Thought. In *Ecological Literacy: Education and the Transition to a Postmodern World* by David W. Orr. Albany: SUNY Press.

Gutek, Gerald Lee. 1970. *The Educational Theory of George S. Counts*. Columbus: Ohio State University.

Gutek, Gerald Lee. 1978. *Joseph Neef: The Americanization of Pestalozzianism*. Tuscaloosa: University of Alabama Press.

Gutman, Herbert. 1976. *Work, Culture and Society in Industrializing America*. New York: Knopf.

Handy, Robert T. 1984. *A Christian America: Protestant Hopes and Historical Realities* (2nd ed.). New York: Oxford.

Harding, Walter. 1982. *The Days of Henry Thoreau* (1965). New York: Dover.

Harris, Anastas (Ed.). 1980a. *Mind: Evolution or Revolution? The Emergence of Holistic Education*. Del Mar, CA: Holistic Education Network.

Harris, Anastas (Ed.). 1980b. *Holistic Education: Education for Living*. Del Mar, CA: Holistic Education Network.

Hartz, Louis. 1955. *The Liberal Tradition in America*. New York: Harcourt, Brace & World.

Harwood, A. C. 1958. *The Recovery of Man in Childhood: A Study in the Educational Work of Rudolf Steiner*. Spring Valley, NJ: Anthroposophic Press.

Henry, Mary E. 1993. *School Cultures: Universes of Meaning in Private Schools*. Norwood, NJ: Ablex.

Herndon, James. 1969. *The Way it Spozed to Be*. New York: Bantam.

Herndon, James. 1971. *How to Survive in Your Native Land*. New York: Simon & Schuster

Higham, John. 1970. *Strangers in the Land: Patterns of American Nativism* (1955). New York: Atheneum.

Hofstadter, Richard. 1955a. *The Age of Reform*. New York: Vintage.

Hofstadter, Richard. 1955b. *Social Darwinism in American Thought*. Boston: Beacon Press.

Holt, John. 1964. *How Children Fail*. New York: Pitman.

Holt, John. 1972. *Freedom and Beyond*. New York: Dell.

Howe, Harold II. 1997. Uncle Sam is in the Classroom! In *Transforming Public Education: A New Course for America's Future*, edited by Evans Clinchy. New York: Teachers College Press.

Hugins, Walter (Ed.). 1972. *The Reform Impulse, 1825-1850*. New York: Harper & Row.

Illich, Ivan. 1970. *Deschooling Society*. New York: Harper & Row.

Jones, Maldwyn Allen. 1960. *American Immigration*. Chicago: University of Chicago.

Jones, Rufus M. 1931. *Pathways to the Reality of God*. New York: Macmillan.

Kaestle, Carl F. 1983. *Pillars of the Republic: Common Schools and American Society 1780-1860*. New York: Hill & Wang.

Kallen, Horace M. 1949. *The Education of Free Men*. New York: Farrar, Straus.

Kandel, I. L. 1943. *The Cult of Uncertainty*. New York: Macmillan.

Kane, Jeffrey. 1993. Toward Living Knowledge: A Waldorf Perspective. In *The Renewal of Meaning in Education: Responses to the Cultural and Ecological Crisis of our Times*, edited by Ron Miller. Brandon, VT: Holistic Education Press.

Kane, Jeffrey. 1995. Educational Reform and the Dangers of Triumphant Rhetoric. In *Educational Freedom for a Democratic Society: A Critique of National Educational Goals, Standards, and Curriculum*, edited by Ron Miller. Brandon, VT: Resource Center for Redesigning Education.

Karier, Clarence J. 1986. *The Individual, Society, and Education* (2nd ed.). Urbana, University of Illinois Press.

Karier, Clarence J., Paul C. Violas, and Joel Spring. 1973. *Roots of Crisis: American Education in the Twentieth Century*. Chicago: Rand McNally.

Katz, Michael. 1968. *The Irony of Early School Reform*. Cambridge: Harvard.

Kessler, Shelley. 1991. The Teaching Presence. *Holistic Education Review* 4(4): 4-15.

Kestenbaum, Victor. 1977. *The Phenomenological Sense of John Dewey: Habit and Meaning*. Atlantic Highlands, NJ: Humanities Press.

Kliebard, Herbert M. 1986. *The Struggle for the American Curriculum 1893-1958*. Boston: Routledge & Kegan Paul.

Kohl, Herbert. 1969. *The Open Classroom: A Practical Guide to a New Way of Teaching*. New York: New York Review.

Kozol, Jonathan. 1967. *Death at an Early Age*. Boston: Houghton Mifflin.

Kozol, Jonathan. 1972. *Free Schools*. Boston: Houghton Mifflin.

Kozol, Jonathan. 1975. *The Night is Dark and I am Far From Home*. Boston: Houghton Mifflin.

Kramer, Rita. 1976. *Maria Montessori: A Biography*. New York: Putnam.

Krishnamurti. 1953/1981. *Education & the Significance of Life*. San Francisco: HarperSan Francisco.

Lagemann, Ellen Condliffe. 1989. The Plural Worlds of Educational Research. *History of Education Quarterly* 29(2): 185-214.

Lasch, Christopher. 1965. *The New Radicalism in America 1889-1963: The Intellectual as a Social Type*. New York: Knopf.

Laszlo, Ervin. 1993. *The Creative Cosmos: A Unified Science of Matter, Life, and Mind*. Edinburgh, U.K.: Floris Books.

Lazerson, Marvin. 1971. *Origins of the Urban School: Public Education in Massachusetts 1870-1915*. Cambridge: Harvard.

Lemkow, Anna F. 1990. *The Wholeness Principle: Dynamics of Unity Within Science, Religion and Society*. Wheaton, IL: Quest Books.

Leonard, George B. 1968. *Education and Ecstasy*. New York: Delacorte.

Lerner, Michael. 1996. *The Politics of Meaning*. Reading, MA: Addison Wesley.

Link, Arthur S., and Richard L. McCormick. 1983. *Progressivism*. Arlington Heights, IL: Harlan Davidson.

Lynd, Albert. 1953. *Quackery in the Public Schools*. Boston: Little, Brown.

Mahdi, Louise Carus, Steven Foster, and Meredith Little (Eds.). 1987. *Betwixt & Between: Patterns of Masculine and Feminine Initiation*. LaSalle, IL: Open Court.

Mahdi, Louise Carus, Nancy Geyer Christopher, and Michael Meade (Eds.). 1996. *Crossroads: The Quest for Contemporary Rites of Passage*. LaSalle, IL: Open Court.

Mander, Jerry. 1991. *In the Absence of the Sacred: The Failure of Technology & the Survival of the Indian Nations*. San Francisco: Sierra Club Books.

McDermott, Robert A. (Ed.). 1984. *The Essential Steiner: Basic Writings of Rudolf Steiner*. San Francisco: Harper & Row.

McCluskey, Neil G. 1958. *Public Schools and Moral Education: The Influence of Mann, Harris, and Dewey*. New York: Columbia University.

McCuskey, Dorothy. 1969. *Bronson Alcott: Teacher* (1940). New York: Arno/New York Times.

Mendelsohn, Jack. 1971. *Channing: The Reluctant Radical*. Boston: Little, Brown.

Merchant, Carolyn. 1980. *The Death of Nature: Women, Ecology and the Scientific Revolution*. New York: Harper & Row.

Messerli, Jonathan. 1972 *Horace Mann*. New York: Knopf.

Metzger, Milton, and Walter Harding. 1962. *A Thoreau Profile*. Concord, MA: Thoreau Foundation.

Meyers, Marvin. 1957. *The Jacksonian Persuasion*. Palo Alto: Stanford University.

Miller, John P. 1993. Worldviews, Educational Orientations, and Holistic Education. In *The Renewal of Meaning in Education: Responses to the Cultural and Ecological Crisis of our Times*, edited by Ron Miller. Brandon, VT: Holistic Education Press.

Miller, John P. 1996. *The Holistic Curriculum*, 2nd ed. Toronto: Ontario Institute for Studies in Education.

Miller, Perry. 1960. *The Transcendentalists*. Cambridge: Harvard.

Miller, Ron. 1990. Beyond Reductionism: The Emerging Holistic Paradigm in Education. *The Humanistic Psychologist* 18(3): 314-323.

Miller, Ron. 1990. The 1990 Chicago Conference: Creating a Common Vision for Holistic Education. *Holistic Education Review* 3(4): 51-52.

Miller, Ron. 1991. Review of *Schooling for Tomorrow* (Sergiovanni & Moore). *Holistic Education Review* 4(2): 56-59.

Miller, Ron. 1991. Holism and Meaning: Foundations for a Coherent Holistic Theory. *Holistic Education Review* 4(3): 23-32.

Miller, Ron. 1993. Holistic Education in the United States: A 'New Paradigm' or a Cultural Struggle? *Holistic Education Review* 6(4): 12-18.

Miller, Ron (Ed.). 1995a. *Educational Freedom for a Democratic Society: A Critique of National Educational Goals, Standards, and Curriculum.* Brandon, VT: Resource Center for Redesigning Education.

Miller, Ron. 1995b. A Holistic Philosophy of Educational Freedom. in *Educational Freedom for a Democratic Society: A Critique of National Educational Goals, Standards, and Curriculum.* Brandon, VT: Resource Center for Redesigning Education.

Moffett, James. 1994. *The Universal Schoolhouse: Spiritual Awakening Through Education.* San Francisco: Jossey-Bass.

Monroe, Will S. 1969. *History of the Pestalozzian Movement in the United States (1907).* New York: Arno/New York Times.

Montessori, Maria. 1965. *Spontaneous Activity in Education* (1917; F. Simmonds, Trans.). New York: Schocken.

Montessori, Maria. 1966. *The Discovery of the Child* (M. A. Johnstone, Trans.). Madras, India, Kalakshetra.

Montessori, Maria. 1972. *The Secret of Childhood* (M. J. Costelloe, Trans.). New York: Ballantine.

Montessori, Maria. 1973 . *The Absorbent Mind* (1949; Claude Claremont, Trans.). Madras, India: Kalakshetra.

Montessori, Maria. 1978. *The Formation of Man* (A. M. Joosten, Trans.). Madras, India: Kalakshetra.

Mumford, Lewis. 1956. *The Transformations of Man.* New York: Harper.

Nasaw, David. 1979. *Schooled to Order: A Social History of Public Schooling in the United States.* New York: Oxford.

Nash, Paul. 1964. The Strange Death of Progressive Education. *Educational Theory* 14(2), 65-75.

Nash, Roderick. 1970. *The Nervous Generation: American Thought 1917-1930.* Chicago: Rand McNally.

Naumburg, Margaret. 1928. *The Child and the World.* New York: Harcourt, Brace.

Neef, Joseph. 1969. *Sketch of a Plan and Method of Education* (1808). New York: Arno/New York Times.

Neville, Bernie. 1989. *Educating Psyche: Emotion, Imagination, and the Unconscious in Learning*. Melbourne, Australia: Collins Dove.

Noddings, Nel. 1992. *The Challenge to Care in Schools: An Alternative Approach to Education*. New York: Teachers College Press.

Noddings, Nel. 1997. A Morally Defensible Mission for Schools in the 21st Century. In *Transforming Public Education: A New Course for America's Future*, edited by Evans Clinchy. New York: Teachers College Press.

Nyquist, Ewald, and Gene R. Hawes. 1972. *Open Education: A Sourcebook for Parents and Teachers*. New York: Bantam.

Oliver, Donald W., and Kathleen W. Gershman. 1989. *Education, Modernity, and Fractured Meaning: Toward a Process Theory of Teaching and Learning*. Albany: SUNY Press.

Orr, David. W. 1992. *Ecological Literacy: Education and the Transition to a Postmodern World*. Albany: SUNY Press.

Orr, David. W. 1994. *Earth in Mind: On Education, Environment, and the Human Prospect*. Washington, D.C.: Island Press.

Ostrander, Gilman M. 1970. *American Civilization in the First Machine Age 1890-1940*. New York: Harper & Row.

Palmer, Parker J. 1978. And a Little Child Shall Lead Them. *Friends Journal*.

Palmer, Parker J. 1993. *To Know as We are Known: Education as a Spiritual Journey* (1983). San Francisco: HarperSan Francisco.

Parker, Francis W. 1969. *Talks on Pedagogics* (1894). New York: Arno/New York Times.

Peabody, Elizabeth P. 1969. *Record of a School* (1836). New York: Arno/New York Times.

Pearce, Joseph Chilton. 1971. *The Crack in the Cosmic Egg: Challenging Constructs of Mind and Reality*. New York: Julian Press.

Pearce, Joseph Chilton. 1980. *Magical Child: Rediscovering Nature's Plan for Our Children* (1977). New York: Bantam.

Pearce, Joseph Chilton. 1986. *Magical Child Matures* (1985). New York: Bantam.

Postman, Neil, & Weingartner and Charles. 1969. *Teaching as a Subversive Activity*. New York: Dell.

Pratt, Caroline. 1948. *I Learn From Children: An Adventure in Progressive Education*. New York: Simon & Schuster.

Progressive Education magazine. 1924-1930.

Purpel, David E. 1989. *The Moral and Spiritual Crisis in Education: A Curriculum for Justice and Compassion in Education*. Granby, MA: Bergin & Garvey.

Purpel, David. 1993. Holistic Education in a Prophetic Voice. In *The Renewal of Meaning in Education: Responses to the Cultural and Ecological Crisis of our Times*, edited by Ron Miller. Brandon, VT: Holistic Education Press.

Purpel, David, and Ron Miller. 1991. How Whole is Holistic Education? *Holistic Education Review* 4(2): 33-36.

Purpel, David, and Svi Shapiro. 1995. *Beyond Liberation and Excellence: Reconstructing the Public Discourse on Education*. Westport, CT: Bergin & Garvey.

Rafferty, Max. 1962. *Suffer, Little Children*. New York: Devin, Adair.

Ravitch, Diane. 1983. *The Troubled Crusade: American Education 1945-1980*. New York: Basic Books.

Ray, Paul H. 1997, Jan./Feb. The Rise of the Cultural Creatives. *New Age Journal*, pp. 74-77.

Raywid, Mary Anne. 1981. The First Decade of Public School Alternatives. *Phi Delta Kappan* 62(8), 551-554.

Richards, Mary C. 1980. *Toward Wholeness: Rudolf Steiner Education in America*. Middletown, CT: Wesleyan University.

Rickover, H. L. 1959. *Education and Freedom*. New York: Dutton.

Rifkin, Jeremy. 1989. *Time Wars: The Primary Conflict in Human History*. New York: Touchstone/Simon & Schuster.

Rifkin, Jeremy. 1991. *Biosphere Politics: A Cultural Odyssey from the Middle Ages to the New Age*. New York: Crown.

Roberts, Thomas B. (Ed.). 1975. *Four Psychologies Applied to Education.* Cambridge, MA: Schenkman.

Rogers, Carl. 1969. *Freedom to Learn.* Columbus, OH: Merrill.

Rose, Ann C. 1981. *Transcendentalism as a Social Movement 1830-1850.* New Haven: Yale.

Rosenfeld, Stuart. 1978. Reflections on the Legacy of the Free Schools Movement. *Phi Delta Kappan* 59(7), 486-489.

Rosenstone, Robert A. 1975. *Romantic Revolutionary: A Biography of John Reed.* New York: Knopf.

Roszak, Theodore. 1973. *Where the Wasteland Ends: Politics and Transcendence in Postindustrial Society.* Garden City, NY: Anchor/Doubleday.

Roszak, Theodore. 1975. *Unfinished Animal: The Aquarian Frontier and the Evolution of Consciousness.* New York: Harper & Row.

Roszak, Theodore. 1978. *Person/Planet: The Creative Disintegration of Industrial Society.* Garden City, NY: Anchor/Doubleday.

Roszak, Theodore. 1986. *The Cult of Information: The Folklore of Computers and the True Art of Thinking.* New York: Pantheon.

Roth, Robert J. 1962. *John Dewey and Self-Realization.* Englewood Cliffs, NJ: Prentice-Hall.

Rothman, David. 1971. *The Discovery of the Asylum: Social Order and Disorder in the New Republic.* Boston: Little, Brown.

Rousseau, Jean Jacques. 1911. *Emile* (1762). London: Dent.

Rudolph, Frederick (Ed.). 1965. *Essays on Education in the Early Republic.* Cambridge: Harvard.

Rugg, Harold O. (Ed.). 1939. *Democracy and the Curriculum.* New York: Appleton-Century.

Salomon, Louis B. 1962, Spring. The Straight-Cut Ditch: Thoreau on Education. *American Quarterly* 14, 19-36.

Sergiovanni, Thomas J., and John H. Moore (Eds.). 1989. *Schooling for Tomorrow: Directing Reforms to Issues that Count.* Needham Heights, MA: Allyn & Bacon.

Shannon, Patrick. 1989. *Broken Promises: Reading Instruction in Twentieth-Century America.* New York: Bergin & Garvey.

Shannon, Patrick. 1995. Mad as Hell. In *Educational Freedom for a Democratic Society: A Critique of National Educational Goals, Standards and Curriculum,* edited by Ron Miller. Brandon, VT: Resource Center for Redesigning Education.

Sheldrake, Rupert. 1991. *The Rebirth of Nature: The Greening of Science and God.* New York: Bantam Books.

Shor, Ira. 1986. *Culture Wars: School and Society in the Conservative Restoration 1969-1984.* London: Routledge and Kegan Paul.

Silber, Kate. 1965. *Pestalozzi: The Man and His Work* (2nd ed.). London: Routledge & Kegan Paul.

Silberman, Charles. 1970. *Crisis in the Classroom.* New York: Random House.

Sloan, Douglas (Ed.). 1981. *Toward the Recovery of Wholeness: Knowledge, Education, and Human Values.* New York: Teachers College Press.

Sloan, Douglas. 1983. *Insight-Imagination: The Emancipation of Thought and the Modern World.* Westport, CT: Greenwood Press.

Smith, Huston. 1976. *Forgotten Truth: The Primordial Tradition.* New York: Harper & Row.

Smith, Huston. 1989. *Beyond the Post-Modern Mind,* 2nd ed. Wheaton, IL: Quest Books.

Smith, Mortimer. 1949. *And Madly Teach.* Chicago: Regnery.

Smith, Mortimer. 1954. *The Diminished Mind.* Chicago: Regnery.

Spretnak, Charlene. 1991. *States of Grace: The Recovery of Meaning in the Postmodern Age.* New York: HarperCollins.

Spring, Joel. 1972. *Education and the Rise of the Corporate State.* Boston: Beacon.

Spring, Joel. 1976. *The Sorting Machine: National Educational Policy Since 1945.* New York: McKay.

Steiner, Rudolf. 1947. *Knowledge of the Higher Worlds and Its Attainment,* trans. By G. Metaxa. Hudson, NY: Anthroposophic Press.

Steiner, Rudolf. 1967. *The Younger Generation.* Spring Valley, NY: Anthroposophic Press.

Steiner, Rudolf. 1969. *Education as a Social Problem.* Spring Valley, NY:

Anthroposophic Press.

Sudbury Valley School. 1970. *The Crisis in American Education: An Analysis and a Proposal*. Framingham, MA: Author.

Susman, Warren I. 1984. *Culture as History: The Transformation of American Society in the Twentieth Century*. New York: Pantheon.

Swift, Lindsay. 1904. *Brook Farm*. New York: Macmillan.

Talbot, Michael. 1991. *The Holographic Universe*. New York: HarperCollins.

Tart, Charles. 1986. *Waking Up: The Obstacles to Human Potential*. Boston: New Science Library/Shambhala.

Thoreau, Henry David. 1950. *Walden and Other Writings*, edited by Brooks Atkinson. New York: Random House.

de Tocqueville, Alexis. 1954. *Democracy in America* (1840), trans. By Henry Reeve and Francis Bowen; edited by Phillips Bradley. New York: Vintage.

Troost, Cornelius J. 1973. *Radical School Reform: Critique and Alternatives*. Boston: Little, Brown.

Tyack, David. 1974. *The One Best System*. Cambridge: Harvard.

Tyler, Alice Felt. 1962. *Freedom's Ferment: Phases of American Social History from the Colonial Period to the Outbreak of the Civil War* (1944). New York: Harper & Row.

Washburne, Carlton. 1952. *What is Progressive Education?* New York: Day.

Welter, Rush. 1962. *Popular Education and Democratic Thought in America*. New York: Columbia University.

Wilber, Ken. 1977. *The Spectrum of Consciousness*. Wheaton, IL: Quest Books.

Wilber, Ken. 1980. *The Atman Project*. Wheaton, IL: Quest.

Wilber, Ken. 1983. *Up From Eden: A Transpersonal View of Human Evolution*. Boulder, CO: Shambhala.

Wilber, Ken (Ed.). 1985. *The Holographic Paradigm and Other Paradoxes: Exploring the Leading Edge of Science*. Boston: Shambhala.

Wilber, Ken. 1995. *Sex, Ecology, Spirituality: The Spirit of Evolution*. Boston: Shambhala.

Williams, Lloyd. 1963. The Illegible Contours of Progressive Education: An Effort at Clarification. *Educational Forum* 27(2), 219-225.

Willson, Lawrence. 1962. Thoreau on Education. *History of Education Quarterly* 11, 19-29.

Wilson, Colin. 1985. *Rudolf Steiner: The Man and His Vision*. Wellingborough, England: Aquarian Press.

Wingo, G. Max. 1965. *The Philosophy of American Education*. Lexington, MA: Heath.

Wishy, Bernard. 1968. *The Child and the Republic: The Dawn of Modern American Child Nurture*. Philadelphia: University of Pennsylvania.

Wood, George H. 1992. *Schools that Work: America's Most Innovative Public Education Programs*. New York: Dutton.

Wood, Gordon. 1969. *The Creation of the American Republic 1776-1787*. Chapel Hill: University of North Carolina.

Woodring, Paul. 1953. *Let's Talks Sense About Our Schools*. New York: McGraw-Hill.

Zilversmit, Arthur. 1976. The Failure of Progressive Education, 1920-1940. In *Schooling and Society*, edited by Lawrence Stone. Baltimore: Johns Hopkins.

索 引 Index

（正文旁數碼係原文書頁碼，供索引檢索之用）

Unitarianism　一神論派　35,102,106,109,111

Waldorf education　華德福教育　153,167-176,190,204,208

Washburne, Carleton　華盧朋　148,149

Webster, Daniel　韋伯斯特　31

Whig Party　自由黨　15,31,33,34,36,37,39,105

Whitehead, Alfred North　懷德海　74

Whole language　全語言　208

Wilber, Ken　威爾伯　74,79,198,204

Wood, George　伍德　212,214,216

Wright, Frances　賴特　33,99,113

國家圖書館出版品預行編目資料

學校為何存在？美國文化中的全人教育思潮／
Ron Miller 著；張淑美、蔡淑敏譯．
-- 初版 .-- 臺北市：心理，2007.10
面；　公分 .--（教育史哲；4）
參考書目：面
含索引
譯自：What are schools for? : holistic education in
American culture

ISBN 978-986-191-065-9（平裝）

1. 全人教育　2. 教育史　3. 教育哲學　4. 美國

520.952　　　　　　　　　　　　　　　96016592

教育史哲 4　　**學校為何存在？美國文化中的全人教育思潮**

作　　　者：Ron Miller
校　閱　者：張淑美
譯　　　者：張淑美、蔡淑敏
執 行 編 輯：李　晶
總　編　輯：林敬堯
發　行　人：洪有義
出　版　者：心理出版社股份有限公司
社　　　址：台北市和平東路一段 180 號 7 樓
總　　　機：(02) 23671490　　傳　　真：(02) 23671457
郵　　　撥：19293172　心理出版社股份有限公司
電 子 信 箱：psychoco@ms15.hinet.net
網　　　址：www.psy.com.tw
駐 美 代 表：Lisa Wu　　tel: 973 546-5845　fax: 973 546-7651
登　記　證：局版北市業字第 1372 號
電 腦 排 版：葳豐企業有限公司
印　刷　者：中茂分色製版印刷事業股份有限公司
初 版 一 刷：2007 年 10 月

讀者意見回函卡

No. _____　　　　　　　　　　填寫日期：　年　月　日

感謝您購買本公司出版品。為提升我們的服務品質，請惠填以下資料寄回本社【或傳真(02)2367-1457】提供我們出書、修訂及辦活動之參考。您將不定期收到本公司最新出版及活動訊息。謝謝您！

姓名：_____　性別：1□男　2□女

職業：1□教師 2□學生 3□上班族 4□家庭主婦 5□自由業 6□其他____

學歷：1□博士 2□碩士 3□大學 4□專科 5□高中 6□國中 7□國中以下

服務單位：_____　部門：_____　職稱：_____

服務地址：_____　電話：_____　傳真：_____

住家地址：_____　電話：_____　傳真：_____

電子郵件地址：_____

書名：_____

一、您認為本書的優點：（可複選）

　❶□內容 ❷□文筆 ❸□校對 ❹□編排 ❺□封面 ❻□其他____

二、您認為本書需再加強的地方：（可複選）

　❶□內容 ❷□文筆 ❸□校對 ❹□編排 ❺□封面 ❻□其他____

三、您購買本書的消息來源：（請單選）

　❶□本公司 ❷□逛書局⇨_____書局 ❸□老師或親友介紹

　❹□書展⇨___書展 ❺□心理心雜誌 ❻□書評 ❼其他_____

四、您希望我們舉辦何種活動：（可複選）

　❶□作者演講 ❷□研習會 ❸□研討會 ❹□書展 ❺□其他____

五、您購買本書的原因：（可複選）

　❶□對主題感興趣 ❷□上課教材⇨課程名稱_____

　❸□舉辦活動 ❹□其他_____　　（請翻頁繼續）

心理出版社 股份有限公司

台北市 106 和平東路一段 180 號 7 樓

TEL: (02) 2367-1490
FAX: (02) 2367-1457
EMAIL:psychoco@ms15.hinet.net

沿線對折訂好後寄回

六、您希望我們多出版何種類型的書籍

❶□心理 ❷□輔導 ❸□教育 ❹□社工 ❺□測驗 ❻□其他

七、如果您是老師，是否有撰寫教科書的計劃：□有□無

　　書名／課程：＿＿＿＿＿＿＿＿＿＿＿＿＿＿＿＿＿＿

八、您教授／修習的課程：

上學期：＿＿＿＿＿＿＿＿＿＿＿＿＿＿＿＿＿＿＿＿＿＿

下學期：＿＿＿＿＿＿＿＿＿＿＿＿＿＿＿＿＿＿＿＿＿＿

進修班：＿＿＿＿＿＿＿＿＿＿＿＿＿＿＿＿＿＿＿＿＿＿

暑　假：＿＿＿＿＿＿＿＿＿＿＿＿＿＿＿＿＿＿＿＿＿＿

寒　假：＿＿＿＿＿＿＿＿＿＿＿＿＿＿＿＿＿＿＿＿＿＿

學分班：＿＿＿＿＿＿＿＿＿＿＿＿＿＿＿＿＿＿＿＿＿＿

九、您的其他意見

＿＿＿＿＿＿＿＿＿＿＿＿＿＿＿＿＿＿＿＿＿＿＿＿＿＿＿

謝謝您的指教！　　　　　　　　　　　　　　41604